丛书编委会名单

主　任：胡金明

副主任：戴本忠　杨舒然　王　帆　唐旭光

编　委：周海燕　李豪杰　胡光琴　赵路平　蒋顺德
　　　　李　萍　李俊英　王兴超

云南大学一流本科教学改革与发展丛书

协同育人模式探索论文集

总主编　胡金明
主　编　唐旭光

云南大学出版社
YUNNAN UNIVERSITY PRESS

图书在版编目（CIP）数据

协同育人模式探索论文集 / 唐旭光主编. -- 昆明：云南大学出版社，2022
（云南大学一流本科教学改革与发展丛书 / 胡金明总主编）
ISBN 978-7-5482-4493-6

Ⅰ. ①协… Ⅱ. ①唐… Ⅲ. ①高等学校－人才培养－培养模式－云南－文集 Ⅳ. ①G649.2-53

中国版本图书馆CIP数据核字(2022)第058658号

云南大学一流本科教学改革与发展丛书
协同育人模式探索论文集
XIETONG YUREN MOSHI TANSUO LUNWEN JI

总主编　胡金明　主　编　唐旭光

策划编辑：段　然
责任编辑：严永欢
装帧设计：陈　骥

出版发行：云南大学出版社
印装：昆明淙纶印刷有限公司
开本：787mm×1092mm　1/16
印张：14
字数：290千
版次：2023年1月第1版
印次：2023年1月第1次印刷
书号：978-7-5482-4493-6
定价：50.00元

地址：昆明市一二一大街182号（云南大学东陆校区英华园内）
邮编：650091
电话：（0871）65033307/65033244
网址：http://www.ynup.com
E-mail：market@ynup.com

若发现本书有印装质量问题，请与印厂联系调换，联系电话：0871-65639661

总　　序

当前，我国高等教育正处在内涵式、高质量发展的关键时期，深化教育教学改革是提高人才培养能力，实现高质量发展的必然要求。全面深化教育教学改革，就是要坚持立德树人，把握需求导向，积极推动新工科、新医科、新农科、新文科建设，建立人才培养范式和话语体系。同时，我国高等教育领域以学生发展为中心的理念已深入人心，正逐步构建以"互联网+教育"为代表的云服务体系，重塑以"线上线下相结合"的教育教学新形态。如何适应新时代高等教育的发展要求，建立高质量发展的教学生态，显然是高校深化教育教学改革所面临的重要课题。

云南大学致力于培养具有批判精神、独立思考能力、高度社会责任感、跨学科知识和国际视野的一流创新人才。培养一流创新人才亟待一流本科教育的改革与发展。云南大学本科教学改革是一个系统工程，全校上下聚焦教学新内涵，全面加强思政教育与课程思政，夯实立德树人根基；以融合教育推动培养模式变革，加快建立"四新"人才培养体系，全面提高人才培养能力；以协同育人帮助学生汲取名校精华，探知学科深度，树立科研理想，感受企业文化，了解产业需求，增强服务能力；以学科竞赛、创新创业教育等推进科研训练计划，激发学生创新潜能，提升实践能力；开展课堂革命，与现代信息技术深度融合，推行混合式教学模式，建立师生学习共同体，营造学生全面发展和专业成长的良好环境。

为巩固不断向好的本科教育教学环境，总结探索实践经验和成果，我们编撰了"云南大学一流本科教学改革与发展丛书"，以本科教学创新为主旨，收集整理了2020—2021年度一线教师在人才培养模式探索、课程思政研究、课堂教学模式改革、实践教学创新等方面的案例、论文等，反映出广大教师对本科教学改革的深层次思考和实践探索，以期通过丛书出版，促进教师在教育教学方面相互启发，碰撞思想，争鸣学术。

谨向参与本套丛书编撰的各位老师表示深深的感谢，你们在滇云大地上的坚守与创新、辛劳与汗水，正浇灌着云南大学本科教学的理想之花，必将结出丰硕的果实！

本丛书主编：胡金明

2022 年 9 月 10 日

目 录

协同育人教学研究篇

"马克思主义新闻理论"的教学评价与评估
　　——基于课程调查问卷的探析 ············· 保　斌（2）
丝绸之路与唐宋时期的中外经贸往来 ············· 田晓忠（7）
从"学段衔接"到"学业嵌入"
　　——本科人才联合培养的一种新路径 ············· 董雁伟（11）
基于课程体系优化的数学与应用数学专业联合培养方案的实践与思考
　　············· 索剑峰　杨汉春（16）
经济史学创新及其途径 ············· 薛政超（22）
融合优势科教资源，强化学研创新训练，凝聚思政教育合力，打造多维实训体系
　　——大气科学"菁英班"科研实践教学体系的构建与创新
　　············· 冯　涛　常有礼　吴　涧　夏　兰　苏　秦　赵　荻　袁俊鹏（25）
科教融合思想在大气科学菁英人才培养中的探索与实践
　　············· 袁俊鹏　吴　涧　孙鹏宇（35）
课程思政理念下的大学英语教学探析 ············· 刘江敏（43）
云南大学—复旦大学化学专业联合培养本科学生的实践与探索
　　············· 王　林　曹秋娥　凌　剑（48）
体现专业传统与优势："中国经济史"课程专题式教学改革初探 ············· 薛政超（53）

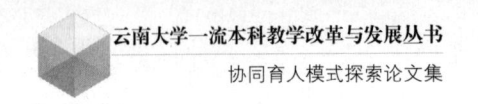

协同育人师生心得篇

第一部分　教师心得

高校联合培养本科生过程中身份变迁与认同的质性研究 ················· 高　健（58）
云南大学—复旦大学联合培养历史学本科生的十年回顾 ················· 辛亦武（64）
花开需时日，浇灌不缺勤
　　——化学科学与工程学院十年复旦大学联培学生质量分析
　　　　 ·························· 傅　悦　刘世熙　赵瑞瑞　赵燕春（68）
复旦大学访学的几点收获 ··· 赵净秋（79）
浅谈复旦大学计算机通识教育课程与教学理念 ··························· 丁海燕（83）
复旦大学人才培养模式述评及启示 ·· 刘志成（88）
高校教师进修的"毒"与解
　　——基于认知转化理论的视角 ·· 林　丽（97）
作为精英教育的比较文学与世界文学专业研究生培养
　　——《复旦大学比较文学与世界文学专业研究生精英化培养规划》
　　　　研习心得 ·· 张　震（101）
复旦大学精神的光辉 ··· 廖雷朝（107）
不忘初心，求学复旦 ··· 胡旭芳（109）
接受惊涛拍岸般的洗礼
　　——复旦大学"高校'思政课程'与'课程思政'协同育人专题培训班"
　　　　学习心得 ·· 刘江敏（112）

第二部分　学生心得

参加云南大学与复旦大学联合培养项目心得 ··························· 何　铖（115）
不忘初心，砥砺前行
　　——记我的本科学习 ··· 梁　露（118）
两年以后的再回首 ·· 李子涵（120）
新的起点，新的发展 ··· 董筱诺（123）

知识带来归属感
　　——云大复旦联合培养项目心得 …………………………… 韩子健（125）
寻找"自由而无用" ………………………………………………… 陈　娟（127）
迂回前进，螺旋上升 ……………………………………………… 林艳梅（129）
在复旦大学遇见更好的自己 ……………………………………… 方　超（131）
最遥远的梦想，最朴素的生活 …………………………………… 皮明星（135）
写作论文《赫拉克利特之弓——对人的存在问题的探讨》之心得 …… 寇　洵（139）

协同育人学生学术篇

《周易》经传之我见
　　——《系辞上》第十至十二章解读 ………………………… 李治磊（142）
泛论苏辛词派及词人风格 ………………………………………… 李治磊（150）
形象修复理论在危机传播中的运用与发展 ……………………… 谭茗钰（156）
魏晋人物品藻的美学意义
　　——《裴启语林》与中和之美研究 ………………… 李治磊　谢金良（162）
浅论魏晋玄学的历史变迁过程及时代价值
　　——从先秦道学到两汉经学，再到魏晋玄学 ……………… 李治磊（169）
陈与义雨诗别论 …………………………………………………… 皮明星（179）
当代青春电影风格、意义建构特征 ……………………………… 李柯润（191）
今日我们为何追求学术自由
　　——以云南大学和复旦大学为案例 ………………………… 杨亚光（197）
从第一契机看康德美学理论 ……………………………………… 景　敏（200）
从判决性实验的坚固性看其历史性 ……………………………… 杨亚光（206）

协同育人教学研究篇

"马克思主义新闻理论"的教学评价与评估

——基于课程调查问卷的探析

保 斌

引 言

在深入学习贯彻全国高校思想政治工作会议精神,充分发挥课堂主渠道在高校思想政治工作中的作用,各门课都要守好一段渠、种好责任田,使各类课程与思想政治理论课同向同行,形成协同效应的时代选择下[1],"马克思主义新闻理论"课程进入了云南大学"课程思政"建设计划。该课程是新闻学和广播电视学本科生的专业基础课程,其专业目标是掌握新闻学产生和发展的历史脉络、基本知识、工作原则和要求,掌握马克思主义新闻学的理论基础、概念体系、范畴体系、知识体系,建立新闻传播工作的科学的观念体系。"课程思政"的育人目标是掌握以辩证唯物主义和历史唯物主义为理论基础,以无产阶级革命新闻活动和社会主义新闻活动为实践依据的马克思主义新闻理论体系,为新闻传播学的学习和研究提供了科学的理论指导。

问卷调查法对于了解学生在学习中某些特定问题的倾向性和态度具有重要意义,因此常常被引入教学过程中,用来评价课程的教学效果。在完成了36学时的授课任务之后,我们对新闻学院2018级新闻学和广播电视学2个教学班级的125名学生进行了问卷调查与分析,调查评估学生对这门课程的学习是否达到了预期的授课目的。

一、调查对象基本情况说明

调查对象是云南大学新闻学院(南亚东南亚国际传播学院)新闻学与广播电视学专业的大一学生。在春季授课,课时共18周36学时,课程性质为专业必修课,使用教材为《新闻学概论》(马克思主义理论研究和建设工程重点教材)。教学内容包括事实是新闻传播的本源、新闻的定义、新闻价值、宣传价值、新闻事业产生发展的基本规律、马克思恩格斯的主要新闻思想、列宁对马克思主义新闻思想的发展、毛泽东的主要新闻思想等。授课方式以多媒体教学为主,辅以视频资料讲解、案例讨论、小组辩论等,并在授课过程中融入了与课程相关的当前新闻热点事件,以增强理论学习和思考的现实针对性。

二、问卷调查设计

问卷调查内容包括学生性别、专业等基本信息,学生对本课程的主要理论知识的掌握情况,学生对本课程的教学评价,学生对本课程的建议等,共 25 个题目。

(1) 由于学生年龄相差不大,所以调查中未涉及年龄因素。性别、年级和专业差异可能对教学有不同的影响,因此,将此二者作为调查基本信息项目。同时,还调查了学生认为本课程的学习在专业学习中的作用等,一共包括 4 个题目。

(2) 教学评价部分含有 19 个题目,包括对课程结构、内容、重难点、理论脉络和背景等不同部分内容评价等方面的调查,均为封闭式问题,要求学生从提供的选项里选择答案。

(3) 学生对本课程的收获评价有 1 个题目,即有 1 个关于本课程的建设性建议的开放性问题,可较大程度地挖掘被调查学生专业学习的需求。

三、问卷调查结果与分析

(一) 调查对象基本信息统计结果及分析

我们共发放调查问卷 125 份,回收问卷 125 份。把问卷结果录入 SPSS 信息表中,采用频数表(Frequencies)和交叉表(Crosstabs)得到统计结果。统计结果表明:调查对象中,男生 25 人,占 20%;女生 100 人,占 80%。另外,新闻学专业 62 人,占 49.6%;广播电视学专业 55 人,占 44%;其他专业 8 人,占 6.4%。

(二) 学生对本课程的教学评价

教学评价是指各种教学模式所特有的完成教学任务、实现教学目标的评价方法和标准等。由于不同教学模式所要完成的教学任务和达到的教学目的不同,使用的程序和条件不同,其评价方法和标准也有所不同。"课程思政的教学过程不能简单地理解为在理论课的教学中穿插一些思想政治类知识。它应该是一个系统的教学模式,应该有与之相适应的教学模式。"[2]P10-11 它是在教学过程中,有目的有计划地观察、测定学生在学习活动中的各种变化，根据这些变化，对照教学目标、教学效果、教学过程、学生的学习质量及个性发展水平做出科学的判断，进而调整、优化教学进程的教学实践活动。教学评价是最前沿的教学活动之一，"又是教师们的经常工作之一，它的普遍性使它具有独立研究的价值"[3]P313。

教学评价直接反映了教学过程的有效性，涉及教学过程的评价、学习活动的评价及教学效果的评价。本调查通过直接考查学生对于课堂教学、案例讨论、知识前沿等不同环节的具体反应来评价教学效果。

从样本的频数分析表可知，对于"怎么看待'马克思主义新闻理论'在专业学习中的作用"的统计结果，学生认为课程"是本专业学习的基础与核心，学习后对其他课程帮助极大"的占比为49.0%。另外，学生认为"有意义，对学习其他专业课程帮助较大"的样本比例是39.2%。正面积极评价的占到88.2%。课程达到了很好的专业学习和教学目的。课程教学目的中很重要的是贯彻马克思主义新闻观，教学中增加了相关的思想方法和研究方法的内容，对于"您清楚马克思主义的治学方法吗"这个问题，在数据显示分布上，大部分样本为"一般"，比例是45.5%，还有40.6%的样本为较清楚。对于大一学生而言，这个数据是客观的，他们需要更多的知识积累和储备，进入高年级后，情况会有较大变化。

课程建设目标要立德树人、课程育人，挖掘课程所蕴含的思想政治教育元素和所承载的思想政治教育功能，所以在专业理论的知识单元中融入了唯物主义和辩证法哲学思想。调查结果显示，对于"您理解唯物主义吗"，样本中"较理解"的相对较多，比例为58.7%。从"您明白唯物主义认识论吗"来看，超过5成的样本为"较明白"。对于"您清楚历史唯物主义的态度和方法吗"，超过5成样本选择"较清楚"，"较理解"的比例为53.1%。在"您明白矛盾和对立统一吗"的分布上，大部分样本为"较明白"，比例是58.0%。对于"您理解价值论吗"，选"较理解"的占比最高，为47.6%。另外，一般样本的比例是31.5%。总体来看，教学目标是实现了，而更高的目标应该是运用，是能力的转换和获得。

样本数据中关于新闻学专业知识的教学内容及其效果好于预期。如"您认同媒体具有意识形态责任吗"，从统计数据来看，样本大部分为"较认同"，共有73个，占比为51.0%。另外，"很认同"的样本比例是35.0%。就学科理论的核心问题"人是传播的中心"来看，样本中"较认同"的相对较多，比例为50.3%。另外，"很认同"的样本比例是37.1%。教学难点中的"马克思主义新闻自由观"的统计数据中，样本大部分为"较明白"，共有73个，占比为51.0%；样本中45.5%的选择"较清楚"。对于马克思主义新闻观的教学重点"对比与分析两种社会制度、两种新闻业"，选择"较能"的占比最高，为53.8%。对于"党性"这一马克思主义新闻观的核心问题，在统计数据上，大部分样本为"较了解"，比例是53.1%。样本中有45.5%的为"较认同"，34.3%的为"很认同"。数据总体表明，课程以马克思主义为指导，以社会主义核心价值观为灵魂和主线，以专业技能知识为载体，将思想政治教育融入课程教学全过程，不仅可行，而且有效。

绝大多数学生认为本学期的课程内容接近其期望值。比如"任课教师专业的知识"的样本中，认为"非常好"的占比最高，为64.3%。"任课教师在及时更新教学内容，介绍学科新动态、新发展、理论联系实际方面做得如何"，有超过5成的样本为"非常好"，34.3%的样本为"较好"。"任课老师在课堂教学中能否做到突出重点，化解难点，讲授熟练，清晰透彻"，样本中认为"非常好"的相对较多，比例为51.0%。另外，"较好"的比例是41.3%。有学生对于课程的实用性有所质疑，认为课程教学内容实用性不够强，这是学生对于课程性质和目的的一种误解，但也是本课程需要进一步思考的地方。在教学中，本课程教师会尽力把自己视为学生在学习活动中的知识触媒，触发学习主体的积极性、探究性和扩展性。"探究的过程是学生与教师、教学内容、教学环境的相互作用的过程。在这一过程中，学生既掌握了有关的学习内容，又使思维能力和研究的态度有所发展。"[4]P149

（三）学生对于本课程的收获及建议

问卷后面与课程相关的开放性题目是："您对该课程有什么建设性的建议？请提出您的宝贵看法。"

我们对调查问卷统计后发现，在收获方面，很多学生提到了课程案例讨论、小组辩论和新闻事件分析的正面效果，认为：课程中的案例讨论提高了大家的思维能力；小组辩论以辩论促学习，学习主动性得到增加；新闻事件的分析能让他们把理论知识的吸收转化为对现实的关注和思考，从天（理论）到地（现实）。在意见与建议中，学生除了要求增加理论学习的现实性外，其他建议说法不一。有的学生认为理论讨论没有意义，有的认为课堂信息量过大，有的认为应增加有关的视频资料，等等。

调查问卷上有建设性的建议，如要求多增加国外的研究成果和学术前沿，开阔学术眼界，要求以专业主题阅读取代知识讲授的教学方法，要求在课件中增加英文概念的表述和讲解。这些建议对于提高学生的专业学习兴趣和学术研究积极性是非常有益的，对于任课教师也是一种值得挑战的尝试。

（四）问卷调查分析对课程思政教学的思考

鉴于以上问卷调查结果分析，我们有了如下一些初步的思考和启示。

（1）学生对于专业理论课学习的积极性和求知欲非常值得肯定，特别是在理论知识和思政内容与现实生活和现象密切相关时。绝大多数学生对教学方式表示认可，这说明学生确实喜欢知识内容应该有一个从现实、从问题出发的思考和提问，更希望将知识以直观且形象的形式展开，将来我们对思政教学的探索和创新还需要多谋多思，持之以恒。

（2）视教学内容和教学环节需要恰当给予学生一定的机会进行理论讨论和思想辩论，这有利于调动他们的学习主动性。在讨论与辩论过程中，真理越辩越明，同时也提高了学生对学科专业的认知度和认同度。但辩论和讨论应有一个恰当的"域"，否则会信马由缰，出得去，回不来，不利于学习和真正的知识讨论，同时教师应考虑如何调动更多的学生参与进来。

（3）理论课应考虑课程理论脉络和知识树的建立，这对于本科生尤其是低年级学生特别重要。比如，教师在讲授"党性原则"时，就应该将马克思、恩格斯、列宁、毛泽东、邓小平的相关新闻思想内容作为当前党的新闻理论成果，梳理为理论脉络，串成知识树，使学生主观上易于理解消化，客观上也利于理论知识的建构和梳理。教师讲授时忌讳空洞，可将时代背景转化为理论和思想的问题源头提出。这样，理论更易于落地。

上述是我们对于课程进行探索的一些建议。我们的调查问卷本身也存在一些不足，如对于调查对象的学习能动性调查不全面，一些问题的备选答案不是十分具体，某些不太重要的问题也可以再斟酌删留。

参考文献

[1] 习近平. 把思想政治工作贯穿教育教学全过程 开创我国高等教育事业发展新局面［N］. 人民日报，2016-12-09.

[2] 崔金刚，吴淑杰，李景奎. 课程思政在实际教学中的应用研究［J］. 黑龙江教育（理论与实践），2019（5）.

[3] 张楚廷. 教学论纲［M］. 北京：高等教育出版社，1999.

[4] 李晓文，王莹. 教学策略［M］. 北京：高等教育出版社，2000.

丝绸之路与唐宋时期的中外经贸往来

田晓忠

一、教学目标

通过本讲教学，使学生明白唐、宋时期丝绸之路通道的构成及其重心变化的史实，理解丝绸之路与当时中外经贸往来之间的关系，进而能从历史与现实结合的角度，深刻理解习近平新时代中国特色社会主义思想关于"一带一路"倡议的历史渊源、历史基础，从中汲取历史智慧，坚定在新时期以"一带一路"为引导，构建合作、开放、互利共赢的人类命运共同体的理念与信心。

二、教学重点与难点

（1）唐、宋时期丝绸之路的构成与变化。

（2）唐、宋时期以丝绸之路为重要通道的中外经贸往来。

（3）沟通历史与现实，汲取唐、宋时期丝绸之路中外经贸往来以及中外交往的历史智慧，为新时期"一带一路"倡议和人类命运共同体构建提供历史的依据与借鉴。

三、教学方法

多媒体课堂以教师讲授为主，学生参与讨论为辅。

四、教学内容

（一）唐、宋时期丝绸之路的构成与变化

丝绸之路是德国地理学家李希霍芬（Ferdinand von Richthofen）1877 年在其著作

《中国——我的旅行成果》(《中国亲历旅行记》) 第一卷中首次提出的概念，指的是从中国西北一直往西连通希腊、罗马的交通路线。事实上，从考古资料来看，至迟到公元前5世纪，就已经有丝绸之路存在的确切证据。当然，为绝大多数人所熟知的这条中国与西方陆上通道的更多知识，要到公元前2世纪张骞通西域以后。《史记》《汉书》和南北朝史籍里的"西域南道""西域中道""新北道""河西道"等称谓所指称的对象都是丝绸之路。

隋唐关于西域及西域外通道的记载明显增多，重要的史籍材料有裴矩的3卷《西域图记》、玄奘的12卷《大唐西域记》、杜环的《经行记》、王玄策的10卷《中天竺国记》、贾耽的40卷《古今郡国县道四夷述》和《皇华四达记》等。在这些著述中，关于西域以及西域外通天竺、大食的交通道路有明确记载。成书于唐德宗贞元年间的《皇华四达记》，除了记载夏州塞外通大同云中道、中受降城入回鹘道、安西入西域道等传统的北方丝绸之路交通外，还记载了营州入安东道、登州海行入高丽渤海道，以及安南通天竺道和广州通海夷道等新的对外交通道路。这些对外交通的道路名称，不仅有中国从陆上往西到达中亚、西亚、南亚，最终到达欧洲、非洲的丝绸之路通道，还包括了从海上到东北亚、东南亚的通道。在这些通道沿线有大量的考古发现，进一步证明了通道的存在和中外文明之间经贸往来与文化交往的频繁。结合文献与考古材料，我们可以得知唐代的对外交通和开放格局，总体上以北方丝绸之路为主、南方丝路和海上丝路为辅。

"安史之乱"以后，由于唐王朝中央力量的减弱，陆上通西域道先后为吐蕃和大食所阻断，在经济重心南移、航海技术有所发展的前提下，海上丝路逐渐成为新的对外交通。宋代的造船技术、航海技术和航海海洋知识在唐、五代的基础上取得更大发展，尤其是进入南宋以后，背海立国的国情与陆上向西的通道完全被阻隔，南宋政府大力鼓励海外贸易，海上丝绸之路随之大兴，从而进入一个以海上丝路为主导的新的对外交往时期。

简而言之，唐、宋时期中国已存在从陆上通西方的北方丝绸之路、南方丝绸之路，以及从海上通东北亚、东南亚、南亚的丝绸之路，三条丝路共同构成中国与世界联系的通道。以这些通道为载体进行的经贸往来和文化交往，构建起一幅中外对外经贸往来与文化交往密切的整体开放格局图景。

(二) 以丝绸之路为重要通道的中外经贸往来

唐、宋时期以丝绸之路为重要通道的中外经贸往来，我们可以通过往来丝路之间的商人与其他各种人等、贸易商品、流通货币，以及国家对对外经贸往来的鼓励和管理等信息加以认识。

通过丝绸之路进入中国的胡人很多。唐朝的长安、洛阳、扬州、广州，宋代的开封、泉州、明州、广州等城市，都有大量胡人、胡商。他们来自西域、中亚、西亚以及东亚、东南亚等不同的国家与地区，有的是长期定居，有的则是随商贸往来而往返。如唐代长安城内长期定居的胡人有2万，加上其他往来人员及其后裔，有5万人左右；唐末黄巢军队攻占广州，阿拉伯等胡商有12万人丧生；宋代泉州、明州等也有大量外来商人定居。他们中更多的人则奔走往来在商路之上，如昭武九姓粟特人、阿拉伯人、高丽人等，当然还有大量的中国人穿梭其中，从事商业贸易的人员数量庞大。

通过丝绸之路，中国的丝绸、茶叶、瓷器、金银器、铜钱、纸张等大量外销域外，"无数铃声遥过碛，应驮白练到安西"的诗句，就是丝绸之路名称得来的形象描述。域外的香药、马匹、翡翠、象牙、琉璃器等也纷纷通过陆上、海上丝绸之路进入中国。它们都是丝绸之路上的畅销商品，深受海外各国与中国社会各阶层的热烈欢迎。出土考古材料方面，北方丝绸之路沿途有大量金银器、瓷器被发现，南方海上丝路打捞出的沉船也有大量瓷器、铜钱、白银等物品，地下出土商品和文献材料相互印证，见证了唐宋丝绸之路上经济贸易往来的繁荣。

唐、宋时期对外经贸兴盛，国家设置专门的市舶机构进行海外贸易管理。尤其是进入宋代以后，官府先后在广州、杭州、明州、泉州、密州等地设置市舶司，市舶收入有大幅增长。北宋前期市舶收入在30万~80万缗，北宋后期至南宋初每年平均收入约为110万缗，绍兴二十九年（1159年）达到200万缗。市舶收入因此具备了财政的意义。由于官府鼓励海外贸易，往来海上丝路进行贸易的商人固然有很多的海外商人，但更多的还是中国商人。宋朝商人获许出海贸易，凭借商品优势和技术优势，成为海上贸易的主导力量。同一时期，阿拉伯商人也掀起了向东商业扩展的高潮，形成了陆上贸易不能比拟的贸易力量。史籍所载北宋境外"朝贡诸蕃"共42国，其中海路入宋者有30国，约占73%。朝贡事实上主要是贸易关系，也反映了对外贸易重心向海路的转移。

唐、宋时期，除了经贸往来之外，通过丝绸之路，中西方在文化、宗教、艺术、医疗、科技等领域还进行了广泛的双向馈赠，共同塑造了此后中国与西方世界的历史性格与发展走向。

（三）沟通历史与现实，汲取唐宋丝绸之路中外经贸往来以及中外交往的历史智慧，为新时期"一带一路"倡议和人类命运共同体构建提供历史的依据和借鉴

唐、宋时期丝绸之路的全面开通，以及通过丝绸之路进行中外经贸往来、文化交

往，促进了人类社会的巨大进步。以全面开放、兼容并蓄著称的唐王朝，积极汲取优秀外来文明因素，创造了举世瞩目的大唐盛世；鼓励海外贸易、强调经济至上的宋王朝，在经济领域之外的科技、教育、文化等领域与其他文明相互交融，也取得了巨大的物质文明和精神文明的进步。唐、宋王朝与和它们同时代的西亚、南亚文明，以及其他文明，正是通过以丝绸之路为主要通道的经贸往来，进而扩展到文化、宗教、艺术、科技等领域的相互交流激荡、创新合作，才在事实层面上促进了人类文明的整体进步，开创了一个全新的时代。这个新时代的创建，既是建立在人们相互交往、互为补充的物质基础之上，同时也是早期经济全球化、人类命运共同体互惠互利、协调发展的具体反映。

21世纪的当下，经济全球化趋势已不可逆转，人类你中有我、我中有你，已结成一个不可分开的命运共同体。中华民族要实现伟大复兴，必须充分汲取历史经验和智慧，要从人类命运共同体协调发展、互惠互利的现实出发，将中华民族伟大复兴与人类命运共同的构建结合在一起，将中国人民的梦想与世界各国人民的梦想连接在一起。当下，习近平总书记提出推进人类命运共同的构建，建设"一带一路"倡议，指明中国走和平发展道路、奉行互利共赢的开放战略，坚持正确的义利观，树立共同、综合、合作、可持续的新安全观，谋求开放创新、包容互惠的发展前景，促进和而不同、兼收并蓄的文明交流，与唐、宋时期丝绸之路及其对外经贸往来和交往的历史经验、智慧相契合。我们坚信，在科技越来越进步、交通条件越来越便利的当下，以"一带一路"将"中国梦"与"世界梦"结合起来，实现中华民族的伟大复兴，促进人类命运共同体的整体发展，迈向一个全新时代，是完全可能的。

从"学段衔接"到"学业嵌入"

——本科人才联合培养的一种新路径

董雁伟

联合培养本科生是高校对口支援和校际合作的一种重要方式,对于统筹区域高等教育发展,促进中西部地区高校人才培养和提升我国高等教育质量产生了重要的作用。目前,大多数高校在联合培养中主要采用"分段对接"的联合培养模式,但随着新时代高等教育的发展和人才培养理念的变革,这一联合培养模式也存在改进的必要。本文以复旦大学和云南大学的本科生联合培养为例,探讨从"学段衔接"模式转向"学业嵌入"模式这一本科人才联合培养的新路径。

一、"学段衔接"模式及其反思

当前,云南大学与复旦大学联合培养主要采用的方式是"1+2+1"模式。这一模式在现行条件下对提升联合培养质量起到了积极作用。"1+2+1"模式本质上是一种人才联合培养中的"学段衔接"模式。在实践中,又习惯将联合培养分为"云南大学阶段"和"复旦大学阶段"两个不同阶段。联合培养仅是叠加了两个"学段",故而还存在课程转换和学分认定等工作。经过多年实施,这种"学段衔接"的培养模式还存在着一些问题。

首先,"学段衔接"的联合培养模式在实施中容易割裂人才培养的完整性和整体性。尽管联合培养项目有一整套针对性的培养方案和课程方案,但是就目前的培养方案而言,主要采用的还是"拼盘式"的课程设计,即在复旦大学和云南大学现有课程的基础上进行课程方案的组合与学分互换。这样的培养方案自有其优点,但缺点也十分突出。一是客观上造成了学段转换之时学生的陌生感和不适应性,致使学生经常在进入不同的学习阶段后,感觉"换了人间",需要进行一段时间的调整和适应;二是云南大学与复旦大学在课程质量和成绩评价上的差异，导致学生后期在保研推免等方面形成困扰和压力。

其次，"学段衔接"的联合培养模式容易使部分师生产生具有误导性的观念。联合培养项目从规划到实施都明确了联合培养应贯穿本科人才培养的始终，但在"学段衔接"模式下，部分教师和学生没有认识到联合培养项目是一个连贯和完整的培养过程，狭隘地将"复旦大学阶段"等同于联合培养，产生了"联合培养"只是到复旦大学学习两年的错误认识，以致师生对"云南大学阶段"的培养和学习重视程度不够。还有一部分学生将"复旦大学阶段"的学习理解为某种形式上的"进修"或者"镀金"，最终导致在"复旦大学阶段"努力程度不够，学业成绩差距逐步拉大。

再次，"学段衔接"的联合培养模式没有从根本上促进被支援高校教学和管理水平的提升。应该承认，在联合培养中，云南大学与复旦大学在培养模式和培养环境上的差异是一种客观的存在。联合培养的目的不仅仅在于联合培养本科学生，更在于通过联合培养这一项目有效实现复旦大学对云南大学的带动作用，提升作为被支援高校的云南大学在教学质量和人才培养上的层次与水平。然而，在"学段衔接"的培养模式下，一些教师认为只要按规定完成学生"云南大学阶段"的培养任务即可，对于如何对标复旦大学水准并对教学质量进行持续改进，如何进行课程衔接以及教学质量和管理服务水平提升等方面的问题却思考甚少，缺乏改进和提升的动力。

总之，现行的联合培养主要是一种"学段衔接"的模式，在这一模式下存在着人才培养的连贯性、完整性被割裂，不同学段的衔接机制不完善、不成熟等问题，也没有从根本上促进被支援高校对标对表支援高校，提升和改进人才培养和管理服务水平。现阶段，我国高等教育已经进入深度调整阶段，迫切需要创新人才联合培养项目的理念和机制，实施深度融合和集成，构建更为成熟的联合培养模式。

二、"学业嵌入"模式及其意义

"学业嵌入"是一种与"学段衔接"完全不同的联合培养模式。这一模式针对"学段衔接"模式的问题与不足，淡化了联合培养中"云南大学阶段"和"复旦大学阶段"的区分，尤其强调了"以人为本"的教育理念和"以学生为中心"的培养理念，将联合培养由"学校+学校"的模式向"学生+学业"的模式转变，突出全过程育人的理念和人才培养的本质，对新时期人才联合培养具有重要的启示和参考意义。

首先，"学业嵌入"模式强调联合培养的整体性，突出联合培养是一个完整的过程。联合培养虽然分学年在两地两校实施，但本质上还是一个有机的整体。长期以来，

"学段衔接"模式一直存在忽略人才培养完整性的问题,教师和学生都将在云南大学和复旦大学的学习视为两个不同的阶段,教学方式和学习方式差异性大,课程衔接度不高,在人才培养上出现了不同阶段的分离。"学业嵌入"模式要求立足于人才培养的整体性来开展联合培养,学生在云南大学和复旦大学的学习不再是单线性的过程性、阶段性发展,而是以学生为中心实现全过程联合和全方位融合。在"学业嵌入"模式下,联合培养学生的学习是一种整体性的互补式学习体验,而非分段化的差异性学习体验,从而使得学生从关注"学校"变为关注"学业",大大提升了联合培养的质量和体验度。

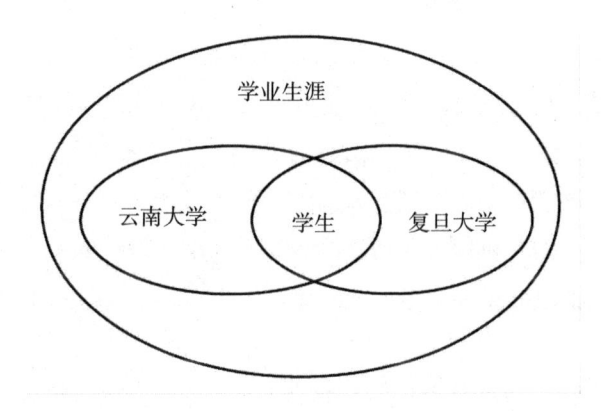

图1 "学段衔接"模式

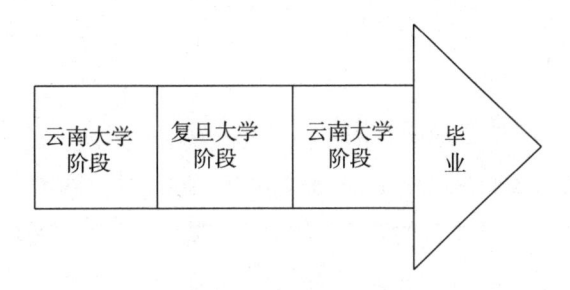

图2 "学业嵌入"模式

表1 两种培养模式的比较

模式	特点	导向	理念	学习体验	关注点
"学段衔接"模式	分段化	经历导向	以学校为中心	差异性学习体验	课程
"学业嵌入"模式	整体性	能力导向	以学生为中心	互补式学习体验	学业

其次,"学业嵌入"模式强调联合培养的本质是一种融合式教育。在"学段衔接"

模式下，联合培养的学生接受的是流水线式的培养流程，云南大学和复旦大学的两个培养阶段之间有互相独立的倾向，以致有学生产生了分段学习、分段"结业"的错误观念，从根本上忽视了联合培养的融合性问题。"学业嵌入"模式下，云南大学和复旦大学不再是人才培养的两个阶段，而是共同作用于人才培养的两股力量。"学业嵌入"模式提倡将学生在复旦大学和云南大学的学习由单纯的组合与衔接，变为深度的融合和集成，充分发挥复旦大学和云南大学各自在人才培养方面的优势，一方面做到取长补短，另一方面更要做到强强联合，凝聚起强大育人合力。

再次，"学业嵌入"模式强调联合培养的根本是以学生为中心和以学业为中心。在"学段衔接"模式下，人才培养的模式以学校和课程为中心。一方面，"学段衔接"强调云南大学和复旦大学两个不同学段的结合，以学校为本位，联合培养被视为一种"学校+学校"的模式；另一方面，在"学段衔接"模式下，学生在复旦大学的学习主要以课程研修为中心，联合培养具有以学段和课程为中心的特点。"学业嵌入"模式与此不同，其强调联合培养应从"以学校为本位"向"以学生为中心"转变，提倡建立打破校际差异的融合式培养机制，回归联合培养的主体，即学生本身；提倡改变以"学段+课程"为中心的培养模式，做到以"学业"为中心，实现人才培养由"形式"向"内容"的回归。

总之，"学业嵌入"模式打破了以学校和课程为中心的联合培养理念，强调以学生和学业为中心，实现了教育本质的回归。"学业嵌入"模式相较"学段衔接"模式更有利于实施对口支援和校际合作框架下的人才联合培养，值得进一步进行探索和实践。

三、从"学段衔接"走向"学业嵌入"

"学业嵌入"是人才联合培养的一种有效模式，同时也对联合培养机制以及涉及高校的教学和管理水平提出了更高的要求。从本质上说，从"学段衔接"向"学业嵌入"的转变，就是教育理念和人才培养观念的转变。当前，要在人才联合培养中实现这一转变，需要主动转变观念，积极创新和构筑适应新时代需要的联合培养机制。

首先，要转变教育观念和联合培养导向。对学校而言，学校应进一步确立"以人为本"的教育理念和"以学生为中心"的培养理念，将联合培养的重点由"学校+学校"向"学生+学业"转变。这就意味着，联合培养不仅仅是让学生在两所学校分别进行学习和生活，也不仅仅是接受两个学校的专业教育，而是要重新定位联合培养，从内涵上充分理解联合培养的本质要求，更加重视学生本人及其学业成长。另外，要从教育的本质上理解联合培养，将联合培养的基本导向由"经历型"向"能力型"转变。教育的本质是人的全面发展，联合培养的目的也是造就更多能力强、素质高的拔尖人才。因此，联合培养的重点并非云南大学的学生到复旦大学学习两年的"经历"本身，而是学生综合能力和创新能力的培养。

其次，要转变学生的学习观念以及对联合培养的认识。目前，有一部分联合培养的学生理所当然地将在复旦大学的学习看作一种"进修"或"提升"，在主观上将"云南大学阶段"和"复旦大学阶段"割裂开来，以致甚少关注课程的联系性，甚至割裂了专业学习的持续性。对此，学校和教师应该积极引导参加联合培养的学生转变观念，通过更加完善的联合培养机制帮助他们将差异性学习体验变为互补式学习体验，通过合作式学习等方式克服联合培养中出现的学校差异和环境差异，保持学习的连贯性。

再次，要形成和完善新的联合培养机制。第一，应围绕学生学业水平的提升和创新能力的培养，打破"拼盘式"的课程设计和培养方案，着眼于高质量的人才培养，实施高水平的学业设计，制订更符合现实需要的培养方案和课程方案。第二，在学分制改革下，应该形成和实施统一的学业评价机制，在云南大学适时引入课程浮动计分制，全面推行以绩点为中心的评价机制。第三，积极利用现代教育技术，提升联合培养的持续性，让联合培养真正贯穿学生本科全过程。第四，应高度重视人才联合培养的起始和收尾两个阶段。长期以来，在"学段衔接"的联合培养模式下，一、四年级的"云南大学阶段"未能在联合培养中凸显特色，甚至还存在重复旦大学、轻云南大学的倾向。因此，应在培养机制中加强"云南大学阶段"，特别是四年级的联合培养力度，通过引入复旦大学师资参与毕业论文指导等方式，巩固联合培养成果，真正做到全过程的联合培养。

值得指出的是，实现从"学段衔接"向"学业嵌入"的转变，需要重视当前联合培养的"短板效应"。在目前的条件下，云南大学与复旦大学相比，在课程建设和教育理念上还存在着明显的差距。因此，云南大学应以推进融合型的高水平联合培养为契机，在学分制改革和新一轮培养方案修订中主动对标对表复旦大学相关专业，积极革新教学理念，加强培养方案和课程内容的衔接，以人才联合培养为抓手，主动对标复旦大学水准，大力实施教学改革和课程改革；通过增强研讨式、导读式及高阶性的课程等形式，以点带面，实现专业水平的提升。

基于课程体系优化的数学与应用数学专业联合培养方案的实践与思考

索剑峰　杨汉春

自 2010 年起，云南大学每年从数学与应用数学（含数理基础科学）专业的全日制本科生中选拔 5 名学生，参加"云南大学—复旦大学联合培养本科生计划"，至今该项目已经实施了 10 年。该项目从准备到实施，经过了大量的调研工作，不断完善、不断优化，使得该项目能够切实达到让云南大学数学与应用数学专业依托优质教学资源提高人才培养质量的目的。众所周知，课程体系的构建和优化是人才培养的核心，在很大程度上决定了学生的专业知识结构和未来发展的潜力，极大地影响着学生的培养质量。该项目涉及的两所"双一流"大学，在学科发展、师资力量、人才培养水平、国际学术交流、生源优势等方面都存在明显差距。在这样的情况下，要实施好联合培养本科生计划项目，对于如何优化课程体系，达到 1+1＞2 的效果，值得不断探索和思考。

一、两所高校培养方案的特点

（一）共　性

云南大学和复旦大学的数学与应用数学专业同属于数学这一重要的基础学科，对学生的培养目标基本一致，都是培养掌握数学科学的基本理论和方法，具备运用数学知识解决实际问题的能力，受到科学研究的初步训练，能在科技、教育和经济部门从事研究、教学工作或在生产经营及管理部门从事实际应用、开发研究和管理工作的高级专门性人才。其要求学生掌握数学和应用数学的基本理论、基本方法，进行数学建模与计算科学方面的基本训练，具有较好的科学素养和宽广的知识面，熟练掌握一门外语，并有较强的创新意识、开拓精神以及较强的实际应用能力和适应能力。

（二）不　同

复旦大学生源质量更优秀，师资力量更雄厚。因此，其课程设置对学生的要求高，同时也非常注重学生的多元化发展。复旦大学 2018 年开始实施"2 + X"本科培养体系，能够体现出复旦大学人才培养模式强调学生学业基础的厚实，根据学生个人特点和人生规划，给予学生更多的发展路径。"2"指的是通识教育（包括通识核心课程和专项教育课程）和专业培养（包括大类基础课程和专心核心课程），"X"指的是多元化发展。学生可以在专业进阶、跨学科发展、创新创业等不同模块，选择适合自己的个性化发展路径。该课程体系在人才培养方面能够让学生达到多元化的发展，有深度、有广度。该校数学与应用数学专业的学生，如果希望自己在本专业内继续深造，可以选择专业进阶路径。对于能力较强，渴望挑战的学生，还可以选择专业进阶路径的加强版——本科荣誉项目，大幅度提升学术视野，激发科研潜能。通过学程模式，面向社会经济发展，学生可以跨学科选择适应自身发展需求的课程，也可以选择技能支持型的创新创业类课程。

云南大学与复旦大学相比，在生源质量方面有不小的差距，师资力量方面也较薄弱，课程体系的设置没有那么丰富。该校数学与应用数学专业的课程体系，主要注重综合素质和专业基础知识的培养。在通识教育课和学科基础课模块方面，两个学校的课程设置差别不大。专业选修课模块，云南大学类似于复旦大学的专业进阶模块，课程设置方面有较大的差别。相比复旦大学的数十门课程，云南大学提供给学生选择的课程比较少，只有 18 门，在深度提高、广度扩展方面有所欠缺。自 2018 年开始，云南大学在培养方案中加入了拓展教育平台，学生可以在该平台中选择专业深度教育、跨学科教育、个性拓展教育三个模块，类似于复旦大学的荣誉课程、跨学科模块和创新创业模块，目的是根据学生的自身特点为学生准备多条发展路径。从该培养体系的构建来看，云南大学也开始注重学生的多元化发展。该体系处于起步阶段，受限于一些客观条件，拓展教育平台占比不大，每个模块仅 6 个学分、2~3 门课程。

二、联合培养方案的优化思考

基于两所学校培养方案的异同，以及学生的层次差异，如何制订联合培养方案，就是一个需要深入思考的问题。培养方案必须根据自身特点，既要让大多数学生能够顺利完成学业，又要达到借助优质资源进行优秀人才培养的目的。课程体系的设置和优化，就是其中的关键环节。

云南大学和复旦大学联合培养初期，学校过高地估计了学生的能力，导致学生在复旦大学修读期间要求学分过高（在复旦大学期间要求学生修读86学分，其中专业选修课学分按照云南大学培养方案18个学分制定，而复旦大学学生选修课只需要10个学分），再加上数学专业课程难度比较大，5位送去复旦大学进行联合培养的学生中有2人无法顺利完成联培计划。回到云南大学后，这些学生还遗留了大量课程需要重修，甚至出现学分差得太多需要退学的情况，这对学生的学习兴趣和学习自信心也是非常大的打击。勉强完成修读要求的学生，所修课程获得的等级和绩点也比较低，部分课程还是多次重修后才通过的，回到云南大学后也丧失了保研等资格。

从第一届联合培养学生开始，专职联络员对他们的学习情况、生活情况、成绩情况等进行了动态观察。通过不断地观察总结，不断地深入思考，课程体系的设置越来越合理，联合培养方案每年都在修订。每年秋季学期，由复旦大学数学科学学院和云南大学数学与统计学院相关负责人磋商交流后，根据复旦大学和云南大学最新版的数学与应用数学专业人才培养计划，拟订数学与应用数学专业联培生的人才培养方案。同时，根据往届联培生的修读情况，对于一些比较困难的选修课程，采取一定的规避措施。复旦大学专业选修课程（现在的专业进阶课程）非常多，其中部分课程难度比较大，学生学习起来非常吃力。而学生对于课程的方向和难度了解不够，导致某些学生选修了一些难度很大但是效用上相对较低的课程。因此，在制订培养方案时，学校必须对课程的方向体系和学生的接受能力有一个宏观的把控，把相对重要的，应用面比较广、涉及比较多的，联培生学习起来不是特别困难的选修课纳入培养方案。课程体系的不断优化，课程难度的不断调整，学校不仅能达到联合培养的初衷——借助优质资源进行优培的目的，还能够在学习中不断地培养学生的专业兴趣，让学生不再是"怕"，而是在合理的课程难度递进设计中激发挑战精神，逐步引导其有深度、有广度地学习专业知识。

三、"2+2"和"1+2+1"模式课程体系优化的实践

2010年开始的联合培养项目，直接通过高考成绩对学生进行选拔，采取"2+2"联培模式，大一、大二期间在复旦大学修读，大三、大四回到云南大学修读。学校对学生不了解，单纯通过高考成绩进行联培生的选拔，没法对学生的学习能力、大学学习的适应能力、心理承受能力和碰到困难的受挫抗压能力进行有效的甄别。选拔的学生虽然对联合培养机制有一些基本的认识，也充分意识到能够进入复旦大学这样的高水平大学学习给他们带来的优势，但是他们对于进入大学后的学习状况、学习难度等在心理上明显准备不够，只看到机遇，没看到挑战，导致部分学生去到复旦大学后，面对突如其来

的难度较大的课程产生了巨大的学习压力，措手不及。学生从被选拔初期的激动兴奋、乐观积极，逐步陷入迷茫消极，灰心丧气。再加上与复旦大学学生之间的融入度不够，云南大学学生慢慢产生心理落差，导致部分联培生不要说获得更高层次的培养，甚至基本的学业都无法完成，最终不能按时毕业。

从课程体系角度看，大一期间的课程以公共必修课和学科基础课为主。这部分课程两所学校差别不大，学科基础课都是数学分析、高等代数、解析几何（由于复旦大学按照大类招生，所以数学分析1、数学分析2归属于自然科学类和技术科学类的大类基础课）。大一期间，两校学生所接受的知识差别不大，不同之处在于教学方法。复旦大学的教学偏重知识的引导，留给学生的思考空间较大；云南大学的教学讲授更为细致，学生听起来相对轻松。这种教学方法的差异也是学生的层次差别所导致的。两所学校对于学生基础知识的传授，可谓各有千秋、各具特色。大二、大三期间，学生开始学习专业核心课程和专业选修课程。一个专业的方向体现，更多的是由这些课程所决定的。在"2+2"模式中，联培学生的部分专业核心课程在复旦大学学习，更多的专业核心课程是大三回到云南大学后学习，同时绝大部分专业选修课程也是大三之后才开设。大三期间，正处于学生对专业认知的加深时期，需要更高的平台为学生提供更大的发展空间。因此，这样的模式对于优质教育资源的利用率不足，也不能满足学生对专业核心课程的系统性学习要求。

通过三年的实践，两校发现"2+2"联合培养模式有诸多的问题。两校不断地磋商，于2013年对联合培养机制做出了较大的调整，改为"1+2+1"培养模式，大一、大四在云南大学学习，大二、大三在复旦大学学习。这次机制的改变，从后续几届联培生的培养质量看，确实取得了良好的效果。

首先，选拔机制更加健全，注重综合素质考查。在联培生的选拔方面，云南大学不再类似于"2+2"模式，对学生几乎一无所知地"盲选"，而是更有针对性，综合考虑学生各方面的条件。大一时期，学生在云南大学学习，教师有充分的时间可以多角度地观察学生，通过学生在基础课中的学习、课堂表现和课后习惯，可以看出其知识基础、学习能力和学习积极性；通过学生日常生活情况，可以了解其心理承受能力、自我调节能力和对未来的规划预期，非常有利于学生的选拔。从近几年改革后的情况看，云南大学学生到了复旦大学后不适应的现象越来越少，绝大多数学生能够融入复旦大学，并积极投身于学习，最终取得不错的成绩。

其次，课程体系设置更加完善，注重个性化发展。云南大学教师对课程深入细致的讲述，大一时学生在云南大学进行基础性课程的学习，能够打下良好的基础。大二、大三期间，学生在复旦大学学习，数学与应用数学专业的11门专业核心课程（常微分方程、抽象代数、复变函数、实变函数、泛函分析、数学模型、拓扑学、概率论、微分几何、数理方程、基础理学），共计33个学分，全部能够系统修读。专业选修课方面，大三期间，学生也能够在复旦大学的专业进阶模块中选择9~10个学分修读，这样对于优质教育资源的使用有着极大裨益，可以说真正发挥了联合培养计划的优势。

最后，联合培养质量更加明显，注重学生潜力提升。通过对该专业课程体系的不断完善优化，联合培养学生能很好地适应在复旦大学的高强度专业学习，大部分联合培养学生能够顺利完成学业，获得了极大的收获，取得了良好的成绩，有些学生还获得了保研资格，并获得了云南大学—复旦大学联合培养项目的认可。通过对7届联合培养毕业学生的跟踪调查，可以发现，本专业联合培养学生在知识、能力和素质等方面表现出明显的优势：（1）数学基础坚实，数学功底深厚，水平高；（2）数学思维敏捷，数学方法灵活，能力强；（3）创新意识强烈，深造的潜力大，素质高。相比云南大学的学生，联合培养的学生在复旦大学选修了大量的专业选修课及研究性课程，这些课程紧跟研究发展前沿，覆盖面广，知识更新快，学习要求高，考核难度大，造就了联合培养学生宽广的知识结构，以及良好的个性发展，开阔了学生的眼界。从学生成绩来看，联合培养学生的学习成绩分数、绩点普遍比其他学生低。尽管如此，但他们的数学学习能力、数学思维能力、实践应用能力都很强，他们的创新意识、综合素质都很高。更可喜的是，已有一批联合培养学生进入了国内外著名大学，如复旦大学、中山大学、美国普渡大学等深造，表现出极大的发展潜力，扩大了云南大学的影响力。这是该专业联合培养产生的重要贡献之一。

四、课程体系优化的建议

通过培养机制改革、课程体系优化，联合培养项目已经取得了不错的效果。下一步，将会在以下几个方面继续深入推进改革和优化。

（1）针对复旦大学的"2+X"本科培养体系，其中的"X"，应制订更为多元化的联合培养方案，让联培生不仅可以选择专业进阶路径，还能够选择跨学科发展路径和创新创业路径。同时，在联培生中再挑选出其中的优秀者，挑战专业进阶路径中的荣誉课程项目，对个别有能力的联培生进行优中培优。

（2）在大四的专业选修课程中，借助在线课堂、慕课等形式，对已经回到云南大学的联培生进行后续联合培养。特别是对于一些系统性课程，比如学程课，由于涉及多门课程，大三期间，学生已经在复旦大学学习了一部分课程，通过后续联合培养，可以让学生较为系统地完成这些学程。

（3）鼓励云南大学教师与复旦大学教师联合指导大四期间学生的本科毕业论文，特别是对于有机会保送到复旦大学的联培生，或者在复旦大学期间参加过教师科研项目的联培生，积极支持他们跟随复旦大学教师完成毕业论文。

（4）探索本硕衔接课程体系。云南大学新版人才培养方案，已在个性化平台中加入了本硕衔接课程模块，在本科期间就为即将读研的学生提前打下坚实基础。随着数学与应用数学专业保送或者考入复旦大学读研的学生日益增多，可以考虑加入复旦大学的本硕衔接课程体系，针对复旦大学基础数学和应用专业研究生开设的课程，在本科大四阶段设置一些基础的研究生课程。

经济史学创新及其途径

薛政超

一、教学设计思想

(一) 教学目标

以经济史学中的创新为例,让学生了解什么是史学创新。历史学能够存在几千年,是因为这门学问具有强大的生命力,能够不断战胜危机,继续发展。而要战胜危机和继续发展,就需要创新。包括经济史在内的史学创新,与其他学术创新和经济领域的创新相比,具有同样的要素内涵与本质规定。对经济史学创新的内涵要素和实现途径的阐述,可让学生对史学创新、学术创新、经济创新有一个从个别到一般、从现象到本质的全面掌握,从而培养和提升学生的整体创新意识。

(二) 教学内容与方法

教学内容包括:自近代以来以科学化新史学为旗号的史学创新;史学创新的内涵要素;史学创新的基本途径;等等。这些内容的安排遵循由易至难、由表及里、由简到繁、层层深入、循序渐进的组织原则,并尽量将抽象的理论问题具象化为现实经济生活中的常识性问题。这不仅仅是向学生传授知识,而且是他们掌握提出问题、分析问题和解决问题的基本思路与方法,在实践中提高其创新能力。

(三) 理论基础与差异化考量

要求学生已修完中国史、世界史的基本课程,掌握历史专业的基本理论知识,并事先阅读吴承明《经济史:历史观与方法论》和李伯重《理论、方法、发展趋势:中国经济史研究新探》等理论书籍。经济史学创新是一个非常重要的理论问题，对习惯于具象化思考问题的本科学生群体来讲有不小的难度，因而必须有事先的理论准备与酝酿。同时，考虑到学生群体对抽象化理论的接受各有难易不同，要设计分层化的课堂与课外任务，让他们根据各自的情况完成。

二、实施过程描述

（一）导入新课

询问学生史学作为"人类的最古老的学问"，到今天仍然是一门任何人都不能轻视的学问，它能够存在几千年、具有强大的生命力的奥秘是什么？引导学生思考为什么创新是史学发展的永恒主题。

（二）讲述近百年以来史学创新的过程与表现

学生对这一过程多少有一些了解，首先，请三位学生回答如下两个问题：①近百年来史学创新有哪些具体表现？是否有一以贯之的主线？②20世纪初的中国史学发展面临着什么样的困境？由此开启了此后史学不断创新的过程，这一过程为什么没有止境？其次，针对他们的回答，表扬表现较好的学生，同时补充其不足与遗漏，详述近代以来以科学化新史学为旗号的史学创新及其时代潮流和现实需要的动因。如梁启超1903年发出了建立"新史学"的呼声，接下去有胡适、傅斯年主导的实证主义的"新史学"和郭沫若、范文澜等主导的马克思主义"新史学"，后者演变为新中国的"革命化史学"。到了20世纪和21世纪之交，海峡两岸都出现了新一波的"新史学"。而"新史学"的不断涌现，则是在西方的史学科学化浪潮的激荡之下出现的，也是中国近代以来的革命与建设的时代主题召唤的结果。

（三）以经济发展中的创新来说明和类比经济史学创新、学术创新

首先，介绍在西方被称为"创新之父"的著名经济学家熊彼特（Joseph Alois Schumpeter）提出的创新理论基本观点：创新是生产过程中内生的；创新是一种"革命性"变化；创新同时意味着毁灭；创新必须能够创造出新的价值；创新是经济发展的本质规定的；创新的主体是"企业家"。其次，强调熊彼特的创新理论，在一定程度上也适用于经济史学创新。经济史学创新的内容包括：史学必须为社会提供新的产品，以满

足社会对历史知识的新需求；史学研究必须采用新方法；史学研究必须开辟新领域；史学研究应当开辟新的资料来源；史学研究应当采取新的组织方式，改变以前那种基本上是单兵作战的传统方式。

（四）归纳经济史学创新的基本途径与方法

引导学生思考，按照熊彼特的理论，经济史学创新，必须采用新方法，开辟新领域，发现新的资料来源，采用新的组织方式，目的是为社会提供新的产品，以满足社会对历史知识的新需求。在此基础上，"建立一种新的生产函数"，即"生产要素的重新组合"。而史学研究的三大基本要素是史料、方法和问题意识。在今天，这三大要素都发生了巨大的变化，新事物爆炸性地出现，令人目不暇接。在详细介绍这三方面变化的基础上，再进行归纳总结：有了新史料、新方法和新问题意识，经济史学创新的基本要素都具备了；在经济史学研究中，一位真正的经济史学家（相当于熊彼特说的真正的企业家）所要做的，就是把这些要素组合起来，形成一种过去没有的新组合。这样，就可以生产出能够满足社会新需求的新产品，从而造成经济史学研究的创新。

（五）布置课后思考题

（1）什么是经济史学创新？经济史学创新与经济创新有何共通之处？

（2）试以近年来经济史研究中的创新为例，说明经济史学创新的主要途径。让学生根据自己的兴趣与能力在这两个思考题中选择其一作答。

三、教学效果反思与评价

（1）课堂活跃，全体学生都能参与到教学活动当中。如对于什么是创新、经济史学创新、学术创新，以及近百年以来史学创新的诸多表现和原因等，都能发表意见，提出疑问，充分激发其学习的自主性。

（2）内容组织合理，重难点突出，讲解透彻。如从学生比较熟悉的近百年史学创新的过程与表现入手，再过渡到比较抽象的经济史学创新问题；在分析比较难以理解的经济史学创新时，又通过经济发展的创新概念加以类比而具象化，适合学生心理发展的阶段性特点，降低了他们对此问题的理解难度。

（3）整节课大部分学生都掌握了经济创新、经济史学创新的基本内涵与本质规定，同时也因材施教，不同程度地提升了他们的抽象思维能力，培养了他们的创新意识，由此伴有满足、成功、喜悦等体验，顺利实现教学目标。

融合优势科教资源，强化学研创新训练，凝聚思政教育合力，打造多维实训体系

——大气科学"菁英班"科研实践教学体系的构建与创新

冯 涛 常有礼 吴 涧 夏 兰 苏 秦 赵 获 袁俊鹏

引 言

高等教育的教学创新与改革实践，其最终目的都是要回答"培养什么人、怎样培养人、为谁培养人"的时代之问。中共中央、国务院印发的《深化新时代教育评价改革总体方案》中明确指出，"把立德树人成效作为根本标准"[1]。因此，在"双一流"建设的创新教学实践中，一方面要在评价标准和培养导向中突出立德树人的标准，另一方面则要在教学实施和教学改革中强调立德树人的成效，回归教育"初心"。立德树人，就是培养德才兼备、德智体美劳全面发展的人，因而实践教学不仅是落实立德树人根本任务的重要载体，同时也是提升立德树人成效的重要途径。在专业教育中切实加强、优化和改进实践教学体系，是在战略层面构建德智体美劳全面培养教育体系，落实立德树人根本任务，为国家培养高素质、复合型杰出人才的重要内容。构建适应"把立德树人成效作为根本标准"的实践教学模式，不仅对专业教育有着显性知识教育、隐性能力塑造的重要作用，还对专业人才培养体系、一流课程建设体系有着强有力的支撑作用。

实践教学一直以来都是高等教育的重要组成部分，教育部在《教育部等部门关于进一步加强高校实践育人工作的若干意见》[2]中强调指出："要切实改变重理论轻实践、重知识传授轻能力培养的观念，注重学思结合，注重知行统一，注重因材施教，以强化实践教学有关要求为重点，以创新实践育人方法途径为基础，以加强实践育人基地建设为依托，以加大实践育人经费投入为保障，积极调动整合社会各方面资源，形成实践育人合力。"习近平总书记在2018年全国教育大会中强调，要把立德树人融入思想道德教育、文化知识教育、社会实践教育各环节，学科体系、教学体系、教材体系、管理体系

要围绕这个目标来设计，教师要围绕这个目标来教，学生要围绕这个目标来学。[3]

在"双一流"大学建设和一流课程建设的背景之下，为了贯彻云南大学一流大学建设方案，贯彻坚持以协同育人、实践育人为内核，科研育人、文化育人为两翼的"四个育人"理念[4]，基于与中国科学院大气物理研究所联合开展的大气科学"菁英班"创新培养模式，针对目前西部地区大气科学专业教育存在的若干急需解决问题，尤其是学生实践创新能力薄弱的问题，云南大学大气科学专业在实践教学体系的建设与改革方面进行了一系列的探索与实践。一系列课程建设、改革与优化，对科研实践教学体系的概念、解决问题的策略研究、教学模式方法设计等均进行了界定和阐述，并对该实践创新体系的教学思想、教学内容与教学成效进行了分析与总结。该教学改革实践对于大气科学专业学生专业实践能力的提升、编程思维的培养和国际化水平的提高有重要的现实意义。科研实践教学体系建设体现了大气科学专业人才培育体系的高阶性、创新性和挑战度，近三年来本专业学生在各类学科竞赛中获得国家级奖项三项、省部级奖项二十余项，实践教学革新结出了丰硕的培养成果。

一、教学改革的出发点——我国西部地区大气科学创新人才培养面临的尖锐问题

（一）我国西部地区气象专业人才队伍薄弱，人才培养资源匮乏

我国西部地区占到国土面积的三分之二以上，辽阔的国土和复杂的地貌，不仅带来丰富的气候水文资源，同时也造成了气象灾害的频发，因此西部地区对于气象专业人才，尤其是高质量、创新型、科研型人才的需求有较大的缺口。与之相对应的是，我国西部地区仅有兰州大学、云南大学与成都信息工程大学三所高等院校可以培养大气科学类专业人才，同时无论是教学师资、硬件投入还是优势科研资源，与东部院校相比，都存在较大的差距。教学资源的差距，在完成传统课程体系教学中尚不明显，一旦落实到"立德树人"根本任务的具体化、操作化和目标化层面，落实到培养有理想情操、有宽阔视野、有创新能力的高素质专业人才层面，显然存在不足。

（二）目前专业教育实践与学科应用需求断层，人才培养衔接不足

随着我国社会经济发展，以及气象现代化建设的不断深入，公众气象服务以及前沿科学研究不断提高的实践性、专业性和创新性需求，对高校专业人才的培养提出了更高

的要求，尤其是对于人才科研实践创新能力的培养，需求更为迫切。根据大气科学专业人才培养的升学单位调研，本专业本科生升学到研究生培养单位后，通常还需要完成编程能力、文献阅读、研究方法等一系列的培训，才能够满足科学研究基础工作的需求，真正进入研究学习状态，这就容易造成教育资源的重复投入与消耗。

（三）学生对于专业学习的重要性认识不足，职业发展定位缺失

传统的专业教育，主要强调专业知识的系统性传授，相对而言，对于专业服务进展现状、学生职业发展定位、融入时代变革脉搏的隐形思政教育涉及较少。这导致教师为解决"培养什么人、怎样培养人、为谁培养人"的问题殚精竭虑，学生却仍然存在"不知为何学，学了做什么，未来去哪里"的认识盲区，对学习重要性的认识不深刻，学习动力缺乏，参与时代发展与科技创新的热情不足。因此，如何帮助学生充分认识专业重要性，通过实践教学活动与专业发展接轨，树立远大奋斗理想，确定人生发展目标，建立主动学习的自觉性，也是专业教育亟待解决的重要问题。

（四）实践教学的周期短、内容少且形式单一，创新提高训练不足

以往的专业实践教学，主要由校内课程实践与校外专业实践两部分构成，虽然能够一定程度上解决学生对于专业知识应用、专业服务内容以及专业发展要求的认识问题，但是仍然存在着集中实习实践周期较短、学习内容较少且模式化以及实践教学形式较为单一等问题。高质量的实践教学，应当贯穿于整个本科人才培养周期当中，围绕教学目标的设置，通过大量丰富的、具体的实践教学活动来落实实践育人，不仅与天气预报业务应用接轨，而且应当与国家前沿科学研究需求接轨，从而真正实现知识、能力、素质的有机融合，而不是流于形式，为了完成实践教学设置而进行实践教学。

二、问题驱动的策略研究——大气科学"菁英班"实践教学体系构建的创新实践

针对我国西部地区大气科学专业人才培养，尤其是实践创新能力培养所存在的一系列问题，云南大学大气科学系通过深入调研与剖析问题，有的放矢地开展了一系列教学改革与创新，不仅通过面向实际需求重构与规划专业实践教学课程体系，打造了创新提高的实践教学"课程群"，同时在国内率先引领实施了科教资源融合、院校协同育人的人才培养模式，引入中国科学院大气物理研究所的优势科教资源和实践教育平台，通过

配备双导师联培，以科研课题为纽带，以科研训练为抓手，积极推动创新小组培育、竞赛团队培养、大学生创新创业项目开展等创新实践活动，打造了"科研、项目、竞赛、联培"四位一体的科研实训体系。云南大学通过以赛代练、以练促学的全方位科研创新实践，以及在本科教学中施行全方位科研训练、全过程实践育人，系统地开展了大气科学"菁英班"科研实践教学体系构建的探索与具体实践。图1中总结了以上科研实践教学体系构建过程中以问题为导向的解决思路以及教学创新思维。

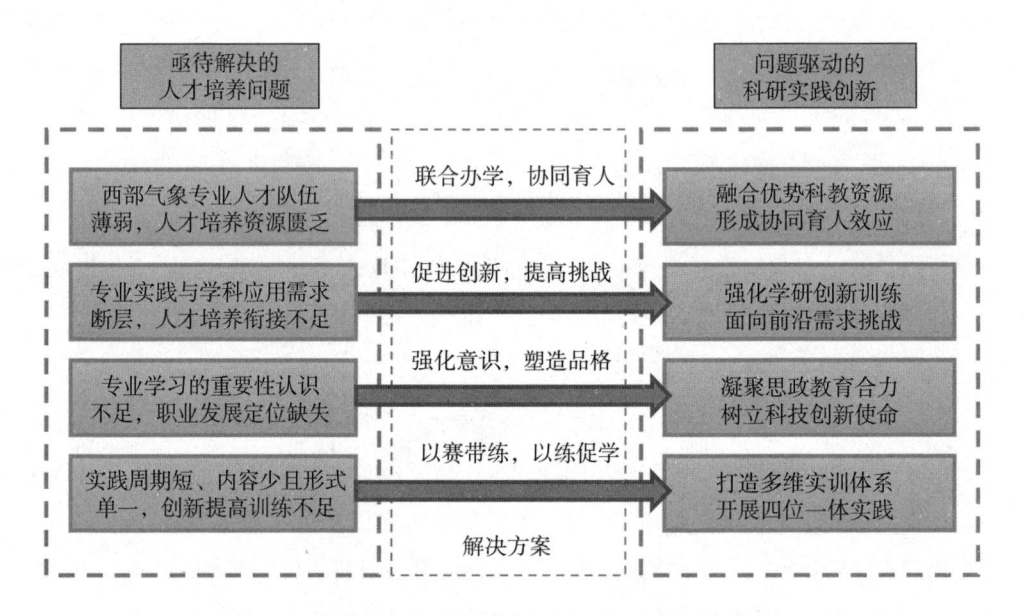

图1 大气科学"菁英班"科研实践教学体系创新路线图

（一）融合优势科教资源，形成协同育人效应

作为我国最负盛名的大气科学专业科研机构，中国科学院大气物理研究所拥有国际一流的科研及教学团队，以及国家重点实验室、香河大气综合观测试验站、地球系统模拟大科学装置等一系列国内顶尖的科研实践教学平台。而作为我国西南唯一具有大气科学专业本硕博一体学位设置的院系，云南大学大气科学系不仅有着完善的本科人才培养模式和课程建设体系，同时也为我国气象事业输送了大量的业务与科研人才。双方自2014年始共建大气科学"菁英班"，通过联合办学，引入优势的科教资源和共享实践教学平台，创新了校院协同的科研实践育人模式，打通了基础学科教育与前沿科研创新之间的需求断层，真正实现了实践育人、协同育人以及创新育人的合力效应。

（二）强化学研创新训练，面向前沿需求挑战

大气科学"菁英班"学生自本科一年级开展大气科学前沿系列讲座，面向国家需求和学科发展，了解专业前沿，凝练科学问题，开阔学习视野。从本科二年级开始，通过以"中国科学院大学生创新实践训练计划""国家大学生创新创业训练项目"等科研课题为纽带，执行中科院与云南大学联合培养双导师制度，系统性推进科研实训，与同步进行的理论知识学习相联系，促进专业知识的融合与应用。建立 3 年校内课程学习、1 年中科院科研实践的"3+1"人才培养模式，本科四年级学生在中科院客座学习，一整年持续性地开展科研训练，打通学生创新实验与毕业论文的内容延续，强化学生创新思维与科研能力，为紧接着的研究生学习打下牢固的基础。总体而言，科研实践培训体系的培养目标与立德树人的要求高度一致，其基调都是提升学生的创新能力，以及提高专业学习的难度和挑战度。

（三）凝聚思政教育合力，树立科技创新使命

针对本学科学生"不知为何学，学了做什么，未来去哪里"的认识盲区，学校为大气科学"菁英班"配备了学业导师和专职辅导员，通过系统性地开辟第二课堂，在本科一年级组织专业介绍、选课指导、师生交流等一系列讲座报告活动，帮助学生了解专业学习和科研工作对于国家科学进步、社会经济发展以及生态环境建设等方面的重要意义，塑造学生完善的专业认同感。自本科二年级起，持续地开展党团学活动、阅读计划、读书会、实践课堂、升学指导等活动，与同步进行的科研实践训练相结合，深入融合课程思政元素，培养学生优良的职业荣誉感以及创新使命感，凝聚思政教育合力，实施思政育人。

（四）打造多维实训体系，开展四位一体实践

围绕培养有理想情操、有宽阔视野、有创新能力的科研人才的总体目标，学校构建了"把立德树人成效作为根本标准"的科研实践教学体系，明确以培养学生创新思维为中心的原则，制订"学研结合"的人才培养方案和实践课程体系。同时，通过持续组织学生参加全国大学生数学竞赛、全国大学生数学建模竞赛、"互联网+竞赛"等竞赛活动，持续地开展实践教学活动，以赛带练，以练促学，通过理论学习、专业实践、联合培养、学科竞赛和学生活动等多维度全方位开展实践教学（图2），打造了"科研、项目、竞赛、联培"四位一体的科研实训体系。

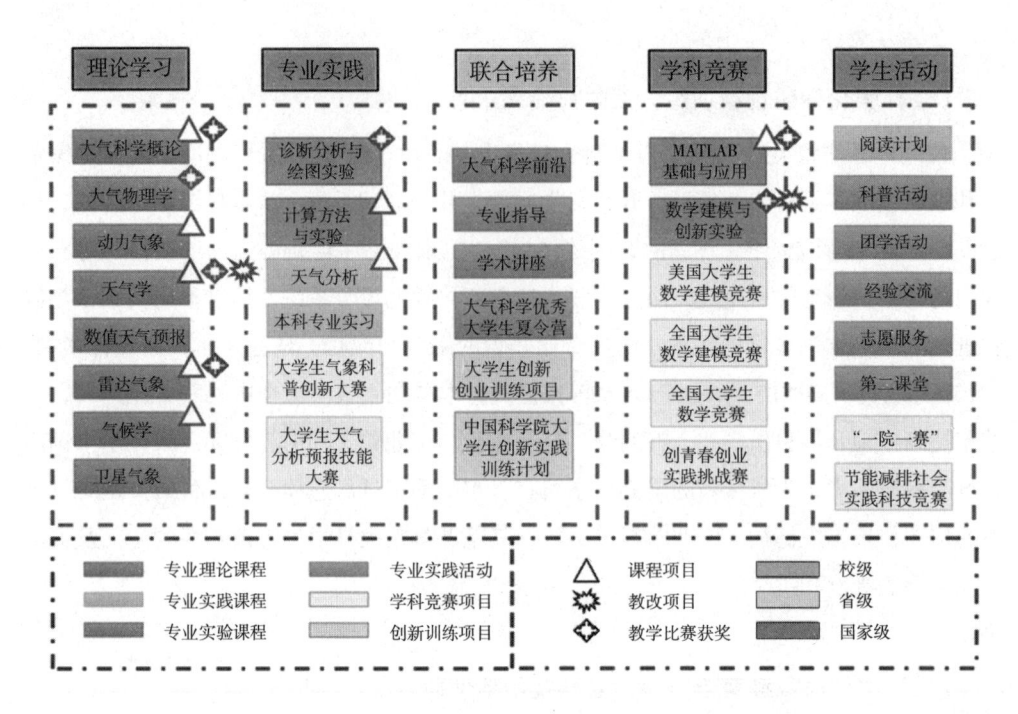

图2 大气科学"菁英班"科研实践教学建设体系规划图

三、解决问题的实现路径——科研实践教学体系构建的模式及方法创新

（一）规范培养制度，强化支撑保障

为了保障大气科学"菁英班"科研创新人才的培养质量，自"菁英班"招生选拔开始，学校就针对性地制定了一系列管理文件和政策，并且严格落实执行。具体的管理制度措施有：（1）实施"选拔+淘汰"的动态准入准出机制，学年末综合考评，进行分流淘汰及补充选拔。（2）实行"双导师制"，云南大学导师主要负责课程学习及专业引导，大气所导师主要负责科研训练与创新教育。（3）校、院、系三级督管，实行"班主任+辅导员+双导师""多对一"的多轨管理制，齐抓学生学业和思想。（4）制定激励政策，加大推免研究生比例，设立大气物理研究所专项奖、助学金等。（5）保障科研项目和学科竞赛的资金投入、硬件资源与指导教师的配置，切实解决学生科研实践的后顾之忧。（6）每年组织参加中科院 IAP 夏令营，开阔学生视野，了解科研报国、科技创新助力生态环境建设的前沿动态。

（二）梳理课程设置，优化知识模块

围绕科研创新人才培养目标，明确以培养学生创新思维为中心的原则，制订"学研结合"的人才培养方案和教学课程计划。（1）梳理教学大纲，明晰实践类课程矩阵与培养目标的对应关系。剔除低阶、陈旧和重复内容，节约学分学时。（2）提高数理课程要求，夯实学科基础，凝练专业核心课程，打造优质"金课"。根据学生创新思维能力培养、素质提升强化目标来整合和强化知识内容，构建与科研创新人才培养相适应的"厚基础、重实践、育思维"的课程体系。表1中统计了近年来围绕科研实践创新体系开展的课程建设情况。（3）按照科研方向梳理选修模块，制订灵活的个性化选修方案。（4）对于原有的实践教学课程设置，采用"课程群"模式进行整体规划和管理，相关实践教学内容与科研实践问题紧密联系起来，在教学中更容易整体融入各项科研技能，学思结合，知行合一。

表1 科研实践课程"金课"建设情况

序号	年份	课程名	建设项目
1	2020	天气学	云南首批省级一流本科课程
2	2020	计算方法	云南首批省级一流本科课程
3	2018	大气科学概论	云南大学校级双语课建设项目
4	2018	大气科学概论	云南大学校级线下精品课建设项目
5	2018	雷达气象学	云南大学在线开放课程建设项目
6	2019	数学建模与创新实验	云南大学校级非标准答案考试课程
7	2019	MATLAB基础与应用	云南大学校级非标准答案考试课程
8	2019	动力气象	云南大学线上线下混合教学示范课程
9	2020	MATLAB基础与应用	云南大学线上线下混合教学示范课程
10	2020	概率论与数理统计	云南大学"课程思政"教学示范课程

（三）开展学科竞赛，参与科研项目

针对学生专业知识学习与创新能力提升之间的结构性断层，以及实践学习内容少、编程动手能力差等特点，我们打造了"科研、项目、竞赛、联培"四位一体的科研实训体系，通过以赛带练，以练带学，持续地组织学生开展科研实践学习。（1）本科一年级到二年级，组织"菁英班"学生全员参与全国大学生数学竞赛，夯实数理基础，强化学生运用数值计算方法求解物理问题的思维体系。（2）本科二年级到三年级，组织参与全国大学生数学建模竞赛以及美国大学生数学建模竞赛，培养基本的编程技能和程序设计思想、建立及求解数学模型的能力、绘图并撰写科学文本的素养。（3）本科二年级到毕业，通过以"中国科学院大学生创新实践训练计划""国家大学生创新创业训练项目"等科研课题为纽带，执行中科院与云南大学双导师科研指导，系统性推进科研实训，培养学生合理解读及分析科学问题，完成科研课题训练并撰写论文的综合科研素质。

四、解决问题的初步实现——科研实践教学体系构建的建设成效

（一）人才培养效果提升显著，学生、家长给予高度评价

从已完整培养的三届"菁英班"学生来看：（1）成绩优异，基础扎实，生均每门课程成绩在85分以上，英语四、六级通过率分别为100%、84%，高达85%的学生曾获省部级及以上奖励。（2）具有良好的科研思维和创新潜质，有较强的团队协作能力。全员参与省级以上科研项目研究，主持国家级大创项目7项、省级大创项目6项、校级大创项目8项，与之相对应，大气科学专业班参与率不足40%。（3）积极参与各项学科竞赛，近三年来大气科学"菁英班"学生在各类学科竞赛中获得国家级奖项4项、省部级奖项20余项，占到专业获奖的80%以上。（4）专业兴趣浓厚，志向坚定，品行端正，高达90%的学生继续升学就读本专业研究生。学生及家长对办学模式认可度高，带动学校大气科学专业第一志愿报考率逐年攀升，年均"菁英班"报名与录取比超过4:1。

（二）师资能力得到显著提高，教学科研发展平台不断提升

通过联合办学，促进双向交流、资源共享，教师教研能力得到显著提升。围绕大气科学"菁英班"创新人才培养与科研实践教学体系建设，本专业先后有10人次参与省部级师资能力培训提升项目，在国家级课堂教学比赛中获奖4人次，省级教学比赛获奖2人次，校级教学比赛获奖6人次，连续4届在云南大学校级教学比赛中荣获一等奖，具有省级以上人才称号、教学比赛获奖、主持一流课程的教师占到本专业师资的50%以上。同时，获批云南省一流本科课程2门，出版教材2部；主持教改项目17项，发表教改论文27篇。获批云南省创新团队1个，云南省高校科技创新团队1个，以及省级硕士研究生导师团队2个。2018年本专业获批大气科学一级博士授权点，2019年入

选云南省省级一流专业，2020 年获批博士后流动站，教学科研平台不断获得提升。

（三）毕业生广受用人单位好评，云南大学已成为我国大气科学优质研究生生源重要基地

大气科学"菁英班"毕业生中 90% 升学攻读本专业研究生（同期本专业平均升学率为 45%），其中 88% 进入中科院、中国气象科学研究院、英国雷丁大学、复旦大学、中山大学、中国科学技术大学、兰州大学、云南大学等国内外一流院所。学生质量受到录取院所一致好评，认为学生基础扎实、科研创新能力强、品德优秀、综合素养较高。高质量的人才培养成效和高比例的升学率，使得云南大学已成为西部地区优质的大气科学研究生生源重要基地。鉴于前期良好的合作和培养成效，在本科联合培养的基础上，云南大学与中科院大气物理研究所又进一步签署协议开展"菁英班"硕士研究生阶段联合培养。

五、科研实践创新体系建设的总结与展望

围绕培养有理想情操、有宽阔视野、有创新能力的科研人才的总体目标，构建"把立德树人成效作为根本标准"的科研实践教学体系，明确以培养学生创新思维为中心的原则，制定"学研结合"的人才培养方案和实践课程体系，通过实践课程的规划与调整，通过教学内容的优化与更新，通过教学师资的培训与整合，云南大学大气科学"菁英班"科研实践创新体系已经初步建设成型。同时，通过一系列的教学实践和教学改革，实践教学体系在课程发展与建设、教师教学与比赛、学生竞赛与实践等各个方面都取得了突出成效。教学实践表明，该科研实践教学体系的建设思路，适合专业人才的能力培养与塑造，适合与理论教学相结合，全面构建德智体美劳全面培养教育体系，落实立德树人根本任务，为国家培养高素质、复合型杰出人才。

大气科学"菁英班"科研实践创新体系建设在建设世界一流大学新形势下对实践教学的发展有着重要的作用，是落实立德树人培养效果不可或缺的一个环节。尽管目前科研实践体系的建设还存在一些问题和不足，但相信经过教学探索与实践，不断完善课程群建设、丰富教学内容体系、革新教学思路方法、提升教师教学素质，一定能够充分发挥该实践教学体系在培养有发明创造思想及创新实践能力的高端专业人才方面的坚实作用。

参考文献

[1] 周洪宇. 深化教育评价改革加快推进教育现代化——《深化新时代教育评价

改革总体方案》解读［J］. 中国考试，2020（11）.

［2］教育部. 教育部等部门关于进一步加强高校实践育人工作的若干意见［R］. 教思政〔2012〕1号.

［3］顾明远. 新时代教育发展的指导思想——学习习近平总书记在全国教育大会上的讲话［J］. 北京师范大学学报：社会科学版，2019（1）.

［4］林文勋. "四链衔接"服务西部民族地区发展［N］. 中国教育报，2018－08－11（3）.

科教融合思想在大气科学菁英人才培养中的探索与实践

袁俊鹏　吴　涧　孙鹏宇

改革开放以来，我国大学的发展从单纯教学向教学、科研并重转化。进入新时代，我国高校的基本职能进一步明晰为人才培养、科学研究、社会服务、文化传承与创新，其中人才培养是最基本和最核心的职能，学校应当充分调动和利用一切可利用资源，包括科学研究资源，充分转化成为人才培养资源，才能更好实现为党育人、为国育才。

科教融合是世界一流大学的核心办学理念，我国高等教育正从科研、教学并重转向科教融合发展。2012 年，教育部与中国科学院联合发布《科教结合协同育人行动计划》，第一次指出了高校与科研机构贯彻科教融合思想的实施路径。此后，中国科学院与多所高校陆续举办"菁英班"，广泛覆盖了基础学科专业和部分新兴学科专业，系统性实践了科教融合协同育人思想。

云南大学与中国科学院大气物理研究所响应国家号召，于 2014 年 7 月签署协议，联合创办"大气科学菁英班"，充分发挥高校教育环境和中科院科研资源优势，共同探索科教融合办学新模式。经过六年潜心探索，云南大学与中国科学院大气物理研究所的合作，从本科人才培养，拓展到研究生联合培养，形成了科教融合思想在大气科学菁英人才培养中的有效模式。

一、科教融合人才培养改革的探索

（一）科学确定人才培养目标

现代化气象事业是科研型、基础性社会公益事业。《中国气象事业人才发展规划（2010—2020 年）》指出，目前我国大气科学专业人才培养难以满足现代化气象事业需求,尤其是厚基础、具有创新思维的科研型创新人才严重缺乏。立足于西部欠发达地区科研资源和水平有限的现状,如何引入优势教育科研资源、探索科教协同办学新模式,提升西部高校办学质量,培养适应新时代需求的科研创新人才,满足国家战略需求,是亟待解决的问题。

针对国家战略和社会行业需求,以及西部地区科研创新人才短缺的现状,云南大学与中国科学院大气物理研究所在2014年创办"大气科学菁英班"之初就商定确立了以菁英教育为宗旨,开展本科拔尖创新人才培养,为国家输送优秀的研究生生源,着力提升西部地区科研创新人才培养质量。人才培养目标定位为:培养具有扎实的数学、物理、化学基础知识,熟练掌握外语和计算机工具以及系统的大气科学专门知识,热爱大气科学研究,掌握大气科学研究方法,具有创新意识、创新能力、实践能力和国际视野的优秀本科人才,为国家进一步培养大气科学及相关学科领域的未来领军及拔尖人才打下战略储备基础。这一人才培养目标立足于现代化气象事业对科研创新型人才的迫切需求,结合我国西部欠发达地区创新型人才培养不足的现状,坚持科学研究和人才培养紧密相结合,以学生为中心,着力培养和训练学生的实践创新能力以及对学术研究的志向和兴趣,遵循创新型人才成长规律,为学生逐渐成长为科研创新人才打下本科阶段的坚实基础。

(二)合理设计人才培养模式

云南大学地学学科门类齐全,大气科学专业始建于1971年,至今已有50年的历史,具有完整的本硕博一体化培养体系,是我国西部地区重要的大气科学专业人才培养基地。中科院大气物理研究所是我国大气科学领域重要研究基地和科研型人才培养基地,拥有丰富的科研资源和高水平的科研队伍。为了充分发挥高校教育的基础性和科研所教育的前沿性,"大气科学菁英班"采取科教协同"3+1"人才培养模式培养人才。学生前三年在云南大学学习,完成大类通识教育和专业基础教育;第四年全体学生到中科院大气物理研究所开展研究型学习,完成专业拓展教育。在前三年的高校教育阶段,中科院大气物理研究所每年均派出优秀科学家到校参与授课,主要讲授新生研讨课、专业引导课、专业研究方法和前沿导论等课程。同时,为"菁英班"每位学生配置双导师,云南大学校内导师负责课程学习,大气所导师负责科研训练,实行"班主任+辅导员+双导师""多对一"的多轨管理制,齐抓学生学业和思想。双方以培养创新人才为目标,以提高学生科研实践能力为重点,开展深度合作,共同构建实施科教协同"3+1"人才培养模式。

(三) 充分论证人才培养方案

云南大学和中国科学院大气物理研究所围绕科研创新人才培养目标，明确以培养学生创新思维为中心的原则，采取学校和研究所共同设计人才培养方案的模式，对课程体系、研究性学习、实践环节进行充分思考和论证，共同制订"学研结合"的人才培养方案和教学计划，并从学生知识、能力、素养几方面明确毕业要求，建立培养目标、毕业要求、课程体系之间的关联矩阵。

例如，为了加强学生的数理基础，增设了 12 学分数理化课程，并加大课程挑战度，提高数理课程要求；压缩服务行业业务工作类课程，增加研究前沿进展、研究方法类的课程和讲座；按照科研方向梳理选修模块课程群，制订灵活的个性化选修方案，将"阅读计划""研究计划"均设定为 2 学分的必修课；四年级一整年持续性地开展科研训练，将学生的创新实验与毕业论文相结合，强化学生创新思维与科研能力；开辟第二课堂，组织科创项目和竞赛、互动讲座、党团学活动、阅读计划、读书会等活动，实施全过程性科教融合和思政育人。

(四) 深入推动教学模式改革

为了提高教学质量，云南大学和中国科学院大气物理研究所组建了大气科学教研室，每月定期开展教研室主题活动，健全听课评课、集体备课、岗前培训、教师试讲、教学检查、教学评价等制度，并按照天气与动力、大气物理与环境、数值计算与模拟三条课程主线组建教学团队，共同研讨制订教学大纲、实施教学过程。加强课程建设，实施教学改革，完善实践教学机制。结合专业特点和现代化教育趋势，开展研讨式教学、线上线下混合式教学，培育多类别金课，包括在线开放课程、线下精品课程、线上线下混合示范课程、双语课程、虚拟仿真课程等。紧抓专业核心课程建设，切实提高课程质量。对所有的专业课程实施过程性考核，平时成绩由多维度评价组成，纠正学生期末突击不良现象。推行非标准答案考试，突出考查学生用知识解决实际问题的能力。

(五) 构建科研实训体系，培养创新思维

充分发挥中科院科研资源与优势，在整个培养周期中系统性、连续性地开展科研训练，构建"课堂实践+学科竞赛+科创项目+专业实习+毕业论文"科研实训体系，全面培养"菁英班"学生创新思维和实践能力。（1）一年级增设学科引导课，邀请中科院著名专家、学者到校授课，动态更新前沿内容，引导学生兴趣，坚定学生专业志

向。(2) 一至三年级，每年举办中科院 IAP 夏令营、学术讲座沙龙等活动，开设前沿研讨课，开阔学生学术视野。(3) 采取"同学自主参与—双导师专职负责—课余实践提高"的模式，积极推动创新小组培育、竞赛团队培养、创新创业项目开展等实践活动，实现以练带学和以练促学，培养学生的创新思维和协作能力。(4) 四年级到中科院进行为期一整年的科研训练和课题研究，强化科研创新思维。

（六）有机融入专业思政教育

紧扣"三全育人"，将思政教育与专业教育融合，塑造刻苦上进、扎根西部的专业文化。利用周五教研室学习制度，组织教师学习思政教育理念和方法；选派骨干教师参加思政教育培训，加强师风师德建设。在课堂内，梳理思政元素，开展课程思政，所有的专业课程已实现课程思政全覆盖。在课堂外，通过举办读书会、班会、党团学活动建设思想阵地。把"阅读计划"列入必修课，阅读专业书籍及史籍，举办读书会，树牢专业思想。从专业—课程—学生管理—党团建工作多维度凝聚学科合力，打造学科合力、立德树人、探索构建全方位的专业思政教育体系。定期组织党团学活动、座谈会、经验交流会、课外阅读会等，关注学生思想成长，培育"菁英文化"学习氛围，提升学生综合素养。

（七）持续优化完善教学管理模式

"菁英班"采取招生选拔机制，从当年入学的全校理科学生中，择优选拔数理基础扎实、有志于从事大气科学研究、科研兴趣浓厚的学生，通过考核，进入"菁英班"学习。在培养过程中，实行学业警示和分流淘汰制，对学习状态和效果较差的学生，予以警示，并在一年级和二年级学期末实施分流淘汰。为"菁英班"学生配备双导师，第一导师为中科院大气物理研究所教师，主要负责学生的科研训练；云南大学校内导师为第二导师，主要负责学生校内课程的学习。双方导师针对"菁英班"学生培养开展常态化联席会议制度，共同对"菁英班"学生实施培养和指导。实行荣誉修读证书制度，对于学习效果优秀的"菁英班"学生颁发荣誉证书。

二、学生培养效果

"菁英班"已运行 6 年有余，至今已顺利完成了三届"菁英班"学生的完整培养工作。从学生的培养情况来看，"菁英班"学生积极主动、成绩优异，学生专业兴趣浓厚，升学就读研究生的意愿强，升学率高。

（一）知识牢固成绩优

从已完整培养的三届大气科学"菁英班"学生来看，"菁英班"学生成绩优异，专业基础扎实。在"菁英班"学习难度更大、考核要求更高的情况下，生均每门课程成绩在85分以上，且从一年级到四年级成绩呈现逐年上升的趋势，这说明"菁英班"学生的学习状态和效果在整个培养过程中始终保持良好状态，并不断地优化和提升，反映出"菁英班"学生的专业基础知识牢固、成绩优秀。此外，"菁英班"学生的英语水平普遍优秀，其英语四、六级通过率平均分别为100%、84%。

（二）成长自觉升学多

"菁英班"班级活动和课外党团活动、体育等丰富多彩，学生主动注重多方面培养和提升自己的综合素养。针对"菁英班"培养的问卷调查结果显示，分别有89%和81%的学生对本科阶段的基础教育和专业教育感到满意，认为通过"菁英班"教育，获得了较好的思维训练和实践能力。"菁英班"学生几乎全员参与数学建模、数学竞赛、英语大赛、辩论赛等各种竞赛活动，有85%的学生曾获省部级及以上奖励。学生专业兴趣浓厚、志向坚定，高达90%的学生升学继续就读本专业研究生，且升学质量较高，85%以上的学生进入中科院、中国气象科学研究院、复旦大学、中山大学、中国科学技术大学、兰州大学、云南大学以及英国雷丁大学等国内外一流院所攻读硕士研究生，其中部分学生选择直接攻读博士研究生。

（三）科研基本素养好

"菁英班"学生全部具有参与省级以上科研项目的研究经历，研究项目的科研实训使得学生具有良好的科研思维。学生参加数学建模和数学竞赛的比例很高，对其逻辑思维和分析能力的提升显著。"菁英班"学生在数学建模和数学竞赛中表现出很强的竞争力，曾在全国大学生数学建模竞赛和数学竞赛中荣获一等奖多项。"菁英班"学生团队协作能力较强，约80%的学生具有组建团队参加国家级、省级和校级创新创业项目的经历。从创新设计和毕业论文的情况来看，"菁英班"学生普遍具有良好的创新潜质。"菁英班"学生毕业论文的成绩显著高于专业班平均5~10分，并且论文成绩的标准差更小，显示出"菁英班"论文水平一致较高。"菁英班"毕业论文的优秀率平均达60%，普遍高出专业班10~30个百分点，部分学生的毕业论文经过整理后投稿发表在知名SCI期刊。学生质量受到录取院校一致好评，认为学生基础扎实、科研创新能力

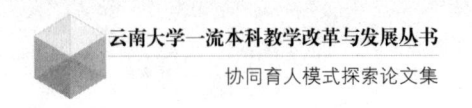

强、品德优秀、综合素养较高。

三、师资能力提升

通过联合办学，促进双向交流、资源共享，云南大学大气科学专业教师的教研能力得到显著提升，30%的教师入选省部级及以上人才计划，在教学和科研方面均取得了可喜的成绩。

（一）教学研究氛围日益浓厚，教师教学能力显著提升

"菁英班"联合办学是探索性办学模式，从前期调研到培养方案设置和课程教学实施均需要不断地摸索实施方法，这对教师教学提出了很大的挑战，也极大地激发了教师的教学研究和教学改革氛围。通过组织专业教研室开展主题教学研讨、集体备课、听课评价反馈等多种机制，教师教学水平明显提高，专业教师的学生与专家评教成绩均在全校前50%；入选省级精品课和省级一流本科课程3门。中青年教师参加教学比赛的积极性明显提高，并多次在国家级、省级和校级教学比赛中斩获奖项。教师间已形成浓厚的教学研讨氛围，教师们积极开展线上线下混合式教学改革、非标准答案考试、虚拟仿真实验教学、专业思政和课程思政改革，建设多类别金课，约60%的教师主持校省级教改项目、发表教改论文，教师指导学生参加各类竞赛已形成常态化，教师全员参与指导大学生创新创业项目、数学建模和专业竞赛等。

（二）教师科研水平稳步提升，对外合作交流能力明显增强

问卷调查的结果显示，专业教师对联合办学模式的认可度较高，普遍认为以联合办学为契机，促进了与中科院大气物理研究所教师的相互了解和合作交流，对自己的科研工作和学术视野提升有很大帮助。以联合培养学生为纽带，通过双导师制度和双边定期座谈等制度的实施，云南大学大气科学专业教师与中科院大气物理研究所教师建立了密切的联系。通过共同开展科研合作、选派优秀教师到所进行访问交流、联合申报项目及实验平台等，教师的科研水平和对外合作交流能力稳步加强，尤其是青年教师的科研能力提升显著。近5年，90%的专业教师获批主持国家自然科学基金或省级自然科学基金项目，其中包括国家自然科学基金重点项目和国际合作重点项目、国家优秀青年基金项目、NSFC-云南联合基金重点项目等。在 ESR、JC、CD、JGR、《中国科学》、AAs 等国内外高水平期刊上发表学术论文百余篇，学科特色研究成果得到了同领域专家的广泛认可，获得云南省科技奖励一等奖2项。

此外，专业教师的对外合作交流能力也有明显提升。除与中科院大气所建立定期会议研讨教学、科研问题之外，双方还联合申报科研项目，组建教研团队。近年来，专业获批云南省创新团队1个、云南省高校科技创新团队1个、省级教学团队2个。专业教师"请进来"和"走出去"相结合，对外邀请学术报告和举办学术会议已逐渐形成常态化，优秀青年教师到国内外大气科学相关高校和研究机构访学交流频繁，对教师的科研协作和科研视野的提升作用显著。

四、未来应进一步抓好的工作

（一）健全双方合作办学机制

在前期合作良好的基础上，进一步开展深度合作，加强双边交流。加大资源投入和政策激励。健全"菁英班"选拔、分流、管理机制，持续梳理完善"菁英班"协同育人模式，与中科院大气物理研究所进一步探索本硕一体化联合培养模式。

（二）深化教学改革，提高教学质量

按天气与动力、大气物理与环境、数值计算与模拟三条课程主线，深化教学改革，贯彻"以学生为中心"的理念。大力推行混合式教学和翻转课堂，强化"学生中心"理念，提高教学效果，建设多类别"金课"。开展课程质量等级评价，实现评价结果与教学绩效挂钩，促进教师切实提升课程质量。

（三）持续完善专业思政教育体系

提高教师团队思想，推动课程、实践活动全面思政。持续建设专业思政体系，抓牢班主任、辅导员、党支部、团支部的思想阵地建设；落实导师育人责任，丰富专业思政体系。丰富刻苦上进、扎根西部的专业文化，全面推进专业思政，践行"三全育人"。全员全程全方位培养吃苦耐劳、求实进取、敬业奉献的气象人。

（四）强化科研实训体系

强化科研实训体系，深化协同科研育人，探索本硕一体化联合培养模式。大三加入文献阅读训练和科研规范训练课程，结合大四毕业论文，形成两年期科研实训体系。以省级创新团队为依托，加强学生学术视野的拓展和科研能力的提高。完善实习实践体

系，提高学生的就业能力。对已有实践体系各环节进行提质增效，丰富实习实践内容，优化实习路线，健全专业实习制度，提高学生专业实践和预报能力。鼓励和引导学生积极参加各类竞赛，设置本科生科创专项，强化学生科研创新能力。严格毕业论文流程管理，提高毕业论文质量。

参考文献

［1］钟秉林. 科教融合与全面提高高等教育质量［J］. 中国高校科技，2012（5）.

［2］周光礼，马海泉. 科教融合：高等教育理念的变革与创新［EB/OL］. 中国知网，2012 - 08.

［3］吴德星. 科教融合协同创新以开放的思维迎接新的教育革新［J］. 中国高校科技，2012（11）.

［4］韩水法，马海泉，郝永林. 高校发展应赋予科学研究更大的担当［J］. 中国高校科技，2013（7）.

［5］科教融合是中科院核心命题［EB/OL］. 求是理论网，2014.

课程思政理念下的大学英语教学探析

刘江敏

引 言

课程思政是指"使各类课程与思想政治理论课同向同行,将显性教育与隐性教育相统一,形成协同效应,构建全员、全程、全方位大格局"[1],把立德树人作为教育的根本任务的一种教育理念。其主要内涵是通过挖掘各类课程和教学方式中所蕴含的思政元素及其承载的思政教育功能,将其有机地融入课堂教学各环节,实现思想政治教育与知识教育的有机统一。2016年12月,习近平总书记在全国高校思想政治工作会议上指出,把立德树人作为中心环节,把思想政治工作贯穿教育教学全过程,所有课程都有育人功能,其他各门课都要守好一段渠、种好责任田。2020年5月28日,教育部印发《高等学校课程思政建设指导纲要》,全面推进课程思政建设。大学英语作为全国各高校大多数非英语专业学生在本科教育阶段必修的公共基础课程,应该责无旁贷地将课程思政融入教学中,为思政课程培养土壤、营造生态,引导学生树立正确的世界观、价值观和人生观,为祖国培养合格的具有社会主义核心价值观的建设者和接班人。

一、大学英语课程思政的必要性和可行性

(一)在大学英语课程教学中实施课程思政的必要性

大学英语课程属于高校人文教育的重要组成部分,兼具工具性和人文性。其中,人文性的核心就是注重人的价值和综合素质的培养。[2]P32-33 2017年,教育部颁布的《大学英语教学指南》中指出,大学英语教育应该"以人为本,弘扬人的价值,注重人的综合素质培养和全面发展,社会主义核心价值观融入大学英语教学内容",明确了大学英语教学的隐性目标就是为国家培养具有社会主义核心价值观和国际视野的综合素质过硬

的跨文化交际人才。大学英语教学的根本任务是实现将其隐性目标与培养学生的英语语言实际应用能力的显性目标进行有机统一。

当前作为国家栋梁之材的大学生,有一部分存在理想信念淡化、道德标准有偏差、道德行为缺失、人生观与价值观迷茫等问题。[3]P52-54大学生英语学习的过程也是他们接触和了解西方英语国家文化的过程,东西方的文化存在较大差异,西方的价值观、意识形态、政治制度、社会生活、宗教等方面的内容,需要他们去理性地判断和认识。在大学生的价值观尚不成熟的情况下,如何正确看待西方的民主、自由、宗教信仰、政治制度等问题,英语老师在教学过程中应进行有效的教育和引导。

(二)在大学英语课程教学中实施课程思政的可行性

大学英语作为全国各高校大多数非英语专业学生在本科教育阶段必修的公共基础课程,其育才功能具有不可替代性。大学英语教学具有覆盖面广、课时多、历时长的特点,这就意味着承担这门课程的教师队伍相对庞大,合理的课程建设可以为大学英语教师以课堂渠道对学生进行润物无声的人文素养培育提供得天独厚的绝佳机会。这是其他大多数专业课无法企及的。

大学英语教材本身就是一个人类思想宝库,它包罗万象,涵盖人生哲理、传统文化、自然人文、社会热点等。这就使得大学英语教学在完成语言知识的传授的同时,还可以通过对东西方文化差异的对比,来增强学生的民族自豪感,培养学生的爱国情怀,提升学生的"四个自信",使其社会主义核心价值观更加明确。

二、大学英语课程思政的现状

(一)课程思政的教师队伍的现状

受所学专业和所授学科的影响,当前有一些大学英语教师沉溺于英语文化至深,忽视或者缺乏母语文化的学习和了解,教学的精力和重点基本是在进行英语文化的输入与传播,从而忽略了进行母语民族文化传统知识的有效宣传与渗透。这在跨文化交际能力的培养方面有其积极的意义,"但由此而贬低和忽视本民族文化引入和表达,则无疑是走进了认识的误区"[4]P21-25,造成了英美文化的强势输入,中国文化的频繁失语,甚至出现母语文化危机的现象。另一些大学英语教师则认为,大学英语的教学目的就是负责学生英语听、说、读、写、译的能力的培养与提高,只要教好这些就足够了,政治素质与道德素质的培养应该是思政课程老师和辅导员的任务与责任,与大学英语课程教学是毫无关系的。还有一些大学英语教师虽有在教学课程中融入思政元素的想法，但苦于自身思政素养基础薄弱、相应的思政教育经验缺乏，而难以深入挖掘大学英语课程中的思政资源，并在大学英语教学中实施理想的、具有思政内涵的课程教学。

（二）课程思政的课程建设和课堂的现状

正如前文所述，大学英语课程既有工具性的特点，也有人文性的特点，其内容充满了中西方文化的碰撞与交流。因为强调学习"原汁原味"的本土地道的英语语言及文化，国内大多数高校的大学英语教材多偏向引进英文原版文章，尽管内容丰富，涵盖面广，但都充满西方的文化气息，大学生们经过学习，最后用英语表达西方文化可以做到行云流水、驾轻就熟，而要表达中华优秀传统文化时却脑袋空空、一片空白，或者即使知道，也不能用英文准确表达。

受传统教育理念和现实功利等因素的影响，大多数英语课堂的教学重点放在字、词、句和语篇的教授上，仅仅局限于片面地关注学生英语语言能力的提高。同时，为迎合一些用人单位的要求，使学生顺利毕业后能有更多理想的选择，高校英语教学努力追求高的四、六级通过率，进行大量的单纯以考试为目的的习题练习，完全忽视了大学英语课程的思想政治教育和对学生的树魂立德产生的影响。另外，不少师生对开展大学英语课程思政的重要性和必要性认识严重不足，有甚者至今还不知课程思政是什么。

三、开展大学英语课程思政的对策

（一）提升大学英语教师的中华文化素养

历经上下五千年，伟大的中华民族创造了灿烂的文化，其内涵博大精深，拥有从仁义礼智信的传统文化到涵盖长征精神、延安精神和雷锋精神等的革命文化，再到以"中国特色社会主义的共同理想、以爱国主义为核心的民族精神和以改革创新为核心的时代精神"[5]P12-16为特征的社会主义先进文化。大学英语教师要勤奋学习，更多地了解和掌握中华文化的精髓，加强自身中华文化的修养，确保用英语能充分地表达和传播璀璨的中华文化。

（二）增强大学英语教师的思想政治素养

课程思政要求教师不仅要具备深厚、扎实的理论教学水平，对马克思主义哲学、政治学、历史学、经济学、伦理学、国学、教育学、心理学等多方面知识有全面的储备和良好的专业素养,还要具备较强的实践能力和开阔的思维,对社会和生活有积极丰富的体验、感悟和思考能力。[6]P45-49 大学英语教师在不断提高专业知识水平的同时,还要加强自身的思想政治素养,提高对国家政治的敏感度,深入领会十九大精神和习近平新时代中国特色社会主义思想,密切关注党中央的最新动态和决策,随时保持与国家政策一致,明确社会主义核心价值观,把思想政治理论融入大学英语的教学中,做到教书育人,对学生进行"四个自信"和家国情怀等思政涵养的润物无声的培养。

(三) 保障大学英语教师的课程思政的培训指导

大学英语教师除了自己提高思想政治理论修养外,还应该通过多种渠道、抓住各种机会持续长久地进行提升。首先,可以通过与同学院或教研室的老师共同备课,挖掘蕴含于教材中的思政元素,来彼此分享、共同提高。其次,在条件允许的情况下,向马列主义学院的思政老师请教或相互交流,实现共同进步。最重要的是,学校层面应为教师提供系统学习思政内容的机会,定期在校内举办课程思政的培训班或定期派教师外出学习,如笔者有幸参加过的复旦大学举办的"高校'思政课程'与'课程思政'协同育人专题培训班",确保教师思政思想的先进和敏锐,最终使大学英语课程思政育人的教学模式得以常态化发展。

(四) 优化大学英语课程思政的课程设置

《大学英语教学指南》指出,大学英语课程的教学目标分为三个等级,每个等级的听、说、读、写、译五个方面均有明确的要求,各高校根据学生的实际英语水平完成对应级别的教学要求,这是其中的一个重要目标。另一个重要目标是,给予学生思想、情感、人格、审美等方面的熏陶和感染,实现教书育人。要实现这些目标,首先,教材是大学英语课程的依托,直接影响着教学效果,因此想要强化大学英语教学的思政功能,就必须从教材入手,增加思政教育理念和元素,涵盖中国优秀传统文化、社会主义核心价值观、中国传统美德等内容。[7]P137-140 在新教材尚未完成出版时,可以利用现有教材,教学团队通过挖掘蕴含其中的可以增强文化自信、道路自信的内容或者通过补充阅读材料的方式,来达到潜移默化的思政教学目的。其次,对学生自主学习的环节进行正确引领,在"好策"、"U"校园等平台上为其提供《习近平谈治国理政》(一、二卷) 英文对照等书籍。同时,还要充分利用学生参加"国材杯"英语演讲、写作和阅读比赛的机会,设定与传统和社会主义核心价值观相匹配的选题,让学生在讨论、辩论中明确世界观、价值观和人生观。

结　语

大学英语课程在其人文性方面与思想政治教育之间契合度极高，因此融入思想政治教育，有助于学生人文素养的提升，综合素质的培养，最终实现全面的发展。但是，当前大学英语课程思政的实施还存在一些问题。譬如，教材缺乏或思政内容不足、教师思政意识或理论水平欠缺，以及课堂思政内容苍白或生硬，等等。这就需要提升大学英语教师的思政素养、优化大学英语课程思政的课程设置以及深入挖掘并合理运用教材中的思想政治元素，让大学英语课程充分发挥其立德树人的作用。

参考文献

［1］教育部．高等学校课程思政建设指导纲要［R］．2005－05－28.

［2］何芳．课程思政体系下的大学英语教学［J］．教育教学论坛，2019（28）．

［3］周帆．大学英语"课程思政"路径研究［J］．吉林工程技术师范学院学报，2019（35）．

［4］赵娟．大学英语教学研究［J］．西南财经大学学报，2017.

［5］曾天山，王定华．改革开放的先声：中国外语教育实践探索［M］．北京：外语教学与研究出版社，2018.

［6］赵婵娟，李海涛．新媒体背景下高校思政课"课内外一体化"体验式教学模式的构建［J］．吉林化工学院学报，2018，35（8）．

［7］李平，王聿良，吴美玉，王晓红．"大学英语"课程向"课程思政"拓展的可行性研究［J］．淮海工学院学报：人文社会科学版，2018，16（10）．

云南大学—复旦大学化学专业联合培养本科学生的实践与探索

王 林　曹秋娥　凌 剑

引 言

"基础研究是整个科学体系的源头"[1]，基础学科优秀、杰出人才的培养则是保证高水平基础研究的必要条件。面对高校"双一流"建设的快速稳步发展，基础学科教育作为高校发展的基石，在"双一流"建设中具有重要意义。[2]P1-4大学发展的一个核心工作就是人才培养，人才培养也是教育研究的永久性课题，[3]P2-87提高人才培养质量成为高等教育的发展重点。2009年，教育部启动了"基础学科拔尖学生培养试验计划"。其目标为："在高水平研究型大学和科研院所的优势基础学科建设一批国家青年英才培养基地，建立拔尖人才重点培养体制机制，吸引最优秀的学生投身基础科学研究，形成拔尖创新人才培养的良好氛围，努力使受计划支持的学生成长为相关基础学科领域的领军人物，并逐步跻身国际一流科学家队伍。"[4]P4-187拔尖计划的实施为基础学科优秀、杰出人才的培养提供了一个很好契机。

化学学科是一个基础学科，云南大学化学学科专业在80多年的办学历史中培养的学生中也有一批成长为以中科院院士和中国工程院院士为代表的杰出、优秀的专业人才。在中国改革开放、高速发展的进程中，由于历史及客观条件等因素，东西部发展不平衡，西部地区发展的滞后也体现在教育领域。我们的化学专业人才培养总体与发达地区相比表现出较为明显的差距，如何提高化学专业人才的培养质量也是我们的发展重点。实践证明，高校校际合作实现教育资源的有效利用和互补，是高校发展的重要战略选择。[5]P3 2010年5月6日国务院审议并通过的《国家中长期教育改革与发展规划纲要》提出，在人才培养方面，加强学校之间、校企之间、学校与科研机构之间合作以及中外合作等多种联合培养方式，形成体系开放、机制灵活、渠道互通、选择多样的人才培养体制。据此，教育部启动了"复旦大学对口支援云南大学项目"，项目的重要工作内容之一就是实施基础学科专业学生的云南大学与复旦大学"1+2+1"联合培养计划。作为基础学科的化学专业参加了该联合培养计划。"1+2+1"联合培养计划自2010年开始实施，至今已满10年，化学专业已选送45名学生参与该计划培养，取得了比较好的培养效果，获得了一些宝贵的经验。

一、云南大学—复旦大学化学专业本科人才联合培养方案的制订

人才培养方案是专业教学的纲领性文件，是日常教学的行动指南，事关人才培养的质量，以及社会主义现代化建设、服务地方社会经济发展建设需求。化学专业本科人才联合培养方案的制订立足于特色性、适切性，以及以学生为中心满足学生的个性化教育的需求。

联合培养方案的制订尽可能地保证了专业系列课程在两个学校教学计划中的无缝对接，以有利于学生在专业学习中知识点的有机衔接，保持良好的连贯性和系统性，并且使学生能够尽可能多地获得复旦大学优质、特色课程的学习。方案中，在复旦大学的通识教育核心课程体系设置了10多个学分，使学生能更多地选修复旦大学的有关中国文化、现代社会、人类文明、科学方法论等领域的优质课程，培养学生的国家意识、人文情怀和科学精神，获得更好的人文和科学素养的熏陶。在专业课程中，"物理化学"是化学专业课程中极其重要的核心课程。复旦大学化学系的"物理化学"课程是国家级精品课程，其课程教学团队也为首批全国优秀教学团队，联合培养方案中设置了复旦大学的物理化学AⅠ~物理化学AⅢ共9个学分的课程，使学生能够获得国家级品牌课程及国际级教学团队师资的专业知识教育，奠定扎实的专业基础知识。

复旦大学化学学科的科研实力强，科研水平高，科研反哺教学在其"现代化学专题"等系列课程中得以很好地体现。联合培养在该系列课程模块中设置了一定的选修学分，学生可根据自身的专业兴趣选读相应的课程，接触现代化学的前沿研究，培养自己的科研兴趣点，体现以学生为中心的思想。在充分考虑和设置复旦大学优质、特色课程的基础上，根据我们自身的特色和优势，联合培养中也设置了相应的课程，如天然产物类课程，彰显地方资源特色。

在联合培养计划的实践中，复旦大学化学专业的培养计划对我们的化学专业本科人才培养方案的修订也有不少值得学习和借鉴之处，如"现代化学专题"系列研讨性课程。在我们的培养方案修订中，结合我们化学学科教师的研究方向，经优选，设置了有自身科研特色和优势的"研究讨论专题"系列课程。

二、联合培养学生的选拔

联合培养方案最终落到的实处是学生，因此，如何选拔、选拔什么样的学生是联合培养计划实施的关键。遵从学生自愿参加联合培养计划项目的选拔是首要条件，通过专业考试以及已学习完成的课程成绩评定，再通过综合面试，选拔学习潜力大、成绩优秀、适应能力强、心理素质好的学生，这是保证学生有较强的学习能力、有较好的适应性，能跟上复旦大学更为紧致、压力更大的学习要求。联合培养计划实施10年，化学专业已完成在复旦大学学习的40名学生中，除个别外，其余学生在复旦大学学习2年，平均成绩均在中等及以上，有部分学生成绩可达到中上甚至优秀水平。因此，从完成学业的角度看，对学生的选拔是适合的，是符合预期的。

但有个问题却值得重视，通过这40名学生对自身未来发展方向选择的分析，发现40人中有10人的发展选择方向完全与化学无关，占到25%，这个占比是比较高的。我国高等教育自1999年扩招后迅速发展，并已进入高等教育大众化发展阶段，目前的高等教育在一定的专业化背景下，更注重学生综合能力、综合素质的培养，同时也更加追求学生的个性化发展需求。但是，云南大学—复旦大学化学专业本科人才联合培养计划的宗旨是以复旦大学优秀的教育资源和教学质量，以及云南大学化学专业自身特色和优势培养化学学科基础研究优秀人才，为化学学科的进一步发展提供人才保证。虽然我们尊重学生的自我发展需求，尊重学生对自身未来发展的选择和规划，但参加完成了联合培养计划项目，结果又放弃将化学学科作为自己未来事业发展的方向，这显然有悖于联合培养计划项目的宗旨，同时也可能使有志于从事化学学科并具有发展潜力的学生失去参加该联合培养计划项目的机会。因此，在联合培养学生的选拔中，要更加注重和强调学生对专业学科的热爱，从事专业学科探索研究的决心。

三、"1+2+1"与"1+3"相结合的培养模式探索

云南大学—复旦大学联合培养计划实施的模式是"1+2+1"，即：第一学年在云南大学完成，第二学年、第三学年在复旦大学完成，第四学年又在云南大学完成。根据制订的人才联合培养方案，第四学期主要涉及的教学任务是毕业论文和少数实践课。在化学专业2010—2017级的40名学生的联合培养实践中，绝大部分学生均按该模式执行联合培养计划。但是，在计划的具体执行过程中，也有部分学生提出希望第四学年在复旦大学完成毕业论文。而学生若第四学年仍在复旦大学学习，将涉及一系列问题需要解决。有关专业学习方面的问题相对较易解决，如第四学年的实践课程、毕业论文等，最

大的问题是学生的管理问题，因为按计划第四学年学生应回到云南大学，复旦大学不再负责学生的全方位管理。

本着以学生为中心的思想，以及对"1＋3"的探索，对提出希望第四学年在复旦大学完成毕业论文的多名学生进行多方面认真的审核，最终同意两名学生第四学年可在复旦大学完成毕业论文。毕业论文采取两校教师的双导师制：一名复旦大学教师和一名云南大学教师。复旦大学教师主要负责毕业论文的具体实施和撰写，云南大学教师负责毕业论文的管理、论文的规范要求审核以及论文答辩等事项。这两名学生均已完成毕业论文，顺利毕业，其中一名学生的毕业论文获得云南大学2019年度本科优秀毕业论文。

从我们的实践探索看，实施"1＋3"的培养计划是可行的，但它毕竟不是校与校之间联合培养项目中的实施模式，具体执行中还存在很多问题，这些问题需要在学校与学校层面之间来解决。根据学生个性化教育的需求，校与校之间可建立"1＋2＋1"和"1＋3"相结合的联合培养计划模式，联合培养的学生可根据自身条件和科研兴趣在两种模式中选择，充分体现以学生为中心的教育理念。

四、对完成联合培养学生的培养质量分析

化学专业2010—2017级的40名联合培养学生中，在复旦大学两年学习的综合测评，90分以上1人，占2.5%；80~89分有17人，占42.5%，70~79分20人，占50%；60~69分1人，占2.5%；60分以下1人，占2.5%。学生成绩符合正态分布，近一半的学生获得优良成绩，其中2016级的一名学生在复旦大学2016级化学专业93名学生中排名第9位，另一名学生排名第16位，进入优秀行列。毕业的35名学生中，21人升学读研究生（其中3人出国留学），占60%。从学生在复旦大学的学习成绩看，好于我们的预期。从学生发展方向看，低于我们的预想，主要反映在有四分之一的学生选择的发展方向与化学学科不相关。

化学专业本科人才联合培养计划的实施是有效的，取得了比较好的培养成绩，获得了宝贵的经验。人才联合培养方案的制订要立足于特色性、适切性，以及以学生为中心、满足学生的个性化教育需求。联合培养优秀学生的选拔在考查学生学习潜力、学业成绩、适应能力、心理素质等方面，应强调学生对专业学科的热爱以及立志于从事专业学科研究探索的决心。联合培养计划可实施"1＋2＋1"与"1＋3"相结合的培养模式，以更加满足学生个性化教育的需求，充分体现以学生为中心的教育理念。

参考文献

[1] 习近平. 努力成为世界主要科学中心和创新高地［R］. 习近平在中国科学院

第十九次院士大会、中国工程院第十四次院士大会上的讲话. 2018－05－28.

［2］黄飞. 基础学科教育对高校"双一流"建设的作用——以数学学科为例［J］. 教育教学论坛，2019（12）.

［3］刘恩伶. 我国高校校际合作与人才培养模式的创新［D］. 济南：山东大学，2008.

［4］叶俊飞. 南京大学"大理科人才培养模式"研究［D］. 南京：南京大学，2014.

体现专业传统与优势:"中国经济史"课程专题式教学改革初探

薛政超

"中国经济史"是云南大学国家历史学基地班的专业核心课程。随着当前高等院校教学改革的发展和深入,设有历史本科专业的各高校纷纷对该课程展开教改研究,取得了一定的成效。但各个院校情况不同,云南大学的历史专业具有其自身的特点。如何将此课程一般的教学规律与云南大学历史专业的传统与优势相结合起来,成为当前"中国经济史"课程教改的一个重大研究课题。本文以专题式教学改革为切入点,对这一问题做一个案剖析。

全国高校历史专业"中国经济史"课程的体系,大都是随着近代以来对中国经济史的专题性研究的深入而不断完善的。从目前占主流的几种教材来看,其教学内容都按分段式与通贯式相结合的模块式结构进行组合。如将"中国经济史"分作"户籍与人口变迁""农业与手工业的发展""井田制、授田制、均田制与田制不立的更替""人丁税与财产税的演变""基本经济区与经济重心的南移""工商货币政策的变化"和"殖民侵入与近现代经济结构的重塑"等几个小模块,而每一个小模块又分先秦、秦汉、隋唐、宋清、近现代等几个小时段加以区别。这实际上是将中国通史或断代史中有关经济的部分梳理出来加以扩充。使用这种教材和教学方式的好处是面面俱到,学生所掌握的经济史知识比较全面,培养出来的学生学习程度也比较整齐;而缺点是经济史知识的深度不够,而且对于引导学生探讨经济史发展的规律也存在一定缺陷,尤其在培养学生的经济史问题的分析和研究能力及拓宽学生的经济史视野方面很不利。

由此可见,在"中国经济史"课程中实行专题式教改是必然的,没有选择的,不管哪级哪类高校都是如此。至于怎样改,那是各种不同类型学校的选择,而且我们提倡"创建富有个性的学校文化",教材的改革要"体现学生身心发展特点,反映社会、政治、经济、科技的发展需求"[1]P13、P39。实际上,各重点综合大学的课程改革都是结合了各自的特点和实际情况而进行的。如不少重点大学历史专业对"中国经济史"课程的改革，主要是通过主题梳理和对中国经济史教材结构进行重写编排，将整个中国经济史分作一系列专题进行讲授。无论是从教师还是从学生情况来看，均体现了各自的特点。从教师方面看，重点大学有大量的具有深厚的学术背景的教师，他们对许多专题有着较为深入的研究，出版过许多专著，故可以形成与他们研究有关的重点专题；而从学生的角度来看，重点大学的学生本身的素质较高，自学能力、理解能力较强，在"中国经济史"课程研习的过程中，对他们传授知识时不一定要面面俱到，齐头并进，而是可以让他们对某个自己感兴趣的问题进行深入的学习、研究，对历史上一些重大经济事件和历史现象进行规律性的探讨。再看与之有密切关联的中学课程改革，教育部规定新一轮课程改革的核心理念是："为了中华民族的复兴，为了每位学生的发展。"[1]P2因此，专家们在对中学历史教材改革时，已不再要求学生掌握完整、系统的历史知识和整体的历史观，不要求学生对历史知识进行规律性的认识，主要是培养学生的历史兴趣及人文素养，形成直线性的历史思维。可以说，这样做的目的是重视"个案教学"，注重学生的"个性发展"。高校包括"中国经济史"课程在内的历史专业教学，当然不能仅仅继续停留在中学历史教学所要求的关注历史事件和历史人物，主要注重其过程和结果的层面上，而是要同时兼顾学生的个性需求和引导他们对历史规律的探讨，在感性和理性认知之间寻找到平衡。

　　云南大学历史专业"中国经济史"课程的改革与建设，我们认为，肯定要学习其他重点大学的改革经验，但不能生搬硬套，主要是结合我们专业的传统与优势。云南大学的经济史研究发轫于李埏先生，薪火相传，形成了中国古代商品经济史、中国地主经济史、土地制度史等三个特色鲜明的研究方向。近年来，林文勋教授将此三个研究方向加以整合与提升，提出中国古代富民社会理论，成为新时期重新探索中国特色发展道路历史进程的重要一说。其中既有具体的经济史实证研究，亦有从经济问题出发涉及历史整体性的宏大叙事。这些传统与优势不仅构成了云南大学历史专业的底色之一，而且也完全体现在具体的课程之中。我们的中国经济史教学团队对这些研究的来龙去脉及其主要成果的内容与逻辑体系都极为熟悉，为这一目标的实现提供了坚实的基础。

　　具体来说，历史专业培养计划中所规定的"中国经济史"课时基本不变，在这个总课时范围内，那种分段式与通贯式相结合的模块式教学模式不变，但压缩一些内容，只占用其中三分之二的时间，然后节约出三分之一的时间用来安排具有云南大学特色的专题性的讲授。专题课将中国古代商品经济史、中国地主经济史、中国土地制度史、经济史视野下的中国古代富民社会论等若干部分，采取古代政书体和纪事本末体的形式，从中国古代的源头综合讲述历代经济典章制度与经济现象的沿革变化，探讨各种经济典章制度和经济现象的发展演变规律，将原来所学过的阶段性的经济史知识点进行专题性的链接，并对学生进行画龙点睛的规律性的提示，从而强固所学过的经济史知识，同时向他们展示这些认识的形成过程及其内在逻辑与外缘理路。我们相信，通过这样的改革，"中国经济史"课程必将成为云南大学历史学特色教育的重要抓手与亮点。

参考文献

[1] 钟启泉，崔允漷．新课程的理念与创新——师范生读本［M］．北京：高等教育出版社，2003．

协同育人师生心得篇

第一部分　教师心得

高校联合培养本科生过程中身份变迁与认同的质性研究

高　健

云南大学—复旦大学联合培养本科生项目（以下简称复旦大学联培）旨在选拔优秀人才，探索先进的本科生培养机制，充分发挥两所学校各自的资源优势。该项目采用"1+2+1"模式进行培养，即在云南大学学习一年后，到复旦大学完成二、三年级的学习，第四年返回云南大学完成最后一年学习。项目自2010年启动至今，已有近400名云南大学全日制本科生参加。

学界过往的研究更多的是集中于研究生联合培养[1]、产学研联合培养[2]P57-60等。本研究以复旦大学联培项目中汉语言文学本科专业为个案，通过质性研究方法，聚焦于联合培养过程中学生的认同、身份变迁、内部隔阂等问题。

本研究共选取云南大学汉语言文学专业的5名学生为访谈对象，其中，既有明确想要参加或表示不会参加复旦大学联培的大一新生，也有正在复旦大学进行学习的大二学生，又有已经结束联培的毕业生。按照学术惯例，本文对5名受访对象按照A~E顺序进行编码。此外，我们还在微信公众号为云南大学文学院2020级汉语言文学专业新生发布了一份调查问卷，所设置的23个问题中有5个问题涉及复旦大学联培，共62人参与调查。

一、去还是不去

复旦大学联培如今已然成为云南大学的一个办学特色，招生宣传中也常被提及。在"知乎问答"平台上，当有人问及云南大学汉语言文学、历史学等专业（复旦大学联培只面向云南大学哲学、汉语言文学、历史学、生物科学、物理学、数学与应用数学、化学、新闻学、社会工作等 9 个专业全日制本科一年级学生）如何，是否值得就读等问题时，回答者往往也会谈到复旦大学联培，甚至有多个问题专门询问云南大学的复旦大学联培是什么？好上吗？

无疑，这个项目对于学生有着巨大吸引力，复旦大学与云南大学虽同为"双一流"建设高校，但在学术传统、办学条件、学科实力、国际声誉等方面，前者都要优于后者，尤其是参与联培的 9 个专业，在复旦大学多数为"双一流"建设学科。

在新生入学前的调查问卷中，当被问及是否会争取参加复旦大学联培项目时，有 48 人选择会争取，13 人认为自己还不确定，只有 1 人选择不争取。A 为大一新生，对复旦大学联培非常感兴趣，在入学后就积极咨询老师，并且联系已经参与联培的学姐。E 甚至在高考志愿填报时就已知道复旦大学联培项目，他报考云南大学汉语言文学专业的一个主要原因正是这个专业可以参加复旦大学联培。"其实我在大学入学之前就在网上查过汉语言文学专业有这样一个特色的项目，和复旦大学进行两年的联合培养，这对我当时填报大学有一定的影响。我在进入大学之前就有这样一个打算，希望能够进入云南大学，能够去参加这样一个项目，去复旦大学这边学习。然后我做了一些准备，大一的时候也在有目标性地向着这个方向进行学习。"

然而，上述调查问卷只是针对还未入学新生的调查，大一下学期正式选拔时，选择参选的同学少了许多，除去一部分同学因绩点太低，还有一些同学认为复旦大学学业更为繁重。如调查问卷中，唯一一个选择不争取复旦大学联培的学生认为，"自己无法承受复旦大学高强度的学习压力，自己无法适应复旦大学的教学模式"。还有同学认为复旦大学生活成本要高于云南大学。E 也说道："生活成本这一块的话，在复旦大学这边是相对来说比原来要高一些的，不是高一些，感觉还高很多，复旦大学这边食堂相对来说会贵一点。"然而，也会有一些学习成绩名列前茅的学生主动放弃这个机会。究其原因，更多的是考虑到将来的保研名额。

保研，的确是贯穿整个复旦大学联培项目的话题，无论对于去复旦大学的联培生，还是云南大学的学生，已经成为双方共同关注的焦点。首先，相对来说，复旦大学学业的确重于云南大学，联培学生在复旦大学想取得更加优异的成绩一定程度上也会更难，甚至挂科的可能性也更大；其次，两校的成绩标准也不相同，云南大学采用百分制，复旦大学采用 ABCD 等级制，并且 A 等有严格的比例限制。如此，成绩如何换算也是个问题。这也就导致在一些学生看来，去不去复旦大学关系着将来是否能够顺利保研。

E 说："其实这五个同学里面能够去复旦大学学习的肯定至少在大一期间的成绩都是名列前茅的，然后通过了专业课选拔考试和复旦大学的英语选拔考试，还有复旦大学的面试等各方面能力，应该在班上都是比较优秀的。如果正常地按这样一个发展轨迹的话，保持这样一个学习的环境的话，在云南大学得到保研的概率可能会比较大。但是如果去了复旦大学的话，因为学分换算的问题，也包括课程难度这方面的一些问题，回来之后很可能保不了研。"

调查问卷中，许多大一新生就认识到这个问题，在回答"如果参与'联培计划'，你认为你会失去什么"的问题时，一些学生填写："（失去）保研机会。""保研的难度增加。""竞争压力大，可能失去保研资格。""与同学、老师之间交往，保研可能相对困难。""通过在知乎的询问，有的学长、学姐认为，参与这个计划并不利于保研，我觉得我或许会失去保研的机会。"

B 入学后就将保研作为自己大学学习的主要目标，并且不想因为复旦大学联培而冒着失去保研资格的风险。

D 认为每年复旦大学联培的五个人只有一个或两个可以保研，"其实有一点残酷"。

而 C 因为大一绩点排名不高，如果这个排名一直持续到大四，也没有保研机会，所以认为："……反正都是要考研，然后学一学再努力也挺好。说不定这边（复旦大学）教材跟那边不太一样，然后可能更加有希望一点。"

二、融不融得入

从云南大学到复旦大学，从昆明到上海，无疑给联培生带来双重文化震撼，体会到了两校、两地的差异。D 虽然刚刚到复旦大学一个月，但在访谈中，笔者还没来得及提问，她就滔滔不绝地叙述了一个小时，谈了她对复旦大学的感受。C 说："（刚到复旦大学）感觉还挺独特的，有点像复读，然后重新又上了一个大学的感觉。"但是，不同于新生入学，他们五个人要进入一个已经组建一年的班集体中，适应新的教学方案，接触完全陌生的老师，所以，如何融入复旦大学的问题似乎格外引人关注。

事实上，融入复旦大学对于大多数学生可能并不是问题。从外部因素来看，复旦大学的学生本来就多元，除了最初本专业的学生，还有转专业学生、联培生、交换生、留学生等等，同学、老师、辅导员并不会特别在意学生是云南大学还是复旦大学本校的学生。E 说："复旦大学这边包容性特别强，我感觉没人会关心你到底是来自什么地方，而是关心你向着什么地方前进。"复旦大学的硬件条件如图书馆、自习室，尤其是宿舍条件相较于云南大学也要更好。此外，每届新的联培生来到复旦大学，上一届联培生也会对之指导帮扶。从个人内部因素来看，受访者都认为复旦大学更为自由，并且个体性更强。C 说："大家平时都是一个个体，一般都是自己在校园里面看书、自习，因为大家上的课也比较散，都会选不同的课，在不同的教室、不同的教学楼之间穿梭，大家都挺忙碌的，都是个体行为，没有什么这一团那一团，然后你融不进去的那种。"D 称之为"一个人的大学"。E 也认为，融入集体可能比较简单，反倒是"要独立性比较强，才能适应这样的生活"。当然，也有敏感的同学在复旦大学期间不愿发与复旦大学相关的朋友圈，或不想让复旦大学同学看到，怕被认为"硬装自己是复旦大学学生"，也不想被云南大学同学看到，怕被认为在"故意炫耀"。

然而，正如许多大一新生在问卷调查中所担心的，复旦大学联培"竞争压力大"，"可能会非常累，甚至会挂科"等，联培生来到复旦大学都会惊叹其学习氛围，三位复旦大学联培受访者都向笔者提到了复旦大学的通宵自习室，在他们看来，离开云南大学，来到复旦大学，俨然是跳出了舒适圈。D 说："我认识了几个比较厉害的学生，三年下来的绩点是满的，然后我就很震惊，他们有同学就跟我说，有这种大佬的存在，最近不是出了一个词叫内卷，我没有卷进去，因为我好像还不配，但我见识到了。"E 举例说有联培的同学"会学习到心理崩溃，有时候晚上通宵学习累了，去走廊上哭一场，回来继续学，真的就是这样一个非常拼的状态才能取得这样的成绩"。

当然，也并非复旦大学所有事物都比云南大学好。比如，C 认为云南大学的选课系统做得比复旦大学更加清晰完善。D 说："我反而觉得在云南大学和老师的交流会比在复旦大学和老师交流多一点……你几乎所有的事情都是跟助教说，然后那些老师的交流对象可能更多的是那些研究生和博士生。"E 说："在这边城市（上海）的感觉就是快节奏，有点那种灯红酒绿的感觉，然后昆明给我们的感觉就是很安静的城市，在安静的地方读书挺好的。"

三、回不回得来

联合培养对于一个大学生无疑是一段非凡的经历。整个大学生涯中，他们经历了两进两出，"云大学生""联培生""云大来的""复旦大学学生""复旦大学回来的"等，发生了多重身份变迁。在外，如何保持心系云大；回来，如何继续衔接云南大学的生活与学习，这似乎也是一个难题。

在调查问卷中，当被问及复旦大学联培后，是否可以很好地回归云大班集体，大部分新生都认为没问题。"通过现代通信手段与云南大学的好友联系，不会在交流结束后产生重新融入的障碍""大四回到母校更不会觉得生疏""大四，我会带着自己的收获回来，对于身边的同学，学弟学妹，我会告诉他们自己在'交流'中学到的东西，与分别两年的母校'再续前缘'"。但事实上，大四课程基本结束，学生都忙于撰写毕业论文、找工作、准备各类考试等，住宿也会被安排到其他专业或低年级寝室，彼此见面机会并不多,甚至也会因为保研问题产生一些矛盾与隔阂。E 认为回来之后,"其实最主要的问题是什么?回来之后我们可能会影响到云南大学其他同学的一个保研名额"。D 也谈道:"五个人中有一个或两个可以保研,因为你综测还是要转换回去的,可能利益上的纠扯是较多的,我觉得也比较尴尬。"

"1+2+1"模式看似云南大学与复旦大学各占一半比重,但实际上学生在复旦大学学习到的知识肯定要多于大一、大四在云南大学所学,学生肯定受到复旦大学影响更多。所以,这里就牵扯了学生的认同问题。"文化认同,就是指对人们之间或个人同群体之间的共同文化的确认。使用相同的文化符号,遵循共同的文化理念,秉承共有的思维模式和行为规范,是文化认同的依据。"[3]P102-104 当被问及云南大学与复旦大学认同感问题时,C 说:"主要的回忆还是就在这边(复旦大学)了,然后可能对这里的归属感要强一点。" D 举了一个例子:"碗里有一块肉,已经很好吃了,但是你现在可以又有另外一大锅肉,然后肉也很好,也更好吃,你吃完了那一锅肉之后,还会想吃这碗里的一块肉吗?" E 也认为自己"更偏向于复旦大学,因为很多价值观,包括一些对于学术的看法,包括一些人生观、价值观,复旦大学对于我们的影响偏多一点"。

四、结论与建议

综上,本文主要得出以下三个结论:保研已经成为影响学生去不去复旦大学联培,"回不回得了"原班集体的重要因素,甚至造成联培生与其他同学之间的隔阂;联培生在复旦大学求学期间,由于身份的特殊性,加之学习氛围、地域的转换,大四返回云南大学后,由于同学关系的生疏以及利益的纠葛,很容易使得联培学生一直处于边缘状态,进而可能使其产生陌生感、孤独感、挫败感、失落感等负面情绪;抛开高考、学籍等因素,学生可能对复旦大学的认同感更强。针对上述三点结论,本文拟提出以下几点建议:首先,应进一步完善、细化、规范保研规定,不让保研成为班集体内部分裂的导火索,不让保研成为去不去复旦大学联培的主要因素。毋庸置疑,复旦大学联培是一个难得的机会,虽不能说适合每一位学生,但是,的确应该有更多的优秀学生去复旦大学进一步提升自己,这也更有利于展示云南大学的形象。其次,强化与联培生在学习、生活、心理等方面的沟通,做好学生从复旦大学回云南大学的衔接与心理疏导工作。再次,学生更认同复旦大学,这本无可厚非,甚至认同复旦大学精神、复旦大学的学风也大有裨益。但是,联培不同于转学,联培生的母校依然是云南大学,在认同上不能厚此薄彼,更不能将二者对立起来,应通过一些举措在一定程度上强化联培生对云南大学的认同感,如师生互助,举行具有仪式感的欢送、欢迎会,让联培生感受到母校云南大学永远是他们的坚实后盾，并随时欢迎他们回来。

本研究仅限于对云南大学—复旦大学联合培养本科生项目中汉语言文学专业学生的访谈与问卷调查，未来还需要更为广泛（如其他专业、教务处人员、复旦大学辅导员与授课教师）与纵向（历时追踪）的研究完善。

参考文献

［1］张淑林，李金龙，裴旭．协同创新环境下的研究生联合培养机制改革研究［M］．北京：高等教育出版社，2016．

［2］张新厂，钟珊珊．"产学研"联合培养复合型研究生模式探讨［J］．高等教育研究，2009（1）．

［3］崔新建．文化认同及其根源［J］．北京师范大学学报，2004（4）．

云南大学—复旦大学联合培养历史学本科生的十年回顾

辛亦武

根据云南大学与复旦大学签署的合作协议,从 2010 年开始,云南大学每年从历史、汉语言文学等 9 个专业中选拔 45 名优秀学生赴复旦大学学习。学习期满,修满规定学分,成绩合格,将授予云南大学和复旦大学两校双学位证书。从 2010 年到目前,云南大学共有 11 批次学生赴复旦大学学习,毕业 7 批次。

一、联合培养的工作机制

2010 年以来,学院结合联合培养机制的实践,对相关工作进行了不断的完善和改进。

(一)完善联合培养工作机制

在学院的统一安排下,历史专业成立了由两校本科专业相关负责人组成的"联合培养联系协调小组",定期开展联合培养本科生选拔、培养方案修订、日常管理方面的交流,交换相关学生信息,云南大学历史专业联系在复旦大学培养的学生,复旦大学历史专业定期对返回云南大学的联合培养生进行回访,共同解决联合培养中出现的问题。在复旦大学培养的学生每学期需撰写"学情报告",并与该学期成绩一起反馈回云南大学。

(二)加强学生学业关怀和学业激励

通过"学情报告"等渠道及时了解学生学习期间的困难和问题,及时跟踪学生的学习动态,通过心理疏导、互助互帮等形式帮助他们缓解学习压力;同时,积极与复旦大学相关教师联系,在课程学习、课后辅导等方面给予联合培养学生更多关注。在奖学金评定上,考虑到复旦大学与云南大学培养方案的差异,对联合培养学生制定了专门的办法并有所倾斜。同时,在保研问题上也给予联合培养学生一定的支持和倾斜。

(三) 关心学生思想政治状况

对联合培养生实施"双班主任"制度,关心联合培养学生的思想政治、思想道德情况,积极帮助学生解决在入党等方面遇到的实际困难。

二、联合培养模式目前存在的问题

从 2010 年到现在,联合培养模式已经实施了 10 年,从总体上来说,是成功的。学生在复旦大学的两年中,在学习、生活等方面收获很多,并且他们还把复旦大学优良的学风带回云南大学,对他们周围的同学产生了积极的影响。当然,由于两校的所处地域、教学环境、学风等方面存在差异,所以还存在一些问题。

历史系组成立以系主任牵头的领导小组,对已经毕业和还在复旦大学就读学生的学习、生活以及毕业之后的情况进行了调查、访谈,收集到一些信息,现提出来以供参考。

在生活方面,由于云南地处边疆,云南的学生在生活习性、生活水平上与上海存在很多的差异,个别学生到上海之后,觉得消费水平高,压力较大,建议两校在助学金方面给经济困难的学生适当的补助。另外,由于身份问题,他们在住宿以及与其他本校同学交流方面存在顾虑,甚至尴尬,希望得到学校老师、同学更多的关怀与理解,并且他们希望在复旦大学读书期间,云南大学给予一定的机会,使其能回到云南大学进行交流,促进两校之间的合作。

在学习方面,由于云南大学在招录分数上与复旦大学有很大的差距,即使选拔了优秀的学生,与复旦大学历史系学生相比较,还是有很大的差距,因此学生在学习方面压力很大。就目前掌握的情况来看,学生在班级排名最好成绩为第 16 名,普遍在 25 名之后。并且,两校在成绩的测算方面不一样,而他们的绩点成绩直接关系到他们在云南大学的奖助学金和保研资格。因此,两年当中,他们在复旦大学拼命追赶,努力提高自己的绩点成绩,压力很大。

另外,由于他们是优秀的选拔生,刚开始时,充满自豪、自信,满怀激情。但是,到复旦大学之后,经过一段时间的学习,自信心受挫,压力倍增。更严重的是,他们缺乏认同感,培养方案实施之初为"2 + 2"模式,选拔学生直接赴复旦大学学习两年,再回到云南大学学习两年。由于身份的问题，他们对复旦大学缺乏认同感，回到云南大学之后，又由于思想观念、学风等方面的差异，对历史系缺乏认同感。目前，虽然实行"1+2+1"模式，联合培养学生对两校的认同感有所改观，但是这个问题仍然存在。

此外，复旦大学的教学计划每年都在修订，而云南大学的教学计划一旦修订完成，原则上不做改动，至少执行四年。因此，每年联合培养方案都是以复旦大学为中心进行修订，这造成学生在修读时产生不适应的情况，建议两校制订出一个适合选拔学生修读的方案，原则上等这一届修读完成之后再做修改。

从选拔学生就业情况来看，大部分学选择了继续读研深造，少部分学生或成为国家公务员，或进入企事业单位工作，总的情况是令人比较满意的，达成了培养目标。建议学校在此基础上增加选拔名额，条件成熟时，可探索本硕连读模式，在选拔的5名学生中最终遴选出1~2名成绩优秀者，直接进入复旦大学进行研究生学习，以激发学生的学习积极性。

最后，在合适的时间，组织丰富多彩的活动，适当增进两校本科生之间的交流，以增强两校之间的传统友谊，促进学生之间彼此了解，加强学生认同感、归属感的教育。

三、学生成长的个案分析

从2010年至今，联合培养计划已经实施了10年。其中，最大的成绩就是经过联合培养，学生的综合素质和能力有了显著的提升。

一是联合培养的学生经过复旦大学阶段的学习以后，综合素质和学业水平有了很大提高。如赵帅，2012级联合培养生。在复旦大学期间，第一学期课程只有一个A，其他以B为主；从第二学期开始，14门课程中4门在A^-以上（28.6%），第三学期11门课程中4门课程在A^-以上（36.3%），第四学期10门课程中5门在A^-以上（50%）。在复旦大学期间，其总绩点为3.36。返回云南大学学习以后，成绩绩点均在3.5以上，最高达到3.8，处于班级前列。2016年，因成绩优异被报送至复旦大学历史系学习。

二是联合培养的学生毕业后，无论是工作还是继续攻读研究生都表现出极大的发展潜力。如王艳玲，云南大学历史学专业2011级联合培养生。2011—2013学年在上海完成复旦大学课程，2015年毕业。毕业后回到上海就业，就职于冈地（上海）商贸有限公司（日资企业，上海市浦东新区）。就职以后，王艳玲积极拓展职业能力，被评选为公司"成长之星"，多次被派往日本、泰国、马来西亚等地学习和培训。2019年晋升为高级客户经理。再如，李荣倩，云南大学历史学专业2010级联合培养生。2010—2012学年在上海完成复旦大学课程，2014年被免试推荐到上海交通大学攻读硕士研究生。

硕士研究生期间，主持校级科研课题 1 项，参与国家社科基金重大项目、一般项目 2 项，多次荣获市级、校级奖学金。担任上海交通大学人文学院第八届团委学生副书记、研究生会主席。2016 年毕业，被评为上海交通大学优秀毕业生。现任教于上海市某重点中学。

总之，联合人才培养是对口支援的一种非常有效的形式。经过 10 年的探索与实践，"云南大学—复旦大学"联合培养历史学本科生已经形成了完善的机制，取得了较大的成绩。

花开需时日，浇灌不缺勤

——化学科学与工程学院十年复旦大学联培学生质量分析

傅 悦　刘世熙　赵瑞瑞　赵燕春

一、化学科学与工程学院十年复旦大学联培项目情况概述

（一）云南大学与复旦大学联合培养本科生项目介绍

云南大学与复旦大学联合培养本科生项目始于 2010 年，每年从全校的 9 个基础性文理学科专业里各遴选 5 名学生参加两校的联合培养本科学生项目。化学科学与工程学院的传统优势专业——化学，自参加两校联培项目至今已连续培养了 10 届学生。截至 2020 年 6 月，学院共计推荐了 50 名化学专业的本科生参加本项目。第一阶段：2010—2012 年，即 2010 级、2011 级、2012 级，共 15 人。前三届联培学生的培养模式为"2 + 2"，即先在复旦大学学习生活 2 年，后返回云南大学学习生活 2 年。第二阶段：2013—2020 年，即 2013 级、2014 级、2015 级、2016 级、2017 级、2018 级、2019 级。自 2013 年起至今，联培学生的培养模式变革为"1 + 2 + 1"，即大学第一年和第四年在云南大学完成，大学第二、三年在复旦大学完成。现已完成联培的 8 届学生 40 人，即 2010 级、2011 级、2012 级、2013 级、2014 级、2015 级、2016 级、2017 级，毕业离校了 7 届学生，尚有 1 届联培学生 10 人正在参加项目培养，即 2018 级（见表 1）。

表 1　化工学院 2010—2018 级复旦大学联培学生信息

序 号	学 号	姓 名	性 别	年 级	生源地	复旦绩点	是否取得双学校认证
1	2010113＊＊＊＊	武德龙	男	2010 级	山东青岛		是
2	2010113＊＊＊＊	张千策	男	2010 级	山东德州		是

续 表

序 号	学 号	姓 名	性别	年级	生源地	复旦绩点	是否取得双学校认证
3	2010113＊＊＊＊	邵义昭	男	2010级	云南昆明		否
4	2010113＊＊＊＊	高博	男	2010级	云南曲靖		是
5	2010113＊＊＊＊	王瑾	女	2010级	云南曲靖		是
6	2011113＊＊＊＊	曾芮	女	2011级	河北石家庄		是
7	2011113＊＊＊＊	刘烨	男	2011级	河北石家庄		是
8	2011113＊＊＊＊	韩双双	女	2011级	河北唐山		是
9	2011113＊＊＊＊	牛晓晨	女	2011级	山东菏泽		是
10	2011113＊＊＊＊	王巧芝	女	2011级	山东菏泽		是
11	2012113＊＊＊＊	相云征	男	2012级	河北新乐		否
12	2012113＊＊＊＊	朱天文	男	2012级	浙江宁波		是
13	2012113＊＊＊＊	吴江	男	2012级	山东滕州		是
14	2012113＊＊＊＊	陈松	男	2012级	山东济宁		是
15	2012113＊＊＊＊	张姣	女	2012级	湖北枣阳		是
16	2013113＊＊＊＊	陈俊杰	男	2013级	浙江湖州	3.27	是
17	2013113＊＊＊＊	胡佳琪	女	2013级	浙江台州	2.79	是
18	2013113＊＊＊＊	龚举文	男	2013级	四川	2.89	是
19	2013113＊＊＊＊	范鸿川	男	2013级	四川绵阳	2.93	是
20	2013113＊＊＊＊	李荣	女	2013级	河北	2.63	是
21	2014113＊＊＊＊	徐日升	男	2014级	湖北襄阳	2.83	是
22	2014113＊＊＊＊	张梦圆	女	2014级	山东	3.32	是
23	2014113＊＊＊＊	张逸鹏	男	2014级	云南昆明	3.15	是
24	2014113＊＊＊＊	李雨鑫	男	2014级	河北	2.82	是
25	2014113＊＊＊＊	刘昱宏	女	2014级	陕西	2.76	是
26	2015113＊＊＊＊	牛安子	女	2015级	河北石家庄	2.76	否
27	2015113＊＊＊＊	杨帆	男	2015级	山东曲沃	2.82	是
28	2015113＊＊＊＊	郭毅谦	女	2015级	山东青岛	3.26	是
29	2015113＊＊＊＊	俞尚哲	男	2015级	山东德州	2.67	是
30	2015113＊＊＊＊	武昊冉	男	2015级	湖北枣阳	2.77	是
31	2016113＊＊＊＊	马昌舜	男	2016级	山西大同	2.57	是

续表

序号	学号	姓名	性别	年级	生源地	复旦绩点	是否取得双学校认证
32	2016113＊＊＊＊	朱海天	男	2016级	浙江嘉兴	3.03	是
33	2016113＊＊＊＊	洪正道	男	2016级	浙江金华	3.03	是
34	2016113＊＊＊＊	罗颖	女	2016级	重庆	3.15	是
35	2016113＊＊＊＊	秦嫣	女	2016级	云南昆明	3.16	是
36	2017113＊＊＊＊	李子涵	男	2017级	河北邯郸	3.59	
37	2017113＊＊＊＊	林艳梅	女	2017级	福建福州	3.03	
38	2017113＊＊＊＊	董筱诺	女	2017级	福建福州	2.93	
39	2017113＊＊＊＊	陈娟	女	2017级	浙江温州	3.08	
41	2018113＊＊＊＊	张熠丹	女	2018级	山西运城		
42	2018113＊＊＊＊	贾茜雯	女	2018级	河北保定		
43	2018113＊＊＊＊	张雅芬	女	2018级	山西运城		
44	2018113＊＊＊＊	李海萍	女	2018级	福建福州		
45	2018113＊＊＊＊	刘海锋	男	2018级	湖南娄底		

（二）联合培养本科生项目发展情况

1. 联培第一阶段"2+2"培养模式（2010—2012年）

选拔方式：参考高考录取成绩，盲选联培学生参加项目学习。该方法简单易操作，学院没有面试学生的机会，仅凭一次高考成绩和部分学生招录信息作为录取参考。随之培养结果逐渐产生问题。在前三届联培学生的15人中，有2人虽按时在复旦大学进行了学习生活，但没有按照联培方案完成授予学位应取得的学分数要求，至毕业时没能取得复旦大学的认证，合格率为86.7%，不合格率为13.3%。

2. 联培第二阶段"1+2+1"培养模式（2013—2020年）

鉴于在前三届联培项目中出现的问题，自2013级起，两校经协商，改革了联培模式，联培的结果也产生了欣喜的变化。变化一，学习模式的改变，从原来的第一、二年在复旦大学学习生活，调整为第二、三年在复旦大学学习生活。变化二，选拔方式的改变，云南大学第一学期学习成绩，增加选拔性专业课考试成绩，增加面试，综合选拔适合参加项目学习的学生。2013级学生自2013年9月入校学习后，在云南大学经历了第一年的大学学习生活后，2014年4月通过学院同年级学生中自愿报名、参加专业性选拔考试（专业课程综合考试和英语能力考试）、面试，并结合大学第一学期学习成绩，综合考查学生各方面的表现和能力，遴选适合参加联培项目的学生。变化三，经过选拔后的联培学生在复旦大学二、三年级的学习生活，各方面的学习能力都取得了长足的进步。2013—2016级联培的4届20名学生中，仅有1人没有修够授予复旦大学学位所需的学分，合格率为95%，不合格率为5%，与第一阶段培养模式相比合格率上升了8.3个百分点，不合格率下降了8.3个百分点。

3. 两次联培方案的完成情况

在2010—2017级已经结束联培项目的40名学生中，从参培项目生源地来看，作为云南大学生源来源大省的山东，同样在联培项目中占比高。具体为：山东籍学生有10人，占25%；河北籍学生8人，占20%；浙江籍学生7人，占17.5%；云南籍学生5人，占12.5%；湖北籍学生3人，占7.5%；四川籍、福建籍学生各2人，各占5%；山西籍、重庆籍、陕西籍学生各1人，各占2.5%。女生17人，占总培人数的42.5%；男生23人，占总培人数57.5%。

从联培学生完成项目培养的结果来看，2010—2017年联培的8届学生共40人，总合格人数累计37人，合格率为92.5%；不合格人数3人，不合格率为7.5%。联培不合格学生中，男生2人，女生1人；云南籍1人，河北籍2人；第一阶段涉及2人（男生），第二阶段涉及1人（女生）。2013—2017级联培学生成绩绩点≥3.0（总分4.0）者12人，占5届联培学生20人中的60%。其中，2013级1人，占5%；2014级2人，占10%；2015级1人，占5%；2016级4人，占20%；2017级4人，占20%。2017级在沪生活学习的5人均于2020年7月按时按质完成了在复旦大学的培养目标，现已返回云南大学生活学习（见表1）。

二、化工学院十年复旦大学联合培养本科生项目成功经验总结和效果分析

完成学业是每个学生的任务和责任，学生最后都要经过毕业走向社会。参加联培项目的学生不仅要选得进来，还要走得出去。通过参加联培项目，学生是否获得了更丰富的人生体验或找到了人生的意义，值得我们研究和讨论。同时，这也是对我们管理服务工作最好的检验和总结。为此，在走过的十年联培路上，我们努力记录、整理了参培学生的信息，并跟随一位亲历联培项目的学生，从他的口中知道了学生们所经历的过往和他们最真实的状态，与所有参培学生一起在学习的道路上共同成长。

过去十年，经过学院广大教育管理服务老师的努力工作，追忆、整理留存的联培项目学生部分档案信息，分析了已结束联培项目的学生的去向结果数据，给了我们很大的启发和期

待。我们欣喜于学生们的各项能力发展情况持续良好，期望他们未来还能持续走高，产生更多的社会价值，发展更多适合学生发展的联培项目（见表2）。

表2 化工学院2010—2017级复旦大学联培学生毕业去向

序号	学号	姓名	性别	年级	生源地	是否为应届毕业考取研究生	是否为原本科学科	升学（就业）单位
1	2010113＊＊＊＊	武德龙	男	2010级	山东青岛	否		中国民生银行股份有限公司青岛长江中路支行
2	2010113＊＊＊＊	张千策	男	2010级	山东德州	是（2014年）	是	中国人民解放军国防科学技术大学航天科学与工程学院
3	2010113＊＊＊＊	邵义昭	男	2010级	云南昆明	否		昆明卓宏地产评估有限公司
4	2010113＊＊＊＊	高博	男	2010级	云南曲靖	否		比亚迪精密制造有限公司
5	2010113＊＊＊＊	王瑾	女	2010级	云南曲靖	否（2016年）	是	云南大学化学科学与工程学院
6	2011113＊＊＊＊	曾芮	女	2011级	河北石家庄	否		河北华清环境科技集团股份有限公司
7	2011113＊＊＊＊	刘烨	男	2011级	河北石家庄	否		北京石药集团
8	2011113＊＊＊＊	韩双双	女	2011级	河北唐山	否（2020年）	否（跨专业）	北京大学法学院硕士在读

续　表

序号	学　号	姓　名	性别	年　级	生源地	是否为应届毕业考取研究生	是否为原本科学科	升学（就业）单位
9	2011113＊＊＊＊	牛晓晨	女	2011级	山东菏泽	是（2015年）	是	中科院煤化所毕业后就职于京东方
10	2011113＊＊＊＊	王巧芝	女	2011级	山东菏泽	是（2015年）	是	山东大学博士在读
11	2012113＊＊＊＊	相云征	男	2012级	河北新乐	否		河北三元食品有限公司
12	2012113＊＊＊＊	朱天文	男	2012级	浙江宁波	是（2016年）	是	中山大学硕士毕业、上海交通大学博士在读
13	2012113＊＊＊＊	吴江	男	2012级	山东滕州	否		中国石油化工股份有限公司上海高桥分公司
14	2012113＊＊＊＊	陈松	男	2012级	山东济宁	否（2017年）	是	山东大学硕博在读
15	2012113＊＊＊＊	张姣	女	2012级	湖北枣阳	否（2017年）	是	中国科学院长春应化所硕博在读
16	2013113＊＊＊＊	陈俊杰	男	2013级	浙江湖州	是（2017年）	是	复旦大学化学系读研（保研）
17	2013113＊＊＊＊	胡佳琪	女	2013级	浙江台州	是（2017年）	是	复旦大学有机化学专业读研
18	2013113＊＊＊＊	龚举文	男	2013级	四川	否（2018年）	是	纽约大学读研（出国留学）

续 表

序号	学号	姓名	性别	年级	生源地	是否为应届毕业考取研究生	是否为原本科学科	升学（就业）单位
19	2013113****	范鸿川	男	2013级	四川绵阳	是（2017年）	是	国家纳米科学中心读研
20	2013113****	李荣	女	2013级	河北	是（2017年）	否（跨专业）	复旦大学高等教育学专业读研
21	2014113****	徐日升	男	2014级	湖北襄阳	否		上海就业
22	2014113****	张梦圆	女	2014级	山东	否		先就业，备战2020年硕士研究生入学考试
23	2014113****	张逸鹏	男	2014级	云南昆明	是（2018年）	是	云南大学化学科学与工程学院硕士在读
24	2014113****	李雨鑫	男	2014级	河北	否（2019年）	是	复旦大学硕士在读
25	2014113****	刘昱宏	女	2014级	陕西	是（2018年）	是	清华大学硕士在读
26	2015113****	牛安子	女	2015级	河北石家庄	否		准备出国留学
27	2015113****	杨帆	男	2015级	山东曲沃	否		备战2020年硕士研究生入学考试（云南大学）
28	2015113****	郭毅谦	女	2015级	山东青岛	是（2019年）	是	美国佛罗里达大学化工硕士在读（出国留学）
29	2015113****	俞尚哲	男	2015级	山东德州	否（2020年）	是	山东大学药物化学学术型硕士

续 表

序号	学 号	姓 名	性别	年级	生源地	是否为应届毕业考取研究生	是否为原本科学科	升学（就业）单位
30	2015113＊＊＊＊	武昊冉	男	2015级	湖北枣阳	是（2019年）	是	武汉大学化学工程专业型硕士
31	2016113＊＊＊＊	马昌舜	男	2016级	山西大同	是（2020年）	否（跨专业）	苏格兰格拉斯大学（出国留学）
32	2016113＊＊＊＊	朱海天	男	2016级	浙江嘉兴	否		备战2020年硕士研究生入学考试（复旦大学）
33	2016113＊＊＊＊	洪正道	男	2016级	浙江金华	是（2020年）	是	复旦大学化学系无机化学硕士在读
34	2016113＊＊＊＊	罗颖	女	2016级	重庆	否		云南大学化学科学与工程学院药物化学硕士在读（保研）
35	2016113＊＊＊＊	秦嫣	女	2016级	云南昆明	是（2020年）	是	重庆新东方教育集团
36	2017113＊＊＊＊	李子涵	男	2017级	河北邯郸	是（2021年）	是	中国科学院上海有机化学研究所（保研）
37	2017113＊＊＊＊	方超	男	2017级	浙江金华	是（2021年）	是	复旦大学化学系（保研）

（一）学业深造需求持续走高，人才培养质量显著提高

（1）2010—2017级联培项目40名学生中，有24人在本科毕业后选择了继续深造学习，占联培学生总数的60%，升学深造比例远高于非联培项目同年级化学专业学生的升学人数比。前后两个联培阶段学生的毕业去向情况如下。

第一，2010—2012级第一阶段联培项目的15名学生中，2010级有1人应届毕业生升学深造，1人往届升学深造，3人就业，升学率为40%；2011级有2人应届毕业生升学深造，1人往届升学深造，2人就业，升学率为60%；2012级有1人应届毕业升学深造，2人往届升学深造，2人就业，升学率为60%。

第二，2013级起，联培项目学生升学深造人数稳定，进入高水平科研院所的人数也在增加。2013级有4人应届毕业升学深造，1人往届升学深造，升学率为100%；2015级有2人应届毕业升学深造，2人往届升学深造，1人就业，升学率为80%；2016级有3人应届毕业升学深造，1人继续研考升学，1人就业，升学率为60%。2017级有2人获得免试推荐硕士研究生资格。

第三，以2016级联培学生为例，本科2016级化学专业33人（不含复旦大学联培学生5人），2020级硕士研究生升学人数为11人，升学率为33%；5名联培学生中3人继续升学深造，占联培学生人数的60%，差距明显。

（2）联培学生的学业发展情况呈现出以下几个学习特点。

第一，在已毕业的2010—2016级7届35名联培学生中，经过两年的复旦大学学习生活，参培学生对知识的认知度和对更高专业知识需求的人数比非参培学生的比例高，要求提升学历的人数增多。22人继续升学深造，升学率为62.86%，其中应届生考取硕士研究生15人，占68.18%，非应届生考取硕士研究生的7人，占31.82%，目前尚有3人正在准备2020年硕士研究生入学考试。据不完全数据统计，在结束了硕士研究生培养后，2011级有1人继续攻读博士学位，2012级有3人，2015级1人。

第二，每一次联培方案的改革和调整都能带来更多喜人的变化和成绩。联培方案调整实施后，2013级联培学生的培养质量大幅度提高，取得了多个第一次成绩。①2013级5人全部升学深造，在联培项目学生中第一次有出国出境学习深造的学生出现，联培学生第一次因成绩优异获得云南大学当年免试推荐硕士研究生资格等。②2016级5名联培学生中，有1人获得云南大学单列的联培学生免试推荐硕士研究生资格。③2017级联培学生加入了培养单位复旦大学老师。2017级5名联培学生中有2人的学习绩点为3.5以上（3.66、3.59），为历届复旦大学联培学生中成绩最高者，均获得了云南大学

2020年免试推荐硕士研究生资格,其中1人在没有学校单列给联培学生保研名额的情况下,在与云南大学同年级本专业同学的竞争中名列专业第一,获得免推资格。

第三,多元化的选择深造途径和人生发展。①在22名选择继续升学深造的学生中,继续选择本科专业方向读研的学生19人,占比86.36%;3人选择跨专业深造,占比13.64%。②2013级中1人选择出国留学,第一次有联培项目学生出国出境学习深造。2015级、2016级联培生中连续两届均有学生选择出国深造。

第四,联培学生取得的绩点成绩与学生毕业最终去向的选择有一定关联。特别是绩点成绩相较其他本届联培学生中的优良者,升学深造的概率略高于其他同学,其他绩点成绩稍逊者(<3.0)也有通过自身努力最终升学成功的,这是个值得继续研究讨论的内容。例如:2013级,除陈姓同学外,其他4人均升学成功。2014级李姓、刘姓同学,2015级俞姓同学等也如此。

(二)参加联培项目的学生的身心素质得到了极大的提升

(1)在联培项目实施的第一阶段,即2010—2012级,联培的模式为"2+2",大学第一、二年首先在复旦大学完成,大学第三、四年返回云南大学完成。经过访问联培学生当年所属带教管理服务老师后,发现了其中出现的一些问题。其一,云南大学的老师对当年一入学就去往复旦大学进行联培的学生的基础信息了解不多,基本从未谋过面,只知其名,不知其人。随着联培学生结束复旦大学的学习生活,大学第三年开学才第一次与学生见面,在往后的两年云南大学学习生活中,联培学生的发展没有特别突出的成绩显现出来,反而有个别学生的表现不尽如人意。其二,联培学生在沪学习生活的状态云南大学师生了解甚少,每个学期末最多通过邮件或偶尔的电话联系告知学习成绩。其三,联培学生中有部分人天然有一股子傲气或优越感,自认为参加了联培项目就比同级的云南大学同学优秀,在与同学们的相处中出现了一些障碍,对融入新集体愿望不强,与云南大学师生的沟通交流不畅。他们在云南大学学习生活期间,经历不愉快的事情时,会把以往在复旦大学的生活经验照搬过来,对现在的生活学习环境各种挑剔和嫌弃,没有正确面对问题和解决问题的态度与能力。

(2)联培项目自2013级修改了培养方案后,参加联培项目学生的整体面貌发生了质的提升和改观。

三、推进"三全育人"教育理念,补齐教育管理服务短板

在联培项目中,除了学生们的奋力向前奔跑外,还有一群努力陪跑的老师的辛劳付

出。现阶段复旦大学联培项目所取得的成绩,与相关老师对联培学生一以贯之的跟踪教育服务工作密不可分。在项目的发展进行中,我们也发现了一些亟待解决的问题。

第一,联培项目中,学生成长的短板出现了。比如,2010级至今,尚无联培学生在各级各类科技竞赛中出过成绩。再比如,2010级至今,尚无联培学生在党组织培养考察发展过程中成为发展考察对象,入党积极分子培养出现了断档现象。

第二,培养单位对联培项目的管理和质量监控方法参差不齐。第一阶段联培学生的部分管理数据缺失,各方管理部门收集整理数据的方式方法不规范,管理人员的调整使数据留存有隐患,导致量化记录学生成长的数据不完整,分析不准确。

十年的联培项目之路,现今已逐步走上了规模化、规范化的发展道路。我们已经在2017级联培项目学生中逐步改进和完善育人服务管理理念与工作方法,用工业精细化的管理思想全过程地助力联培项目的发展,期待联培项目产出更高的合格率,涌现出更多的优秀者。为此,我们一直在路上,希望联培项目在未来的五年及更长的岁月里结出硕果。

参考文献

[1] 云南大学招办. 复旦大学和云南大学联合培养本科生计划介绍 [EB/OL]. http://zsb.ynu.edu.cn/info/1053/1633.htm.

[2] 汪小金. 项目管理方法论 [M]. 北京:人民出版社,2011.

复旦大学访学的几点收获

赵净秋

时间如白驹过隙,一转眼,我访学的日子已经过去了5年,但今天拿起笔来写这篇小文的时候,一切却如在目前。

2015年,我申请到了复旦大学的访学名额。9月,在复旦大学最美的时节,我到了复旦大学新闻学院,师从著名教授、博士生导师黄瑚老师,开始了为期半年的访学生活。

访学期间,我选择了复旦大学新闻学院两门本科课程随堂听课,分别是陈建云老师的"新闻法规与职业道德"、周笑老师的"深度报道";旁听了新闻学院为博士研究生和硕士研究生开设的课程,有童兵老师的"新闻传播学前沿",黄旦老师的"中国新闻思想史",李良荣、黄瑚老师的"当代新闻史论研究",孙玮老师的"传播学研究"。一个学期的学习,我很忙碌,很充实,收益也很多,总的来说有以下几点。

一、经典永远都是人类进步的阶梯

在复旦大学期间,我重新阅读了大量政治学、新闻学、传播学原典,如密尔的《论自由》、洛克的《政府论》、舒德森的《发掘新闻》、米德的《心灵、自我、社会》等,跟随老师重读、细读经典,对其中的思想和理论有了更深的理解和更进一步的认识。美国学者莫提默·艾德勒与查尔斯·范多伦合著的《如何阅读一本书》告诉我们,有些经典,当我们重读时,会看到以前没有见到的全新的观点,感觉这本书好像与你一起成长了。"一本书怎么会跟你一起成长呢?当然这是不可能的。一本书只要写完出版了,就不会改变了。只是你到这时才开始明白,这本书的层次就远超过你,现在你重读时仍然超过你,未来很可能也一直超过你,因为这是一本真正的好书,我们可说是伟大的书,所以可以适应不同层次的需要。你先前读过的时候,感到心智上的成长,并不是虚假的。那本书的确提升了你。但是现在，就算你已经变得更有智慧也更有知识，这样的书还是能提升你，而且直到你生命的尽头。"[1]诚哉斯言。

二、值得学习的创新性培养模式

2015年，从报纸到电视，在互联网的冲击下，全球传统媒体都受到了巨大挑战。转型期的新闻业对传播人才的知识结构和能力结构都有了新的要求。在随堂听课的过程中，我的感受是老师们非常注重把课内专业知识与课外专业训练有机地融合起来，将封闭式课堂变为开放式课堂，通过国情教育课、业界导师进课堂、工作坊以及参观访问等方式，培养融合媒体时代所需要的新闻人才。此外，复旦大学新闻学院充分利用业界资源，将实践端口前移，实现了全流程培养。学生从大学一年级到大学四年级，可以全流程进入专业实践流程当中。这一点非常了不起。通过提前进入专业实践，经过多年的训练，毕业的时候，学生已经可以成长为高水准的新闻专业人才。

三、令人羡慕的高质量学术前沿讲座

复旦大学在国内享有较高的学术地位，所以能够邀请到很多著名学者、业界名流到学校开讲座。在复旦大学听讲座是很享受的过程，短短几个月，我听了多场高质量的讲座。大量的高质量的学术讲座可以让学生接触到大量的第一手资讯和最新的研究成果。以复旦大学新闻学院为例，2015年，澎湃新闻网站、APP正式上线刚满一周年，已经迅速成为媒体转型中的现象级产品，成为中国互联网最大的原创新闻内容提供商之一。复旦大学新闻学院的"新闻传播前沿讲座"请来了澎湃新闻总编辑李鑫、澎湃新闻产品总监孙翔，给学生讲"澎湃与转型媒体再定义""澎湃新闻这一年"，用生动的案例讲述澎湃作为平面媒体团队以完整建制进入新媒体后，如何在高手林立的互联网江湖突出重围，成为传统媒体转型最具代表性的案例。他们认为，专业新闻机构加入新闻客户端战场，打破了互联网公司一统天下的局面，但前路艰险，面对"腾讯新闻""今日头条""网易新闻""搜狐新闻"，以及"西上游，南并读，北无界，中九派"等强大的竞争对手，澎湃还需要继续进行艰苦的探索。在戛纳国际创意节（原戛纳国际广告节）结束不久，复旦大学新闻学院请来了此次网络创意奖评委会主席林友琴，谈2015年的评奖标准以及创意传播的新趋势。林女士在演讲中讲到，思想创意依然是核心，"感动人的始终是人性"[2]。对人性需求深刻洞悉，对科技进行富有想象力的巧妙运用，方能产生创造性的有形可见的成果。未来广告人必须热爱技术，理解技术，全方位的创新越来越倚重技术。在复旦大学的众多讲座中，彭博新闻社的主编裴忻、中国艺术史家巫鸿等的演讲都给我留下了深刻印象。

图1 复旦大学听讲座的学生

四、勤奋的联合培养学生

在我访学期间，云南大学新闻学院2013级和2014级新闻学专业共有10个学生在复旦大学参加联合培养项目。我是2013级的班主任，跟学生们非常熟悉，到复旦大学后联系自然就很多。新闻学院进入"云南大学—复旦大学联合培养"项目的学生，都是经过层层选拔的优秀学生。两年的复旦大学学习时光让他们受益匪浅，让他们对自己的能力有了更准确的认识，对自己的人生有了更清晰的规划。

与其他专业相比，在复旦大学学习的新闻学专业学生基本没有学习困难和压力。这10个学生通过自己的勤奋和努力，在复旦大学都拿到了非常好的成绩，其中2013级的刘洋同学在班里一直都是前五名之一。此外，同学们都表示，在复旦大学的另一大收获就是在学习中与同学的合作。复旦大学的学生自主学习能力超强，老师基本都是在没有任何提示、任何指导的情况下把任务布置下去，同学们分组完成。令人惊叹的是，大家一个比一个做得好，一个比一个认真。在这样的环境里，你不得不努力做到像他们一样好，你不得不自主学习很多东西。一些大神级的同学，做学术专业，自学能力强，而且非常勤奋、非常努力，这些同学的独立勤勉给了他们积极的影响。

在复旦大学学习的这10个学生，后来有2个获得推免研究生资格，1个考上了复旦大学新闻学院的研究生，1个回到云南大学继续读研，1个被英国名校录取出国留学，1个进了上海资深财经媒体做了财经记者。

四个月虽然很短，但是今天回头去看，我读了很多书，认识了很多志同道合的学者，和学生在一起如同老朋友一般，亲切、自然又美好。这是一段很珍贵的重回校园的时光。

参考文献

[1] 莫提默·艾德勒,查尔斯·范多伦. 如何阅读一本书 [M]. 郝明义,朱衣,译. 北京:商务印书馆,2004.

[2] 林友琴. 从2015戛纳国际创意节看创意传播新趋势 [EB/OL]. 2015-10-29.

浅谈复旦大学计算机通识教育课程与教学理念

丁海燕

引 言

我在复旦大学计算机学院进修期间主修了"TCP/IP 组网及应用",以及"C 语言程序设计""VB. NET 程序设计""网络虚拟环境与计算机应用"等多门相关课程,顺利完成了进修学习任务,深刻感受到了复旦大学重创新、重素质培养的大学精神。我主要的收获和体会如下。

一、公共计算机课程的设置与实践教学方法

我承担云南大学公共计算机必修课"计算机基础""C 程序设计"和专业选修"计算机程序设计"等的教学工作。复旦大学教学水平在国内位于前沿,例如给大一学生开设的通识计算机课程就体现了计算机课程的系统性和多样性。

第一学期分为四大模块:"计算机绘图与多媒体""计算机高级办公自动化""计算机网络与多媒体""计算机网络与网页制作",其中"计算机绘图与多媒体"为各专业必修课,其余三门课程任选一门。从课程设置上来看,这比云南大学的必修课"计算机基础一"为学生提供了更多的兴趣选择。

第二学期是程序设计课程,从教学内容层次上来看,复旦大学文科生上"VB. NET 程序设计",理科生上"C 语言程序设计"等,而云南大学文科是学"Access 数据库",基本不学编程。因此,复旦大学通识计算机课程起点比云南大学要高,选用的是最新的 VB. NET 编程语言,紧跟信息时代的发展。相比之下,云南大学的通识计算机课程较单一,需要跟上时代的进步和发展。

另外,复旦大学教学资源比较丰富,为其教学的开展提供了有力的保障。计算机是

实践性、应用性很强的课程，要保证在网络教室上课，每个学生都有电脑。复旦大学的计算机通识教育课程都安排在网络教室，学生要刷卡才能进入，对号入座，老师通过软件控制学生屏幕，第一堂课用多媒体课件 PPT 讲解知识点，第二堂课则让学生上机完成练习。每次上课，任课教师都会准备大量上机题目（建题库），既有课堂练习，也有课外作业。以"C 语言程序设计"为例，课外编程练习是课程补充和掌握编程的必要手段。[1]P239-241 无论教材还是习题，教师都是以生动的案例来驱动教学，这符合启发式教学的特点。[2]P96-99 学生在网络教室边学边上机，取得了较好的学习效果。

二、认识到素质教育的重要性、系统性和科学性

复旦大学的通识教育课程非常丰富，分为思想政治理论课、形势与政策、军事理论、体育课程、英语课程、美育课程和计算机课程。除了计算机科学与技术学院基础教研室承担的通识计算机专项教育课程"计算机绘图与多媒体""计算机网络与多媒体""计算机网络与网页制作""计算机高级办公自动化""C 语言程序设计""VB. NET 程序设计"以外，其他各学院的教师还开设了很多计算机通识教育选修课程，如"Java 程序设计""网络虚拟环境与计算机应用""Internet 网络概论""导航定位概论""LINUX 操作系统"等。这些计算机通识教育课程与信息时代紧密相关，具有前沿性，为非计算机专业的学生提供了多元化、多层次的平台。这与云南大学的计算机通识课程相比，更加有系统性和科学性。

现在强调要全面推进素质教育，强调素质教育不能把学习知识与提高素质隔离开来，更不能对立起来，而应将素质教育贯穿于学生在学校里包括教学在内的一切活动的始终，努力做到学习知识与提高素质紧密结合，互相促进。[3]P41-42 举例来说，学数学要学很多公式和定理，但学习数学的目的不仅是学到并记得这些公式和定理，更重要的是接受严格而系统的数学训练。有了这种数学训练，学生就会树立明确的数量观念，就会提高逻辑思维能力，也有助于形成精益求精的风格，增强探索精神和应变能力，从而有助于提高素质。因此，素质教育对教师提出了更高的要求，并赋予了更多的责任。教师不能满足于仅仅传授知识，更不能满足于照本宣科式的讲授，而要把课上活，按素质教育的要求在教学内容及方法等方面认真地进行改革。同时，素质教育不能灌输，只能靠潜移默化来培养。光靠几堂课或几节报告就想提高学生的素质，是不切实际的，要靠学校和社会的综合作用，在学校内部为广大学生营造一个宽松而进取的氛围。

教师的任务是教书育人，教书与育人是紧密结合在一起的。教师要"言传身教"，不仅要"言"，而且还要以自身的人格力量去影响学生，榜样的力量胜过说教的作

用。[4]P52-56 因此，教师对自身的要求必须严格，他的一言一行学生都看在眼里，一个上课马虎的教师要求学生以认真严谨的态度对待学习是不可能的。"言传身教"是一个渐进的过程，不能太刻意，要以"润物细无声"的方式进行，才能取得真正的效果。首先，教师要赢得学生的尊重，得在业务上强，在做人上先站直了，才能使学生觉得教师是可敬的；其次，要让学生意识到教师的严格要求是对自己的殷切期望和爱护，使学生觉得教师是可亲的；最后，要让学生认为教师是自己的师长和朋友，感到教师是可信赖的，才会与教师交心，真正做到教学相长。

就大学生来说，应留给他们较多的空余时间，让他们尽量地搞一些科研。如果一直都在亦步亦趋地学习教师传授给你的那些知识，不敢越雷池半步，哪有什么创新？学生凭自己的兴趣爱好和特长去搞科研，才会真正激发他们的积极性和创造性，发掘自身的全部潜能去取得成功。哪怕失败了（这是很有可能的），也是一次可贵的经历，也是一种在课堂上及书本里学不到的财富，可能教育和激励学生去争取更大的成功。现在的学生大多生活得太顺利，缺乏承受挫折或失败的思想准备和意识，在素质上不能说不是一个严重的缺陷。参加科研的实践对学生来讲也是一个很好的锻炼机会，对全面提高学生的综合素质将发挥积极的作用。

三、学习研讨型课程师生互动的教学方法

复旦大学课堂气氛很宽松，课堂上学生可以自由提问，老师会用问题引导学生思考更深入的问题，经常布置一些实践、研讨式的任务让学生研究，再分组陈述。例如，有的课程，老师会布置一个辩论题目，让学生分成正方和反方进行辩论，学生要下去自己查阅书籍或上网搜集资料，整理各种信息，然后总结归纳，制作演示文稿，陈述自己的见解和观点。[5]P93-95 这类活动可以引导学生主动学习，促其上台发表见解，充分发挥了学生的积极性和个性。这一过程锻炼了学生查阅资料、调研分析整理各类信息、文字表达和上台演讲的能力。这些教学方法给我留下了深刻的印象，让我意识到教师无论讲得再好，没有学生积极参与和互动，都是苍白的。我们在教学工作中要不断创新教学方法和理念，提倡案例教学，让学生学会自己分析和解决问题，这样才能真正培养出学生的能力，符合社会复合型人才的培养目标。

四、重视教学效果，教师的主要职责是搞好教学工作

复旦大学给我最深刻的感受，就是复旦大学的很多老师不仅科研搞得好，而且课也上得好。大学是培养人才的地方，如果我们大学老师都不想搞好教学，不重视教学效

果，那么可想而知学生在大学里能学到多少有含金量的专业知识，得到多少提高和收获呢？现在大学生就业困难，不是用人单位不需要人才，而是有的学生能力不强，学的东西不符合社会上各行业对人才的要求，大学一定要与时代发展相结合。我们知道中国的学生动手解决问题的能力较弱，而学生能力的培养与教师的教学水平、教学手段和教学内容体系的设置是密切相关的。只有重视教师教学效果，并让教学效果在职称评定上有所体现，这样的机制才能鼓励广大教师不断地在教学方面改革和创新，以提高教学水平。提高教学质量是一个系统工程，需要学校完善的监督和激励体制。

五、学习复旦大学"厚基础、宽口径、重能力、求创新"的教学理念

复旦大学在"通才教育，按类教学"的原则下，按照"厚基础、宽口径、重能力、求创新"的教学理念，注重加强学科间的渗透、交叉、组合，将"普通教育，基础教学，专业教学"三个方面的教学内容有机地结合起来，是学生获得系统学习知识和进行实践的非常好的机会。同时，学校实施学分制教学和管理，加强学生的科研训练，培养其创新精神和动手能力，加强课程建设，大力提倡"名教授上基础课、带基础试验"。学校重视第二课堂的教育，设立"学生科技创新基金""大学生暑期社会实践基金"，通过开设百个精品讲座、读百本书、参加百项社会实践和实验课题的"三百计划"，使以德育为核心，培养创新能力和实践能力，德、智、体、美相互渗透的素质教育成为校园生活的主旋律，建立了一套严格而有特色的教学管理制度。试行导师制和首席教授等一系列措施，坚持不懈地抓教风和考风的建设，使学校形成了"学在复旦大学"的良好学风和校风。

此外，复旦大学充满了大学的文化气息，课余时间举办的社会活动相当丰富。例如，社会企业名流、海外知名公司的创始人的报告会、论坛，宝洁、佳能跨国大公司的宣传活动，港澳资讯公司的实习招聘会，以及创业论坛、话剧演出等。这些活动丰富了大学文化生活，同时也让学生开阔了视野。

综上所述，通过此次进修，我在教学内容和教学方法上都得到了很大的启发。今后我要把这些学到的东西应用到我的工作中，提高教学水平，更好地为云南大学服务，为云南大学的进一步发展贡献自己的一份力量。

参考文献

[1] 何文丽. 计算机实践教学探讨及实验室管理 [J]. 实验科学与技术，2015，13（5）.

［2］曹海英，元元. 应用型本科计算机实践教学探索［J］. 河套学院学报，2015，12（1）.

［3］刘海珊，董志. 应用型本科高校的理工科大学生人文素质教育研究［J］. 教育教学论坛，2016（49）.

［4］刘萍，刘春琼，第宝锋. 大学生文化素质公选课参与式互动教学模式探讨［J］. 当代教育理论与实践，2018，10（4）.

［5］卢文娟，孙晧，龚卫民，崔保春."数字电子技术"课程研究性教学［J］. 电气电子教学学报，2016，38（5）.

复旦大学人才培养模式述评及启示

刘志成

引 言

经学校选派，我曾于 2017 年 9 月至 2018 年 6 月赴复旦大学跟随复旦大学外国语言文学学院教授、中国认知语言学协会副会长熊学亮教授访学一年。其间，我旁听了众多学院的课程，聆听了众多的学术讲座，加入了学校的研究生会，重新体验了学生生活，并感受了复旦大学的人才培养模式。复旦大学作为国内知名高校，云南大学是其对口支援的联谊学校。"它山之石，可以攻玉"，复旦大学的一些办学理念以及人才培养模式，能为云南大学的发展提供一定的参考和借鉴。

复旦大学创建于 1905 年，原名复旦公学，是中国人自主创办的第一所高等院校，创始人为中国近代知名教育家马相伯。校名"复旦"二字撷取自《尚书大传·虞夏传》中"日月光华，旦复旦兮"的名句，意在自强不息，寄托着当时中国知识分子自主办学、教育强国的希望。1917 年，复旦公学改名为私立复旦大学。复旦大学主张"自由而无用"的学风。学校已经形成"一体两翼"的校园格局，即以邯郸校区、江湾新校区为一体，以枫林校区、张江校区为两翼。一百多年来，学校在人才培养、科学研究、服务社会、文明传承与创新等方面为国家做出了突出贡献。复旦大学师生谨记"博学而笃志，切问而近思"的校训，严守"文明、健康、团结、奋发"的校风，力行"刻苦、严谨、求实、创新"的学风，发扬"爱国奉献、学术独立、海纳百川、追求卓越"的复旦大学精神，正按照党和国家的要求，发扬优良传统，不断开拓创新，以服务国家为己任，以培养人才为根本，以改革开放为动力，深入推进内涵建设，全面提高教育质量，加快建设具有中国特色的世界一流大学，为实现中华民族伟大复兴的中国梦做出新的更大的贡献。

近些年来，复旦大学秉持并贯彻教育部《关于进一步加强高等学校本科教学工作的若干意见》的精神，坚持"以本为本"，"注重本科生的教育，旨在将学生的人文情怀、科学精神、专业素养、国际视野均纳入培养体系之内"，期望学校培养的学生今后二十年能成为各行各业的领袖人物和栋梁之材。[1]

一、本科生培养方案

2012年，复旦大学开始对本科生培养方案进行修订，并于2015年完成修订。因此，2015级本科生开始接受新的培养方案。新的本科生培养方案涉及通识教育课程、大类课程、专业课程，以及五大学科（即人文、社会科学、自然科学、技术科学和医学）的调整及设置。

（一）本科生培养的基本原则

复旦大学对本科生的培养主要以素质教育为基础，以通识教育为特色，尊重学生的个性，发挥学生的主动性，按照"宽口径、厚基础、重能力、求创新"的本科教育原则，鼓励"自由而无用"的学风，培养学生对知识本身的热爱，尽量摒除学习的功利性和世俗性。此外，本科培养方案除了考虑科学性和规范性外，亦考虑到培养方案的开放性和可行性，为课程体系的进一步完善以及教学内容的更新留出了足够的空间。

（二）本科培养方案的基本要求

复旦大学本科培养方案由通识教育课程、大类基础课程和专业教育课程三大板块组成，着重培养本科生的通识能力和专业能力。此外，各专业还设置了一定数量的任意选修学分，供学生自行选修，培养学生的个性和专长。

1. 通识教育

复旦大学对本科生的通识教育极其重视，通识教育的内容和形式均多种多样。"通识教育课程主要由通识教育核心课程、专项教育课程、通识教育选修课程、书院新生研讨课、服务学习课程和暑期国际课程组成。"[2]复旦大学对中国传统文化非常重视。通识教育中开设有"唐宋八大家古文""史记导读""宋词导读""文选与中古社会""资治通鉴导读""论语导读"等中国优秀传统文化入门课程。"双一流"高校建设更应该重视我们自己的优秀传统文化，正如苏州大学校长朱秀林指出的："创建世界一流大学，并不是简单复制西方的大学模式，而是要建设有中国特色的世界一流大学。我们应深深扎根中华大地，从中华民族优秀文化中汲取智慧和营养，形成自己独特的大学精神和大学文化，在充分借鉴吸收国外一流大学先进发展经验的基础上，与中国实际相结合，创新发展模式，探索发展规律，构建别具特色的办学理念和教育体系，创建出凝聚着'中国元素'的世界一流大学。"[3]此外，复旦大学对学生的跨文化交际能力的培养亦十分重视，这在本科生的通识教育中亦有明显体现。通识教育中开设有大量介绍西方文化的课程，如"康德实践理性批判精读""西学经典论美国的民主""古希腊文明研究""中西文化交流史""欧洲文明的现代历程""荷马史诗导读"等介绍西方文明的通识课程。"在经济全球化、世界大融合的今天，跨文化交际已成为一种现实需要。成功的跨文化交际不仅需要良好的外语语言能力，而且要求人们了解不同文化之间的差异，并在实际的跨文化交际中灵活运用这些文化知识。"[4]P2-8跨文化交流本身就是指不同文化背景的人之间的交流，即"跨文化交际是一种文化背景的人、群体与另一种文化背景的人、群体进行的交流"[5]。复旦大学通过通识教育开设了众多关于中西文化介绍的课程，这是极其明智和具有前瞻性的。复旦大学的通识课程主要有以下几类。

第一部分，通识教育核心课程。该部分包括思想政治理论课程以及通识教育核心课程数个模块。思想政治教育在复旦大学通识核心教育中占据极为重要的地位，以复旦大学网红教师陈果老师的思想政治课程为典型代表。虽然该课程是思想政治教育，但陈果老师通过新的形式寓教于乐。她的授课富有启发性的哲思，不仅具有极强的趣味性，而且具有极强的感染力，在学生中很受欢迎。她的课基本上要提前半小时去占位，堂堂爆满，这也是复旦大学思政课的一道风景。我曾听过数次陈果老师讲课，感受到陈果老师的睿智、时尚、哲思，以及她对课堂驾驭的能力，受教颇深，获益良多。

第二部分，专项教育课程。该部分包括体育、军事理论、大学外语、计算机应用基础、创新创意创业和针对留学生的中国语言与文化素养课程。

第三部分，通识教育选修课程。该部分课程按照学科领域划分为人文科学与艺术、社会科学与行为科学、自然科学、医学与药学四组课程。

第四部分，书院新生研讨课，是由热心本科教学的资深教授在五大书院中面向大一新生开设的小班研讨课程。比如复旦大学的任重书院，外聘了知名教授为学生讲解书法课程，每周一次。我曾在任重书院学习过书法课程，感受到书法学习的浓厚氛围以及学生的极大兴趣。在教授的引导下，这些课程上课形式更加灵活，更加注重教师与学生、学生与学生之间的互动交流，力求帮助学生养成良好的学习习惯，培养学生参加学术研究的兴趣和热情，并提升学生自主学习的能力。

第五部分，服务学习课程。服务学习指把学术知识及社区志愿服务合二为一的教学方法（"社区"不仅指地理意义上的社区，也包含各类功能性社区，如社会组织、社会服务机构、学校以及企业）。其透过学校与社区的合作，为学生提供不同类型的社会服务机会，引导学生将课堂知识应用于满足社区需要，解决实际问题。服务学习课程鼓励学生进行独立思考及深入反思，培养学生的社会责任意识和服务社会的能力。服务学习强调身体力行，有别于传统的单向教学法，要求教师、学生和社区服务机构之间积极沟通、相互合作。服务学习，不仅能深化学生从书本中学习的理论知识，而且能为学生提供全人发展的学习环境，亦能满足社区需求，加强大学与社区之间互惠互助的合作关系，最终实现共赢局面。

第六部分，暑期国际课程组。为进一步推进复旦大学国际化进程，我在复旦大学认识了众多的学生，在微信朋友圈均能看到他们假期去国外游学的照片。学校为学生接触社会精英人士提供了重要的机会，当然，很多精英人士本身就是复旦大学校友，这对于鼓励学生的奋斗精神具有极为重要的作用。学校自2012年暑期开始，推出暑期国际课程项目，吸纳来自世界各高校的国际学生及本校学生共同参与。课程围绕中国主题，涉及历史文化、社会政治、经济管理和跨国与跨文化研究等四方面。

2. 大类基础课程

大类基础课程的建设目标是实施通识教育基础上的宽口径专业教育，并逐步向大类实施全校性基础教育过渡。大类基础课程按照基础性、公共性和学术性原则设置，具有完整规范的知识体系，能够使学生获得严格的学科基础训练。全校设置人文、社会科学、自然科学、技术科学和医学五组大类基础课程，具体课程由学校教学指导委员会五大学科分委员会讨论确定。

3. 专业教育课程

专业教育课程一般由专业必修课程和专业选修课程两部分组成。专业必修课程以规范严谨、精练优质为建设目标。专业选修课程侧重知识的交叉跨度，强调专业前沿信息和复旦大学科学研究特色的传播。部分专业课程强调前瞻性，适合本科生和研究生共享。专业教育课程努力为学生开展研究性学习提供时间和空间，使学生在修读过程中获得本专业学术研究的初步经验。

二、研究生培养方案

在研究生培养中，我最大的体会就是硕士研究生和博士研究生一体培养，即硕士生与博士生很多课程重叠，硕士生和博士生在同一教室共同听课。这种现象比较普遍。

复旦大学硕士生和博士生的培养以国务院学位委员会和教育部新颁布的《授予博士、硕士学位和培养研究生的学科专业目录》为依据，以最新通过的《复旦大学培养研究生学科专业目录》所列的学科、专业名称为准。

（一）研究生培养目标

培养方案根据研究生培养质量的整体要求，对本学科博士和硕士的培养目标从德、智、体等各方面提出较为具体的要求，既体现研究生教育所培养的人才的高层次性，以及专业性较强等特点，又注意所培养的人才对今后介入国家各项事业发展的较大的适应性。

培养方案根据不同学科的特点以及适应经济建设和社会发展的需要，体现本学科对不同规格类型研究生培养的统一要求和具体要求。

（二）研究生课程设置

1. 总体要求和基本出发点

课程设置是研究生培养方案的重要组成部分，是研究生应具有的基础理论和专业知识学习要求的具体化。培养方案中对课程的总体设计要体现下述原则。

第一，课程设置首先要考虑本学科硕士生和博士生应具有的基础理论与专门知识结构的要求；要着眼于 21 世纪高层次人才培养的要求和培养高质量研究生的需要，调整和更新有关课程的内容，注意改革教学方法。各个学科培养方案中的课程设置，应对各门课程的教学内容、适用对象及教学要求（包括课内外学习的质和量两个方面的要求，尤其是加大课外的阅读量、工作量和训练量等）做出明确的规定，使各门课程在加深和拓宽研究生基础理论和学科知识面及相关的能力培养等方面，既有所分工、有所侧重，又相互补充、相互协调（如硕士课程与博士课程、本学科与其他学科之间），从而真正形成研究生的课程体系或教学体系。研究生的课程设置和教学要求，还要注意与本科生课程之间的区分和衔接。

第二，课程设置对本学科的基本领域应有一定的覆盖，要着眼于一级学科（或学科群）的范围，建设适应面较宽的研究生课程体系。同时，也要重视设置一些与本学科相关的相邻学科和交叉学科的课程。

第三，研究生课程设置及课程体系的建设，关键是任课教师队伍的建设，应该本着改革的精神，瞄准一流目标，把课程建设与有关的师资培养与管理的改革结合起来，充分发挥学科的综合优势和学术群体的作用，克服导师包揽本人指导的研究生的所学课程等情况。

第四，研究生课程设置及教学应该加强对研究生文献阅读与检索能力的培养。培养方案应列出本学科研究生在学期间必读（也可以部分作为选读）的主要经典著作的书目、主要的专业学术期刊名称等，同时须对考核的具体办法做出规定。这既可以将学位课程指定的文献阅读纳入考试范围进行考核，也可以根据不同学科的特点，或通过讨论班，或读书报告的形式，或结合学位论文选题的开题论证报告，进行考核。

2. 课程类型

课程类型包括必修课程和选修课程两大类。

（1）必修课程。必修课程包含学位公共课、学位基础课以及学位专业课三大类。

（2）选修课程。选修课是供研究生进一步拓宽专业基础理论、扩大知识面及相应能力培养而设置的课程。其除了设置一定数量的专业选修课程外，还应要求研究生选修部分跨专业或跨学科的课程。

专业选修课任课教师应由本专业或相关专业主要研究该课程所涉及领域的教师担任，原则上应由教授或副教授任教。硕士生和硕博连读生应修不少于5门，其中跨专业跨学科课程不少于2门；博士生根据需要，应选修其中的部分课程，特别是跨专业或跨学科的课程（不少于2门）。

3. 研究生学分要求

复旦大学对硕士研究生和博士研究生实行学分制管理，并且对硕士生和博士生有最低的学分要求。

（1）硕士研究生的学分制。

硕士研究生的学分要求最低为35分，这35分既包含必修课，也包含选修课，而且对于必修课和选修课都有最低学分要求。

硕士研究生必修课包含学位公共课的10个学分，政治理论课至少必修2门，为4个学分，此外还包含不少于3门的学位基础课以及不少于2门的学位专业课等；而对于硕士研究生的选修课，亦有最低的量化要求，即不少于4门，不少于10学分；专业选修课，不少于2门，不少于6学分；还包含跨一级学科课程，不少于2学分等。此外，复旦大学对于学生的必修环节包含社会实践以及学术活动，如教学实践、医疗实践、做学术报告、听前沿讲座等。复旦大学通过这样的学分制，让学生在发展自己专业能力的同时，可以最大限度地培养自己的兴趣爱好，发展自己的学术兴趣；而把实践性的学术活动纳入学生的评价机制，更是培养了学生的实践能力，并让学生把学校所学的理论知识最大限度地应用于实践，理论与实践相互结合、相互促进。这一点也值得其他高校学习和借鉴。

（2）博士研究生的学分制。

复旦大学对博士研究生的培养亦实行学分制管理，而且对于博士研究生亦有最低学分制以及必修环节最低学分制要求，即博士研究生应该修满至少20个学分。其中，政治理论课为2学分；外语4学分，专业外语2学分，即对于外语的要求为至少6学分；学位基础课和学位专业课至少2门，共4学分；选修课最低2门，最低修满4学分。此外，博士生的必修环节包含实践、学术报告、文献综述与开题、资格考试、学术研讨班、听前沿讲座等多种形式。

（3）硕博连读生的学分制。

硕博连读生一般求学年限为5～6年，学分最低为42分，其中也包含必修课与选修课两部分。

必须课包含学位公共课10学分，政治理论课至少2门4个学分，第一外国语4学分，以及专业外国语2学分，不少于3门共9个学分的学位基础课，还包含不少于3门共9个学分的学位专业课。

选修课不少于4门，共10个学分，以及不少于3门共8个学分的专业选修课，以及跨一级学科课程不少于2个学分。

必修环节包含实践和学术活动，如教学实践、医疗实践、做学术报告以及听前沿讲座等众多形式的学术实践活动。

综上可知，复旦大学对硕士研究生以及博士研究生的培养大致可以归纳为以下几个特点。

第一，选修课与必修课并举。这样在保证学生扎实的学术训练的同时，亦能培养自己的学术偏好和学术兴趣，做到"专而广"以及"深而全"。

第二，极其重视学生的政治理论和思想道德品质的培养。硕士生、博士生以及硕博连读生都必须进行政治理论课的学习。

第三，理论与实践相结合。重视学生的理论修养，同时重视学生的实践能力的培养，并且把学术实践作为必修课的重要内容。这一点值得所有高校学习和借鉴。

三、公益学术讲座

复旦大学每一个学期开展众多高品质的公益讲座，基本每一个晚上也有，甚至周末也有，邀请国内某领域最优秀的学术大咖进行学术讲座，分享学术经验、学术心得。

此外，复旦大学邀请的众多公益演讲者不仅仅局限在学术上的知名人物，社会各界的优秀人物也是其邀请之列。比如复旦大学成立了专门的"烛心社"，并邀请"福寿园"总裁为学生开展"死亡教育""临终关怀"方面的讲座，让学生珍爱生命，甚至提供机会让学生作为志愿者参与到"临终关怀"的社会实践当中，既培养了学生的社会责任感，也增强了学生对生命的敬重感和敬畏感，比单纯的说教更能震撼人心。复旦大学经常邀请的社会名流、成功企业家、政界巨子等（如中国驻德大使、联合国副秘书长等）进入校园，让这些优秀的社会爱心人士与大学校园的学子能够亲密地交流，不仅开阔了学生的视野，让学生了解了社会众生之相，而且对于培养学生良好的道德品质，增强社会责任感均具有十分重要的作用。

四、学校的人文关怀

复旦大学对学生的人文关怀之体贴、之细致令人震撼、令人感动，我把其称之为"伟大的细致"。这一点值得每一所高校学习和借鉴。人文关怀大至就业指导、假期海外游学的介绍，小至生病买药的药店、就餐的餐馆推荐，真是一应俱全，十分细致。令人十分高兴的是，我2018年7月回到云南大学复职以后，发现云南大学对学生生活等方面的关心也做得十分细致和周全，与复旦大学可以说不相上下，令人十分感动。对于学生来讲，对他们的关爱和用心，他们一定能真切地感受到，将求学阶段美好而又温柔的岁月铭记于心。此外，复旦大学会经常举办一些音乐会、戏剧晚会、诗歌晚会、歌舞晚会，大多是本校学生自编、自导、自演的，也会邀请社会名流，如话剧《平凡的世界》的原班创作人员以及其他兄弟院校前来参与。这既培养了学生的文化审美以及高雅的艺术修养，又锻炼了学生的实际参与能力以及社交能力，真是一举多得。

结　语

综上可知，复旦大学对人才培养的理念是全方位的，不仅重视学生理论基础的培养，亦重视学生实践能力的培养；既注重学生的专业能力的培养，亦重视学生的通识能力的培养；既关注学生思想道德品质的培养，亦重视学生人文情怀的养成。作为办学者，不仅要有正确的办学理念，也应该有一种服务的精神，"一滴水，只有放进大海才永远不会干涸"。作为办学单位，应该清楚地认识到我们只是一滴水，学生与社会才是大海，为学生服务，为社会服务，应是一贯坚持的办学理念。实际上，服务学生与服务社会是完全一致的。如果我们把学生的利益当作我们自己的利益，把学生的发展当作我们自己的发展，把学生的前途当作我们自己的前途，秉持自由、服务和引导的理念，真心爱护学生、尊重学生、鼓励学生，我相信，我们的教育一定会越来越好。

参考文献

[1] 复旦大学本科生教育 [EB/OL]. https：//www. fudan. edu. cn/515/list. htm.
[2] 复旦大学关于制（修）订研究生培养方案的基本要求 [EB/OL]. http：//

www. gs. fudan. edu. cn/_ upload/article/9b/82/cbd24e454fabac3718e8f7b896ce/4af8c097 - fc6c - 4b6c - 96ab - a159d92db60e. pdf.

[3] http：//edu. people. com. cn/n/2015/1105/c1006 - 27780695. html，2015.

[4] 戴炜栋，张红玲. 外语交际中的文化迁移及其对外语教改的启示 [J]. 外语界，2000 (2).

[5] 关世杰. 跨文化交流学 [M]. 北京：北京大学出版社，1996.

高校教师进修的"毒"与解

——基于认知转化理论的视角

林 丽

引 言

2011年上半年,我有幸到复旦大学管理学院进修一个学期,其间有诸多的收获和感想,更有自进修归来至今9年间关于如何消化和践行进修所获知识的体会,以此作为本文写作的背景。认知转化理论作为专门研究将认知转化为行为的关键环节和要素的理论,将作为本文写作的主要理论支撑。

一、进修植入的"毒"——我的收获

到复旦大学的进修让我的身体植入了"毒"。这个"毒"是对教师这个职业更加深刻的理解,是对教师的职业发展路径更加深刻的认知,是对教师职业知识和技能的提升。复旦大学管理学院的老师们敬业奉献、努力追求卓越的精神,至今仍让我记忆犹新。老师们拥有深厚的教学和科研功底、专业的理论知识、精湛的教学技艺,具有拼搏向上、不断进取的敬业精神,这些是值得我学习的,甚至成为我工作中遇到困难、挫折时的一个精神指引,成为驱动我的职业发展的强大动力。复旦大学的课堂教学呈现出百花齐放的状态,每个老师都有自己的特点和特色,有的幽默诙谐,有的循循善诱,有的活泼,有的严肃严谨,但是这背后都能体现出他们广博的知识背景和理论研究,以及实践的功底。同时,学院也有很好的教师教学学习和交流的平台,比如"红墨水"计划,以及教师与学生交流的众多项目平台和活动,因而教师与教师、教师与学生之间具有良好的互动和学习氛围。

二、复旦大学与云南大学的对比——基于认知转化理论的视角

认知转化理论认为,培训成果的转化取决于受训者回忆和恢复所需技能的能力。实现转化最为关键的是为受训者提供有意义的学习背景材料,当实践中的情景与学习时的相似性越高时,培训成果越容易转化。[1]P219-247员工在接受培训后,可以通过制订实践计划,在工作环境中发现适当的线索,增加其回忆起培训内容,并将其作用于工作中的可能性。由此,需要对比复旦大学与云南大学的教学情景。

表1 复旦大学和云南大学教学情景的对比

	相似处	不同之处
教学环境	教学硬件、学生的学习氛围、对知识的渴求	学生对象略有差异
教师学习环境	自主学习 绩效考核	复旦大学教师之间交流机会多(教师工作室、"红墨水"计划、免费午餐、各种活动) 教师与学生交流机会多(自由使用的师生活动室、各种活动) 专业和专门的教学服务团队
授课所需知识和技能	专业知识和理论基础	复旦大学教师的实践知识方面的积累多

认知转化理论所提倡的"依葫芦画瓢"的学习转化模式对环境条件有更多的要求,而通过表1的对比可以看到,现实中不可能找到完全一样的实践条件,因而我们需要寻找一条既借鉴了他人又体现了自己特色的实践之路。这正是下文要说的重点。

三、解"毒"——我们该如何做

进修中植入我身体的"毒"要化解和融为适合我自己的"药",需要长期的努力和积累。进修让我拥有了作为高校教师的激情和梦想,而回到现实工作岗位上,如何实现进修成果落地更是重中之重。学习是适应的最高形式,可以提高个人在变化的环境中生存的可能性。[2]P337-360实践与培训情景中的不同甚至冲突是促进学习的动力所在,因而在学习改变了认知的情况下,应根据实践情景改变行为。本文提出了如下思考或建议。

(一)增强教师的职业自我效能感

自我效能感在学习转化中具有重要作用。根据认知转化理论,我们要尽量塑造一种

相似的环境,去激发教师的自我效能感。首先,为了促进教师对这些行为的模仿和学习,管理者可以提供各种有助于促进模仿和学习的条件,如增加更多的培训机会,开展更多的促进教师之间的沟通学习的活动,营造向榜样看齐和善于学习的文化氛围。其次,通过强化教师的自身成就性经验、替代性学习、语言说服以及心理和情绪唤醒来提高教师的自我效能感,增强作为边疆民族地区教师有能力去实施教学和科研行为、获得较高水平的职业成就的自信心。最后,内部通过强化教学学习、组织内信任和鼓励,外部通过周边的有效标杆的树立和宣传,增强教师的行为成就,并通过自我效应,增强教师的职业自我效能感。

(二) 增加教师的职业资本

教师职业资本包括心理资本、智力资本、知识资本、情感资本、社会资本。打破传统,主要靠教师的个人投资和努力来增加个人的职业资本。一是建立更高层次上的教师互帮互助团队,通过搭建一个教师职业培训平台,帮助教师提高教学和科研方面的能力与水平;二是多创造机会,让教师多参与社会调研、培训和各种比赛、学术会议,增加其对现实实践中知识的了解和掌握,从而转化为课堂上可以表达的知识;三是提高教师的服务能力和水平,通过引进专业和专门教师服务团队,解放教师的非必要性额外工作的付出,提高教师的有效工作投入时间。

(三) 提高教师的职业主动性

自我强化和自我管理是教师职业生涯成功当中非常重要的手段。如何做好自我强化和自我管理,需要强大的职业使命来做驱动,同时,也需要有力的外部助推力量。因此,主动性的驱动有内部和外部两个方面。内部是根据教师内心对该职业的使命、价值的追求,自发地驱动教师朝职业方向努力。这是在复旦大学的进修给我的最大的一个动力来源。学校可以通过类似的高质量培训进修,达到内部驱动的目的。外部是通过推力或者拉力,通过绩效考核、教学评比,加大教学效果和成果对于教师职业发展的影响力,从而提升教师的职业期待,促进教师的职业主动性行为。

(四) 营造良好的学习氛围

组织学习理论告诉我们,学习不应该只是个人层面的学习,而应该是团队和组织层面的,才会产生一加一大于二的效果。营造良好的学习氛围,不能是某位教师知识水平的提高,也不能是每位教师简单地进入学习状态,而应该是集体的学习和提高,是知识的采集、共享、解释和运用。在组织学习中,学习共享是信息传播的关键步骤。所以,学校应该重视知识传播这一阶段,不仅要给教师创造知识传播的途径,加强组织学习的能力,还要注重传播的方式,通过组织的实践工作和日常活动,发现更好的组织学习和方法,如工作坊、教学团队等,提高组织学习的效率。要想从根本上激发教师学习的兴趣和主动性,提高教师学习的能力,必须走出传统管理的刻板印象,更加关注学校文化、人文精神,关注教师的内心世界及组织学习的环境影响。

参考文献

[1] Travis J Wiltshire. Applications of Cognitive Transformation Theory [J]. Journal of Cognitive Engineering & Decision Making, 2014 (8).

[2] Schilling J, Kluge A. Barriers to Organizational Learning: An Integration of Theory and Research [J]. Social Science Electronic Publishing, 2009, 11 (3).

[3] A Bandura. Social learning theory [M]. NJ: Prentice Hall, 1997.

作为精英教育的比较文学与世界文学专业研究生培养

——《复旦大学比较文学与世界文学专业研究生精英化培养规划》研习心得

张 震

复旦大学的比较文学与世界文学学科，历来是国内相关领域的学术重镇。早在 20 世纪 80 年代初，复旦大学与北京大学等几所高校就在国内首倡比较文学学科建设，领风气之先。此后，贾植芳教授、陈思和教授、杨乃乔教授等文学研究领域的著名学者先后担任学科带头人开展研究。可以说，在他们及该学科全体教师、学者的努力下，复旦大学比较文学与世界文学学科在教学、科研和人才培养等方面取得了丰硕的成果。就人才培养而言，2010 年所颁布的《复旦大学比较文学与世界文学专业研究生精英化培养规划》（亦名《复旦大学比较文学与世界文学专业硕士与博士生精英化培养规划》，以下简称《规划》）尤为引人注目。《规划》明确将比较文学与世界文学专业的研究生教育定位为精英教育，并且制订了详细的培养方案，产生了很大的影响。笔者于 2017 年 8 月至 2018 年 7 月在复旦大学访学，其间除了跟随著名美学家朱立元先生从事美学研究之外，还对复旦大学中文系的比较文学与世界文学专业研究生培养情况进行调研，其中的一个主要环节就是对《规划》的研究与学习，现将研习心得做简要汇报。

一、为什么是精英教育

研习《规划》，首先要解决的一个问题，就是为什么将比较文学与世界文学专业研究生教育定位为精英教育。《规划》以及陈思和教授同时期发表的《比较文学与精英化教育》一文对此进行了深入的探讨与详细的解答。

概而言之，将比较文学与世界文学专业研究生教育定位为精英教育，其根本原因在于比较文学的学科性质本身。所谓比较文学，并不仅仅是文学比较，而是强调在一种跨语言、跨国别、跨文化、跨学科的广阔视野下的文学研究。比较文学的学科理想，是包容、跨越与综合。"因为'比较'的视野和方法已经设立了跨越语言、艺术、民族、国别、学科等无所不包的前提，而广义的'文学'也包括了传统人文学科以及政治、社会、法律、宗教、文化、心理等社会科学，这决定了比较文学有条件包容一切人文学科，掌握各种语言和学科知识。"[1]P5 事实上，也正是在此意义上，"世界文学"作为汉语言及中国文化语境下的外国文学或翻译文学研究，从属于比较文学研究。

既然比较文学具有百科全书式的学科性质，将其研究生教育定位为精英教育，也就不难理解了。可以说，比较文学的研究者应该成为学术精英，是其学科本身的内在要求："首先，研究者需要有一门以上的外语能力；其次，他必须顾及跨越民族、学科、语言界限的研究工作所要求的中外文学史知识；其三，研究文学离不开相关的学科知识，尤其是跨学科的比较文学研究，所以他还应该掌握文学以外的，诸如文化、艺术、政治、社会、宗教、心理等方面的知识。"[1]P2 一位合格的比较文学研究者，在语言能力、知识结构、学术素养等方面，都必须是跨语言、跨学科、跨文化的，要"尽量做到接近学贯古今与学贯中外"[2]P15。成为学贯古今与学贯中外的文化学术精英，就是比较文学学科所蕴含的教育理想。

进而言之，从比较文学研究者的学术成长规律来看，同样具有精英化的性质。也就是说，比较文学的研究者因为学科思维的跨越性、学科对象的广阔性，其所需要的成长时间比单纯的国别文学或单一学科的研究者要长得多。比较文学"在短暂的学习时间内是不能展现自己的优势的，它只能作为一种理想的学习精神渗透到其他各个学科中去，综合地吸收各学科的长处和特点。只有经过长期的学习以后，才能够逐步显示比较视野的优势，终为学术领域的伟大学者和专家"[1]P4。而这种超长时段的学习和培养，无疑是与社会化、职业化教育的"短、平、快"的要求相背离的。就此而言，比较文学教育可以说典型地体现了精英教育的超功利、超实用的特性，其教育理想天然属于精英教育。

二、如何进行培养

《规划》并不仅仅是一种教育理念的阐述，更是一份教育实践的纲领。因此，《规划》的主体内容是对比较文学与世界文学专业研究生的培养方法、要求、措施等进行系统说明。大体而言，其培养措施主要包括以下几个方面。

一是研究方向的科学设置。与研究生的精英化培养的理念相适应，复旦大学比较文学与世界文学专业在研究方向的设置与分布上具有全面整齐的科学性品格，体现出明显的跨语言、跨文化、跨国别、跨学科的学科特色。具体而言，包括八个方向，即中外文学关系研究，比较诗学研究，英语文学、理论与中英文化关系研究，法国文学与中法文化关系研究，德语学术与印度（佛教）古典语言文化研究，东亚汉文学史及东亚汉学研究，跨艺术与文化研究，翻译研究。每个方向都可以招收硕士研究生与博士研究生。

二是语言学习的具体要求。跨语言是跨文化、跨国别的基础。复旦大学比较文学与世界文学专业的八个研究方向，主要涉及汉语、英语、法语、德语、古希腊语、拉丁语、希伯来语、梵文、日语、韩语等十多种语言。《规划》要求，所有研究生除了在第一外语方面能够熟练地听、说、读、写之外，还必须选修第二外语，同时还鼓励学有余力的同学选修三外语或一门以上的辅助性古典语言。不同的研究方向，对第一、二、三外语以及辅助性古典语言的要求，各有其具体的规定。

三是丰富的课程设置与多元的选课要求。复旦大学比较文学与世界文学专业的课程设置具有丰富性和开放性。以硕士研究生的专业课为例，除了2门所有学生都必修的学科基础课之外，培养计划中开出了31门学位专业课与52门专业选修课，涉及学科领域的方方面面。研究生同学需要在这些丰富的课程中，根据自己的研究方向与课题至少选修6门学位专业课与3门专业选修课，此外还必须选修1门全校跨一级学科选修课与2门中文系跨专业选修课。就教师而言，"鼓励导师每学期多为硕士生开设不同门类的专业课和选修课，即使学生选修人数为1人，也按正常上课工作量计算"[2]P18。这些设置与要求，与比较文学作为"在知识结构与研究视域上主张汇通的开放学科"[2]P13的基本性质是相适应的。

四是强化团队精神与淡化导师制度。力求通过强化团队精神，"有效地推动学术在本专业内部的交流与互动，也可以推动学术在本专业与相关专业之间的交流与互动"[2]P22。同时也主张在学术培养的整体背景下淡化导师制度，也就是让比较文学与世界文学专业的每位教师成为所有研究生同学的导师，每位研究生同学成为所有教师的学生，由此"可以使所有的研究生与所有的导师之间获取最大的学术资源空间，也便于使比较文学专业的博士生与博士后培养逐渐向导师组培养制过渡，最终进一步打造比较文学专业的学术团队精神"[2]P23。

五是积极推动本、硕、博连读与出国留学。复旦大学比较文学与世界文学专业可以从该校中文、外语、历史、哲学等院系以及国内其他重点高校相关专业招收直研本科生，鼓励有志于直研的同学在本科阶段辅修外语第二专业或中文第二专业，选修第二、第三外语或指定的中国语言文学基础课程等。在硕士研究生阶段，进一步鼓励硕博连读，鼓励博士生把获取学位的时间延长为4年或5年，力求写出高质量的博士学位论文。我们可以看到，这种本、硕、博连读的方式，实际上建立起一个 10 年以上的比较文学专业连续培养的长效机制。此外，复旦大学也鼓励硕士生到北美、欧洲及日本等地的世界一流大学申请攻读比较文学或东亚系相关专业的博士学位，为未来的学术发展储备人才。

三、《规划》的启示

关于《规划》，首先应该看到，其制定、颁布、实施，是与复旦大学比较文学与世界文学专业以及相关人文学科深厚的学术积淀、卓越的科研实力、强大的师资队伍等关联在一起的。就此而言，《规划》中的一些具体措施、方法，具有一定程度的不可复制性。比如，在一份硕士研究生培养方案中开出 85 门专业课程，在全国范围内恐怕只有极个别高校才能做到。尽管如此，《规划》所体现出的教育理念、培养思路以及部分措施都具有极大的启示性。以下略谈一二，就教于各位方家。

一是人文学科的研究生教育应该坚守精英化的教育理想。尽管《规划》只涉及比较文学与世界文学学科的精英教育属性，但在事实上，大多数有着悠久学术传统的人文学科，都有着或多或少的精英化特质。比如，陈思和教授所论及的比较文学的人才培养的理想："首先要求学生具有多种外语能力；其次要求掌握多种学科知识，努力接近学贯中西；其三是需要用人文理想指导我们的道德修养，努力追求完善人格；最后，如果能够达到这样的境界，那必然付出极大努力，也就是要求学者不随波逐流，甘于寂寞，在学习中寻求快乐的人生境界。"[1]P7 前两者是全球化时代的人文素养的必然追求，后两者是相关的人格理想与人生境界。这实际上也是大多数人文学科的教育理想。当然，在当前社会氛围中，坚持精英化的理想殊为不易。不过，诚如陈思和教授所言："如果一般的高等院校不得不朝着社会化职业化教育倾斜，那么像复旦大学这样的综合性大学就应该坚守理想的精英化教育；如果所有的大学都不得不朝社会化职业化教育倾斜，那么这些大学的人文学科应该坚守理想的精英化教育；如果所有学科都不得不朝社会化职业化教育倾斜，那么，至少，比较文学这样的少数学科，应该独自坚守精英化的理想。"[1]P8

二是研究生培养方案应当具有国际化的视野与前瞻性的品格。由教育部、发改委、财政部联合发布的《关于加快新时代研究生教育改革发展的意见》指出："研究生教育肩负着高层次人才培养和创新创造的重要使命，是国家发展、社会进步的重要基石，是应对全球人才竞争的基础布局。"这里将研究生教育明确定位于"高层次人才培养"与"应对全球人才竞争的基础布局"，无疑已将研究生培养的国际化视野与前瞻性品格包含其中。就此而言，《规划》具有典范的意义。一方面，比较文学本身就是"一门国际性的前沿学科"[2]P14，因而必须引入国际性的视域、目标、标准与方法，培养具有国际性知识结构和语言、科研能力的学术精英。可以说，《规划》中的许多措施，如国际化的学科方向的设置、语言能力的要求、课程的多元化与前沿性等等，都是此国际化视野的表现。另一方面，《规划》也反复强调，比较文学专业的研究生培养，是一个漫长的、持续性的过程，不能急功近利，"风物长宜放眼量"。如前所述，对本、硕、博连读的推动，实际上就是力图建立一个不少于10年的长效培养机制，致力于培养一流的比较文学青年学者。因为，"比较文学的学习成效与学习时间长短成正比，学习时间越长，研究视野的开阔和研究能力的增长可能是几何级的递增"[1]P3。对出国留学的鼓励，也绝不是"为他人作嫁衣裳"，而是为未来的学术发展储备一流的专业人才。《规划》在根本上是"一份对未来负责的教育计划"[1]P8。

三是人才培养方案的制订还必须有具体性与可操作性。可以发现，《规划》对研究生乃至直研本科生所应具备的知识基础、能力素养等以及相关的语言学习、课程选择等等，都有落实到研究方向的详细而具体的规定，具备明确而规范的可操作性。以选修课为例，除了要求根据研究方向选修相关专业课程外，《规划》对不同研究方向的同学如何选择跨一级学科选修课与中文系跨专业选修课都有极为具体的要求。比如，要求从事"德国语言文化与南亚文化"的硕士研究生，原则上必须选修一门由历史系开设的相关的西方古典语言课程，如古希腊语、拉丁语等，同时必须选修中文系开设的文献学课程、音韵学课程各一门；要求从事"跨艺术与文化研究"的硕士研究生，原则上必须选修一门由新闻学院开设的关于传播学研究方法的课程，同时必须在中文系开设的课程中选择一门中国古代文学批评史的课程和一门西方文论的课程；等等。如此，也就避免了学生在面对丰富的选修课程时的无所适从或投机心理，具有极为精到与切实的指导性。

综上所述，尽管《规划》以及陈思和教授所撰写的相关解说文章，都问世于近10年前，但在今天重读仍未失去其前沿性与引领的力量。事实上，我们从复旦大学研究生院于2018年发布的《复旦大学人文社科类研究生培养方案》中可以看到，比较文学与世界文学专业研究生的培养，仍然以《规划》作为其基本的依据之一。可以说，复旦大学比较文学与世界文学专业近年来在人才培养及其相关的教学、科研上取得的优异成绩，与《规划》在一定程度上是息息相关的。因而，研读与学习《规划》，对推进云南大学的比较文学与世界文学专业的研究生培养及学科建设，无疑是具有相当的意义和价值的。

参考文献

[1] 陈思和. 比较文学与精英化教育 [J]. 中国比较文学, 2010 (1).

[2] 杨乃乔, 陈思和. 复旦大学比较文学与世界文学专业硕士与博士生精英化培养规划 [J]. 中国比较文学, 2010 (1).

复旦大学精神的光辉

廖雷朝

十年之前,我有幸参加了云南大学"质量工程"2010年对口支援工作受援高校教师进修项目,到复旦大学进修了一个学期。短短数月的学习生活,我获益良多。在复旦大学进修的时间,勤奋、包容、责任感是我感受最深的复旦大学精神。

美国篮球巨星科比有一句名言:"你见过凌晨4点钟的洛杉矶吗?"科比勤奋练球,无一日懈怠,方成巨星。虽不知复旦大学有多少师生凌晨4点30分就已起来,但清晨6点30分,复旦大学校园里除了晨练的人,很多师生已经开始工作学习。我的导师,复旦大学外文学院的蔡基刚教授就是其中一位。蔡老师每天清晨约5点30分起床。他一般骑自行车到校,大约6点10分来到其位于外文学院三楼的办公室。到食堂简单吃个早餐后,他便开始了一天的工作。蔡老师告诉学生们8点上课之前都可以到办公室找他交流。他在指导我做课题研究期间,早晨我收到的第一条短信常常是他询问或指导我研究进展的。回想在那之前,云南的清晨天亮得要晚些。大家一般约6点30分起床,8点方才开始学习和工作。我更是个非闹钟叫不醒的懒虫。在复旦大学进修期间,我竟然也成了"早起的鸟儿",学会了利用清晨时光在客厅小桌上铺开学习资料,学习四十分钟到一个小时后再去上课。蔡老师和其他多位教授的勤奋工作远不止于清晨时光。从早上6点30分到下午6点,除了上课和讲座时间,他们基本都在各自的办公室勤奋地学习工作。中午简单地到食堂就餐后,他们会用半小时左右的时间午睡或锻炼,其他白天的光阴几乎都奉献给了科研。也难怪复旦大学的教授们科研成果不断,一直引领各学科的潮头。为何优秀?勤勉不可或缺。

"自由而无用的灵魂",复旦大学精神里有包容和开放。复旦大学的讲座包罗万象,精彩纷呈,对我们进修老师而言是一道道免费的文化大餐。食堂门口,教学楼过道上,几乎每天都有各科目的讲座海报,大家都会掏出小本子记下,争取去听每一场自己感兴趣的讲座。至今还记得,我当年在复旦大学听过李银河女士的一场关于中国当代性法律批判的讲座，让我对同性恋群体的状况有了更多了解，也能更理性客观地看待不同性取向。在平时的课程学习方面，无论你是本科生、硕士研究生、博士研究生还是如我这般的进修教师，只要你虚心请教，教授们总会耐心为你答疑解惑。我在蔡老师的办公室见过各种层次的学生，老师都一视同仁，悉心指导。我选修了他为本科生开设的语言学概论和阅读课程，也获准旁听了他对自己研究生的每一次指导。此外，复旦大学的其他语言学教授对我们也十分友好。曲卫国教授、熊学亮教授为硕士研究生开设的语言学课程，我都有幸去旁听过。这为我之后报考语言学博士时研究方向的确立起到了指路作用。教授们对于我们进修教师的加入无丝毫不悦，只要课前向他们表达想要听课学习的愿望，全都说没问题，这让我们极为感动。在教授们宽容态度的关照下，同学们对我们也很友好，一起看课本、借阅笔记，都不是问题。这为我之后的教学态度做出了表率，我的课堂也对所有愿意来听课的学生和老师开放。

"日月光华，旦复旦兮。"杨玉良校长在 2010 年 7 月的毕业生典礼致辞时说："一所优秀的大学必然具备强烈的责任感。"他提出了期望："让每一个复旦大学人怀有理想之心，拥有广阔的视野、批判的思维和独特的个性，养成宽容、尊重、公正和坦诚的心态。"杨校长的致辞引人深思。我想无论是复旦大学还是云南大学，每一所大学的建立都是为了一个民族的发展和更好的未来，自然不可急功近利，鼠目寸光，应想得长远，担起责任。无论是复旦大学人还是云南大学人，每一个高校人都应在学识、涵养、眼界等方面不断精进，并胸怀天下，时时自省：自己是否虚掷了光阴？是否对得起学生，对得起国家的培养？

不忘初心，求学复旦

胡旭芳

在学校"复旦大学对口支援云南大学项目"的支持下，在学院领导的鼓励和帮助下，2018年9月，我顺利走入复旦大学江湾校区，成为复旦大学化学系分析化学专业的一名博士研究生。当时的兴奋与激动，仿佛就发生在昨天一样，但却已是两年之前的事了。两年间，匆匆碌碌，我似乎总是被一件件事情赶着走，有艰辛和遗憾，更多的却是收获与感恩。

一、复旦缘起

选择到复旦大学读博，首先是由于我对自我工作能力提升的需求。2017年，工作快满五年的我，已经不再是一名手忙脚乱的新人。认真审视自己的工作，作为一名教育工作者，我希望能像身边诸多优秀的老师一样，把工作完成得更为出色，同时拥有更大的能量对学生起到更多积极的影响，并且能为学院的发展和学科的建设贡献力量。然而，在实际工作中，我深感自己能力有限，急需提高相应的业务水平——有的工作想去尝试，但是却缺乏知识储备和实际技能。此时，读博的种子在我的心头萌发了。

选择复旦大学读博，其实是由于学校"双一流"建设的推进。学校入选首批世界一流大学建设高校以来，高层次人才引入成倍增长，科学研究取得一批重大成果。在为学校建设的显著成绩而感到开心，为自己所处的集体越来越杰出而感到荣耀的同时，我也为自己的科学研究能力不足而感到惭愧，为自己处在学校整个人才结构的底端而倍感压力。因此，为了更好地融入学校"双一流"建设的潮流，为其助力，通过读博来提升自己的科研能力成了我的必然选择。

基于以上两点原因，我把读博的想法和学院领导老师进行了交流，获得了大家一致的肯定和鼓励。老师帮助我认真分析我的状况，鉴于我的文章发表情况并没有足够的竞争力申请到更好的学校，建议我通过"复旦大学对口支援云南大学项目"攻读复旦大学的博士研究生。这是我踮起脚尖也不能企及的学府，学校的"对口支援计划"却给了我这张宝贵的入场券。感恩我是云南大学人，一名幸运的云南大学人。

二、学在复旦

小心地揣着这张入场券，我如愿来到了复旦大学，进入了现在的课题组。这里良好的科研平台是预料之中的，最让我震撼的是这里浓厚的学习氛围。每一位同学，不论硕士或者博士，基本都是每周工作七天，每天工作从起床后到睡觉前，这并非导师要求，而是大家的自觉安排。如果偶有因实验半夜2点多从实验室回宿舍，路上从来不会孤单，因为每隔个十来米、二十来米，就会有一个身影。而宿舍门口的小摊贩也都在等着晚归的同学，一个煎饼果子，或者一份炒河粉，足以在深夜的疲惫后给人满满的幸福感。在这里，恋爱的时间也只能是学习生活的小部分。记得组里一位硕士师兄，每天到点就去食堂吃饭，组里其他同学问他："食堂的饭那么难吃，你咋还顿顿都去吃呢？"他说："因为每天就只有吃饭的时间可以和女朋友待在一起呀！"这位师兄的情况代表了复旦大学研究生的普遍恋爱现状。在复旦大学，学习和科研是绝对的主旋律。一开始我很吃惊为什么一个个二十出头的小年轻居然有如此这般的学习定力。时间久了，我的认知被重新洗礼：这就是年轻人应该有的样子，并且每个人都该如此，生命不息，学习不止。

另一个重要的感受是，复旦大学倡导青年人的社会责任和担当。不论是在每一次大小会议、典礼中，或者是公众号的推文里，复旦大学始终在强调作为复旦大学学子需要有时代使命感，有义务做一些推动社会乃至人类发展的事情。这种倡导，并非矫揉造作的空头口号，而是一种实实在在的可以注入血液中的力量。我的导师也经常教导我们不能唯文章，得要做一些能够解决实际科学问题的、有意义的研究，这样才对得起自己作为一名复旦大学研究生的身份。似乎进入复旦大学，所有人都在提醒我们：吾辈作为新时代的中国青年，要有家国情怀，也要有人类关怀，积极担负时代使命，同时更要努力掌握科学文化知识，提升专业技能，增强自己担负时代使命的本领。我想这也是复旦大学这样一所高校的情怀。正是这样的情怀，打开了学子们的格局。我们不能眼里只有自己，还得有国家，有社会，乃至整个人类和自然。在这样的环境下，更增强了我的责任感，坚定了我的行为原则：一定要尽自己最大的能力做一些有益于集体和所处环境发展的事情。

在复旦大学，我很幸运地遇到了我的导师。我的导师有着深厚的学术功底和敏锐的学术洞察力，更难能可贵的是导师的责任心非常强，并且经常站在学生的角度上替学生考虑问题。老师对我的学习和科研给予了莫大的帮助，知道我今后还要回到云南大学工作，就为我的科研能力锻炼提供尽可能多的机会和帮助。他告诉我文献应该怎样来看，怎样在现有的条件上建立自己的研究方向，如何更好地充分利用碎片时间兼顾科研和家庭等。这些都是我终生受用的宝贵财富。组里的师兄师姐也大多出类拔萃，身怀绝技。在师兄师姐身上，我学到的最大一点就是自己钻研和解决问题的态度。很难的技术问题，自己查文献，网上淘配件，组装，写代码，运行调试。为了提高实验效率，自己设计实验耗材，用3D打印出来。晦涩难懂的生物信息学方法，自己查文献、看视频，一点点摸索搞通。所有的困难在他们面前似乎都不是困难，只因他们有潜心钻研的态度。也因这种钻研，一个个专才变成了一个个通才，这也正是当代的人才需求趋势吧。

三、情定云大

像每一位游子对故乡的依恋一样，外面千般好，踏上故乡土地的那一瞬，心中才有踏实和归属的感觉。复旦大学的种种魅力让我在所有人面前都禁不住溢露出对它的满心喜爱，但是，每每看到云南大学的各个工作群里消息闪烁才是最让我感到温暖和安心的。我偶尔打开云南大学的主页，看到页面的画风转变的时候，心中为这种转变而发自内心地高兴。同时，内心也闪过一丝小失落，这是我最最亲爱的学校呀，曾几何时，我对它的了解也需要通过这种面向公众的网络平台了。我希望能够早日回归云南大学，通过朝夕陪伴与云南大学建立更紧密的联结，并期待以更好的自己为学校的建设添砖加瓦。

感谢初心，愿此行有善终。

接受惊涛拍岸般的洗礼

——复旦大学"高校'思政课程'与'课程思政'协同育人专题培训班"学习心得

刘江敏

引 言

2020年5月28日,教育部印发《高等学校课程思政建设指导纲要》,全面推进课程思政建设。彼时,我正专心致志、全力以赴地完成"英语读写""英语听说"和"通用学术英语"等课程繁重的网络授课任务,不太在意也无暇顾及课程思政的相关内容,而且潜意识中总觉得这与自己的专业教学没什么关系,而应该是马克思主义学院思政课老师们的事。直到在春季学期网络课程接近尾声的一天,在学院教务群里,我看到了一则报名参加复旦大学举办的"高校'思政课程'与'课程思政'协同育人专题培训班(第六期)"的消息后,带着好奇以及宅家那么长时间想到上海去一趟的不太单纯的动机报了名,也有幸得到了学院的鼎力支持,于7月25—31日去上海参加了为期七天的培训。紧张忙碌而又充实的培训,我接受的是"惊涛拍岸"般关于课程思政理念的洗礼,明白了课程思政的整个建设体系,从根本上转变了观念,使自己的教学理念发生了翻天覆地的变化,更加明确了自己未来的教学和科研方向。此次培训的收获尽管难以表达全面,但我必须尽力表达,希望更多的老师能像我一样有幸接受洗礼。

一、课程思政的建设体系

"课程思政"这一概念的提出者高德毅教授在他名为"课程思政的顶层设计及未来思考——《高等学校课程思政建设指导纲要》解读"的讲座中,如数家珍般地为我们讲解了前沿阵地上海根据党和国家的政策导向所进行的课程思政的实践,详细解读了《高等学校课程思政建设指导纲要》对推进高校课程思政建设的整体设计的指导意义,使我们明白了德育创新的总体思路。一是学校教育应是360度德育大熔炉:"大中小学校德育教学体系和内容的纵向衔接,课堂教学、第二课堂和网络空间的横向贯通,学校、家庭和社会(社区)三位一体的育人架构,形成360度全方位的、熔炉式的时空教育体系。"二是建立以社会主义核心价值观、中华优秀文化传统和人类社会进步文明结晶为内容来源的顶层德育内容体系,涵盖政治认同、国家意识、文化自信和公民人格等方面的内容。三是育人要着力回归课堂教学的主渠道,明确课堂是学校教育培养人的最重要、最有效的阵地,教师在课堂教学活动中是学校教育培养人的最关键载体,知识传授、能力培养和价值引领的教育三要素缺一不可。所有高校、所有教师、所有课程都承担好育人责任,守好一段渠、种好责任田,使各类课程与思政课程同向同行,将显性教育和隐性教育相统一,形成协同效应,构建全员全程全方位育人大格局。培养什么人、怎样培养人、为谁培养人是教育的根本问题,立德树人成效是检验高校一切工作的根本标准。

二、课程思政内容的选择和融入路径

张黎声教授的讲座,详细解读了专业课程思政的内涵包括家国情怀、个人品格、专业伦理、科学精神,以及在教学过程中,一切有利于学生进步、成长的,能够促进学生德智体美劳发展的因素。他具体讲解了专业课程思政内容的选择和融入路径:一是从"知识点"中发掘思政元素;二是发掘教学内容中所蕴含的哲学思想与其他元素;三是教学内容涉及与课程关联的学科发展史、大师科研和成就、成长之路;四是社会热点和国家战略;五是"反面教材"和"流言"的利用;六是失败的教训,警示性的问题;七是外语教学材料的解读和选择;八是实验课程(实践课)中蕴含的思政元素;等等。这些形成了专业课程的价值维度,与专业理论和知识融为一体,潜移默化,润物无声。

三、课程思政实践的形象指导

对于专业课程的思政教育不能只是"打补丁、贴标签",要做到润物无声,上海应用技术大学校长陆靖关于课程思政的"盐论"给了我们形象的启发和引领。具体内容如下:"课程思政"改革,是一次"将盐溶在汤里"的尝试。内涵丰富的专业课程如同一碗优质的底汤,而思政教育所要传递的正确价值观则如同盐。就像盐不仅有益于人体健康,也能让汤更有味道一样,将育人元素融入专业课教学,一方面是为了让学生更积极地摄入盐,另一方面也能"烧出更适口的营养汤"。另外,复旦大学的徐珂教授介绍的复旦大学课程思政入门口诀"四用四不用"也很具体、实用。四用,即用当代中国成就鼓舞学生自信、用伟大复兴需要激励学生担当、用复旦大学名师事迹感动学生心灵、用高深学问探索增强学生本领；四不用，即不用个人负面情绪影响学生感知、不用似是而非观点误导学生思想、不用夸大历史曲折损害学生信念、不用低效教学手段拖慢学生进步。

结　语

总之，复旦大学的培训真是让我醍醐灌顶，干货多多，收获满满，为我今后专业课教学质量的提升提供了"燃料"，指明了方向。在今后的专业课教学中，我除了进行专业知识的传授和能力的培养外，还要注重为马克思主义学院"培养土壤、营造生态"；明白自己也是德育工作者的一份子，做到课课有德育，做好学生的心灵按摩师，为树魂立德的神圣而伟大的工程贡献一分力量。

第二部分　学生心得

参加云南大学与复旦大学联合培养项目心得

何　铖

一、对云南大学—复旦大学联合培养项目的了解

在高考结束后，填报志愿时，我已经了解到云南大学—复旦大学联合培养这个项目。它最吸引我的地方在于，若能符合联合培养方案上的要求，可以在云南大学毕业证书和学士学位证书上加盖复旦大学印章。同时，我也希望能够在云南大学学习的基础上，于复旦大学获得更好的教育资源。于是，我决心报考云南大学以及云南大学—复旦大学联合培养项目。

在进入云南大学之后，我与一些老师和同学有了比较多的接触，深入了解了此联合培养项目。具体专业需具体分析，譬如我们数学与应用数学专业，复旦大学的数学学科在全国的整体水平评估中名列前茅，课程难度相对于云南大学来说要更大，若能赴复旦大学学习，我们不可避免地会在学习上遇到诸多问题，学业压力与精神压力较大。同样地，若在云南大学学习四年，课程压力相对轻松一些，且在我个人和一些学长学姐看来，若学生综合素质较强，在云南大学获得推免资格的可能性相对于参加联合培养项目要大一些。

对于联合培养的其他专业来说，例如物理专业，其在复旦大学的课程难度也相对较大，在复旦大学两个学年的平均绩点与在云南大学第一学年的平均绩点相比往往容易产生"断崖式"下滑的情况。其他非理工类专业例如新闻学等，取得高绩点往往比我们容易得多。

但是，我认为这些情况的存在是正常的，是可以接受的，专业与专业之间必然存在差异，各类学科的评判标准也不同，所以我的心态并没有受太大的影响。我唯一比较在乎的一点是，之后的专业综合排名和大学四年的平均绩点可能会降低，这可能一定程度

上影响到推免夏令营、考研和找工作。

最后谈一谈我对云南大学—复旦大学联合培养的愿景。我希望在与联合培养本专业单列综合测评和平均绩点的基础上，增加绩点在综合测评中的比重，同时增加一些推免名额，这有利于鼓励大家参加到此培养项目中，激发同学们在复旦大学的学习积极性。

二、在云南大学的学习准备

在云南大学的学习，我认为只要按部就班，扎扎实实地跟着老师的进度走，学习上并不会出现太大的问题。当然，若想更进一步地提高自己，多看一看其他教材是很有必要的。数学分析课程除学校教材以外，我是结合陈纪修的教材一起学习的。事实上，这也是复旦大学数学系课程的一本教材。其他学长学姐也推荐我做一些吉米多维奇的《数学分析习题集题解》上面的题。

我在云南大学第一学年的平均绩点是 3.76，专业第一，学院第二。但遗憾的是，我的综合测评成绩未能达到校级三等奖学金的要求。故此，我希望在复旦大学能有一个新的开始。

三、在复旦大学的学习与成长

来到复旦大学，大二上学期的课程着实给我上了一课。虽然复旦大学的数学分析课程用的是陈纪修的《数学分析》，但是老师的授课内容大部分来自卓里奇的《数学分析》，这与我在云南大学的学习相比跨度很大，短时间内很难接受。根据其他联合培养的同学反映，不同老师授课的内容往往也不一样，不同老师的期末考试试卷也很有可能是不同的，大家在学习上不一定能顺利交流。除"数学分析"课程外，复旦大学的"抽象代数"课程，我学习起来也很吃力。其教材证明往往写得十分简略，我不得不找其他教材辅助理解。与此同时，既要理解其他教材，又要结合老师的上课内容，这又不同于其他教材的体系，我学习起来是相当困难的。

到了大二下学期，"实变函数""复变函数""拓扑学"与"数学模型"成了我们的专业课。老师布置的习题往往没有答案，布置一次作业往往想几天仍然无果。"实变函数"与"拓扑学"是让人感到非常困难的两门课程。数学模型有不同领域和方向的老师来授课，"神经网络""数据降维""数据的插值和拟合"等课程令我记忆犹新。布置的作业有一些也要求编程，编程基础薄弱的我在做作业时需要消耗很多精力。学了"应数学模型"课程这门课，还可参加"华东杯"数学建模比赛，我与复旦大学的室友一起参赛，也称得上是一次不可多得的经历。

因为疫情，我们大二下学期的专业课期末考试调到了9月。整个暑假的时间，我将"实变函数""复变函数"与"拓扑学"三门课程消化，每门课复习了六遍。所幸期末考试的最终成绩没有像大二上学期那样糟糕，大二下学期我获得了复旦大学"优秀团员"的荣誉。

我大二上学期的平均绩点是2.55，下学期的绩点是3.39。虽然总体上来说大学第二学年并不令我满意，但却是我的一次很大的进步。

复旦大学的生活很不错，有和睦的室友、舒服的教室、美味的食物，所处的环境与复旦大学的本科生一般无二。辅导员也十分关心我们的学习和生活。我印象深刻的一件事是，上学期初，我误将复变函数的作业错发到另一位助教的邮箱，本该收作业的助教告知辅导员后，辅导员以为我作业未交，非常关心我的学习情况，与我交谈许久，由此我深受感动。

四、学习感悟

我发现，老师可以在你学习课程的时候使你事半功倍，但是只靠老师上课所教授的内容是完全不够的，且我们未必能将老师的内容理解透彻。因此，课后，我们还必须铆足了劲去钻研，虽然过程十分曲折，但是对于像我这样领悟能力不够强的学生来说，不失为一种好的方法。

我们的基础与复旦大学的同学有一定差距，但是只要努力学习，差距是可以缩小的。我在复旦大学的专业课上拿到过非常低的绩点，也拿过满绩点，正印证了这一点。糟糕的不是因为受打击而陷入低谷，而是陷入低谷后一蹶不振。

五、致 谢

感谢云南大学杨汉春、曹春华老师在学业上给我的帮助，老师渊博的知识、耐心的指导对我的学业生涯产生了深远的影响。感谢支元洪老师一直以来对我们联合培养学生的关心，给予我们生活和精神上无微不至的关怀。感谢云南大学韩科迪学长和程思艺学姐对我诸多问题的耐心解答和帮助。感谢复旦大学李洪全、王庆雪、张国华、徐胜芝、王珺、马继明老师对我专业课的指导。感谢复旦大学胡诗晔辅导员对我在学习和生活上的关心。感谢复旦大学张天赐、王啸、顾文颢、赵誉煜同学对我在学习和生活上的关心。

不忘初心，砥砺前行

——记我的本科学习

梁 露

云南大学具有悠久的历史和文化底蕴，是首批42所"双一流"大学之一，学校环境优美，教学设施完备，学风浓厚。复旦大学是一所世界知名、国内顶尖的综合性研究型大学，学校师资力量雄厚，科研实力出众，其中数学与应用数学专业在教育部第四轮学科评估中获评A$^+$，是复旦大学的"四大王牌专业"之一。两所"双一流"高校强强联合，优势互补，为培养数学学科复合型人才搭建了桥梁，为培养优秀拔尖基础学科人才提供了平台。

我大一在云南大学数学与应用数学专业学习，取得了第一名的好成绩，参加云南大学—复旦大学联合培养项目的选拔，顺利入选。大二、大三就读于复旦大学，复旦大学拥有雄厚的师资力量，许多院士、知名导师为本科生授课。到了复旦大学，我的学习和生活压力都特别大，不仅要跟上老师现有的授课节奏，还要补齐大一落下的课程。同时，我是幸运的，复旦大学的老师不仅没有歧视我这个联合培养学生，而且每次我向导师请教不懂的知识点时，导师都特别耐心，给予鼓励。老师的态度给了我信心，使我迅速地将压力转变为学习的动力。经过一个学期的勤学苦练，我逐渐跟上了班级同学的步伐，也深深知道，机不可失，时不再来，错过就是一辈子的遗憾。我抓住在复旦大学学习的每分每秒，在学好功课的同时，还参加了很多竞赛。我英语基础较好，四、六级成绩分别为615分、617分，获得2019年全国大学生英语竞赛二等奖，取得上海高级口译证书、BEC高级证书、PETS5合格证书；利用学习之余，不忘特长训练，小提琴达到十级水平，还多次在学校举办的活动中表演了小提琴独奏，受到老师和同学们的好评。付出终有回报，2018年暑期，我参加了复旦大学夏令营，经过层层考核和选拔，幸运地被推免到复旦大学继续攻读研究生。

正在攻读研究生的我，入选复旦大学研究生骨干培训班，经过数月的学习、工作，完成了所有培训课程。我参与了复旦大学新生团支部书记培训，认真学习理论知识，积极参加实践活动，经综合考评合格，予以结业。目前我担任团支部书记，在复旦大学五四评优中，获得"优秀团干部"荣誉称号。

感恩云南大学，感恩复旦大学，是联合培养为我提供了良好的学习机会，未来我会继续努力，为校争光！

两年以后的再回首

李子涵

时间过得飞快，现在我还能记起 2018 年 4 月 27 日得知自己可以去复旦大学学习的那个下午，当时我正在上形势与政策课。最初，我对是否去联培动摇过，但最终还是被复旦大学所吸引。现在以过来人的角度看，我感谢各位老师的辛勤付出以及同学们对我的帮助，感谢当时做出参加联培选择的自己，感谢在复旦大学认真学习的自己。我想谈谈参与联培的利弊，以及我在复旦大学学习生活上的一点体会，希望能够给以后的学弟学妹一些帮助。

首先，我想说一下弊端。一是可能失去保研机会。因为去复旦大学联培的学生的成绩第一学年在班级或年级大都位于前列，这些人如果留在云南大学，有很大的机会保研，但去了复旦大学，因为保研政策以及学业难度，会导致其中一些人无法保研。二是存在心理落差。这源于复旦大学课程难度大和同龄人的优秀。就化学专业无机分析滴定实验而言，老师会给每个人配不同浓度的样品，个人用于滴定的溶液浓度需要自己测定。最终所测得的三组数据偏差需要在千分之三内，且在老师给定的标准值范围内。如果出错，结果就是一天甚至两天的实验宣告失败。虽然绝大部分同学都可以完成，但是每次做完实验，老师现场核验数据仍然是最紧张的时刻。同时，你身边的人也会给你带来压力，他们可能是全国化学竞赛拿到了银牌的选手，可能是高考强省的前二百名或是高考失利错失清华、北大的"学霸"。当你认真学习过后，仍担心挂科，可他们却拿了 A。

其次，说一下优势。一是眼界的开阔。这是上海这个城市以及身边的人所带来的。你会发现，业余生活可以是去听个音乐会，看一次某个领域大佬的展览。你会更早地了解到除了考研、保研、工作外，还有出国这条道路；除了四、六级英语考试，我认为还有托福、雅思、GRE、GMAT 这些标准化考试；除了创青春、挑战杯，还有出国做暑研。虽然这不适合全部人，但知道自己与优秀同龄人之间的差距也是一种进步。二是资源多。这是复旦大学这个平台所带来的。你可以听到多学科、多类型的讲座，比如第五届能源化学与材料国际研讨会在复旦大学举办。该会议特邀报告人有佐治亚理工学院教授王中林、北京大学教授刘忠范、加州大学洛杉矶分校教授段镶锋、斯坦福大学教授戴宏杰、西湖大学教授杨阳等能源化学与材料领域的国际顶尖专家。作为复旦大学化学系的学生，就可以免除2000元的会务费，直接进入会场感受该领域最前沿的研究进展。三是本科生实验条件好，可以体验到绝佳的实验环境。就本科生有机实验室为例，每个人一个通风橱，实验室配有旋蒸，并且可以体验到多步合成目标化合物、经过柱纯化后利用核磁对化合物进行表征分析的全过程。四是生活自由便利。这是由复旦大学管理制度带来的。教室全部开放供学生自习，不必非得跑到图书馆；学校内有通宵自习室，可供期末季复习；宿舍没有关门时间，且平时夜不归宿不用请假，可以凌晨回宿舍或者不回；宿舍区和学校内均有24小时营业的全家、罗森便利店，即使学习过晚也可买到吃的；校区处于市区，地铁公交便利，周围有万达等几个商场，可供日常娱乐。我认为如果能承受它的弊端，那就选择去慢慢体会它的优点。

下面我想谈一谈关于去了之后学习生活方面的几点体会。

一是要认真。要认真对待每一门课程，即便是思政课、模块课，千万不要认为有水课。我自己刚到那里时，以为只要学好专业课就行，思政课随便学学，上课也不怎么认真记笔记，因此第一个学期就吃了亏。要相信，只要足够认真，那么每一门课都有可能拿到A的成绩，因为2017级化学联培生所学的每一门课都有人拿到了A或A⁻的成绩。

二是要努力。我们不得不承认自己和复旦大学的同学有一定的差距，虽说努力过后不能超过全部人，但能超过很大一部分人。在期末季，宿舍仅仅作为睡觉的地方，同学们每天在外面的时间在十三个小时左右，除了吃饭，其余时间全部在教室自习，因为比你优秀且努力的人真的很多。期末季，两层楼的通宵教室夜里12点也可能一座难求，便利店内也一座难求。我也体会过11点多在便利店门口吃泡面的感觉，虽然过得很累，但看到所取得的结果后，发现一切都是值得的。

三是要保持积极的心态。我们在去复旦大学之前通过学长学姐以及老师得到的信息是特别容易挂科，保研几乎就不用想。现在回想起来，大二刚开学的那一个月是我大学中最黑暗的一个月，可以说是在自闭的边缘不断游走。我经常把课程压力大、不熟悉环境所带来的焦虑与云南大学课程压力小、有许多熟悉的朋友以及较大概率获得保研资格这样的舒适圈相对比，开始后悔当时为什么要硬着头皮来复旦大学，当时的冲动被焦虑磨灭。经过国庆假期后，我慢慢地开始接受这个现实，认为专业课努力学，思政课得过且过。现在来看，那个时候是我最不上进的时候。我觉得在复旦大学的转折点是大二下学期返校的途中，赵老师在知道我们每个人的绩点之后，给我说了一句话，人外有人。

也非常感谢方超第一学期取得非常高的成绩，让我看到了只要认真对待每一门课，我们从云南大学来的学生也不是都处于挂科边缘的。之后，我调整好了自己的心态，认真对待每一门课，即便是模块课的课程论文，也去查了许多相应的文献，最后的结果让我更加坚信，越努力越幸运！

四是要主动。去复旦大学之后，我们不是第一届联培生，往届的学长学姐还是有很多心得的，不能说全部正确，但至少可以让我们产生更多的思考。除此之外，一些学习资料在日常的学习或者复习过程中还是很有帮助的。同时，同班同学的身上一定有他们能在高考中脱颖而出进入复旦大学的闪光点。课程助教在学习过程中也可以帮助你很多，尤其是专业课。因此，在遇到困难的时候，应该主动寻求帮助，表达出自己的需求，而不是自暴自弃或被现实所打败，导致陷入恶性循环。

五是要互相帮助。非常感谢2016级参加联培的学长学姐，他们在我们刚到复旦大学的时候带我们逛校园，分享课程学习经验和资料。同时，也非常感谢其他四位小伙伴带来的快乐，感谢他们帮助我度过了那一段艰难的时期。我会记住2018年中秋节游过的苏州、怀着不同心情去过的外滩、周三晚上春晖食堂的一次次畅谈、周五晚上那一顿顿的海底捞，以及见证期末季的6112、6510、3108……希望大家都有自己心满意足的归宿。总之，感谢有你们！

如果可以重来，我可能会放弃联培，但人生没有如果。请相信自己的选择，因为每一个选择都会有各自精彩的结果。

新的起点，新的发展

董筱诺

人不是生来就拥有一切，而是靠他从学习中得到的一切来造就自己。

从适应崭新的教学环境到渐入佳境，我感觉自己像是经历了漫长的修炼过程。回首，是痛苦与快乐相随的时光。两年联合培养计划的结束，我自身感受到一定的变化，如思维方式的扭转、个人素质的提升、学术热情的洋溢等诸多方面。作为"双一流"建设高校云南大学的学生，不但要掌握相关的专业知识，同时需要拓宽自己的视野和见识，不断提升学习能力、提高自我修养，才符合"双一流"建设学子的作风。

在这段时间的交流学习过程中，我感触颇深，受益匪浅。

一、学习方式的进步

大学课程的学习主要是靠自觉，"上课认真听讲，下课按时完成作业"是基本的学习方式。此外，要做到主次分明：提前预习，在课堂上努力跟上老师的节奏，获得良好的听课效果；认真听讲，做好笔记，这不仅有助于集中注意力，同时也方便复习。

促进与同学的沟通。在同一个问题上，复旦大学的同学总是会对其进行不同层次、不同方面的剖析，各种思想的迸发拓宽了不同的思路。在解决难题时，寻求同学的帮助，将更有效地利用时间，提高学习的效率。

同时，在满足教科书学习的基础上，还需丰富多样的知识。除了掌握老师课堂讲授的内容，还要利用课余时间阅读相关参考文献。图书馆的书目和文献很大程度上满足了我们的基本需求。除了节假日外的时间，复旦大学图书馆几乎是座无虚席。线上图书馆藏检索也相当方便。

二、思想态度的转变

作为一名理科学生，科研是理论知识的实践。第一节教学实验给我留下了非常深刻的印象。实验服是基本要求，从护目镜到实验手套的种种防护令我意识到我的自我防护意识仍需提高。同时，实验的严谨性决定了结果。面对高要求的结果，例如分析精确度控制在千分之五，我曾经一度面临压力而崩溃。对教学实验态度的重新改变令我重拾信心，并在接下来的实验中收获了乐趣。对于实验报告的高质量要求，令我对每次试验都要进行不断的探讨，思考实验涉及问题所在及解决途径，同时也阅读了一定量的参考文献。在实验过程中，我明白了数据记录的完整性对实验分析的重要性。使用记录本代替散张的白纸来完整记录数据和操作处理，有利于对实验做出更加全面的复盘。

三、课程形式多样

开放的选课系统满足了我多方面的素质培养。同时，多样的教学方式也提供了诸多的挑战。在专业课方面，教授不仅限于对学生的知识填充，还鼓励学生自我学习汇报。这就需要学生对知识进行全面深入的分析，对更深层次的内容探索，并汇报分享。在素质选修课程方面，教学方式更是层出不穷。几乎每项课程都包含了个人汇报，个人可选择感兴趣的话题或在参考教师提供范围提出个人见解，在课程的中期进行分享。各课程还包含着丰富的讨论课。这更像是一场小型的辩论会，不仅可以提出自己的思想，还要迎接他人的创新思想。在讨论课中，要对上课内容进行自我深化。

总　结

以上只是我对复旦大学学习生活的一部分体验和感想。期间，我真切感受到了复旦大学教学体系所展示的理念。复旦大学前沿的思想让课程充满活力，充分的活动实践让我们学有所得。在各位老师和同学的帮助下，我圆满完成了交流学习。我十分感谢云南大学给我的这个宝贵机会。希望以后这个项目发展更为完善，让更多的同学利用这样的交流桥梁为自己的学术之旅开启新的篇章。

知识带来归属感

——云大复旦联合培养项目心得

韩子健

回顾大学四年，在云南大学的第一年，在蒋颖荣、刘玉鹏和王凌云等老师的指导下，我对专业知识基本了解了。我对哲学这一专业的最初认识和知识基础都来源于这一年的学习，它像是我知识系统的一个地基。之后，在复旦大学学习的过程中，张寅、王金林和汪行福等老师又使我发现了我真正热爱的学术研究方向，并使我学习到了大量的专业知识。大二和大三两个学年是整个大学生涯中对专业的学习和个人的发展影响最大的两年，这两年的经历在我的人生道路上具有重要的地位，我无法想象如果没有这两年的经历我会是一个什么样的人。最后，我在云南大学度过了大学生涯的最后一年，回到这里的我已经成了一个更加优秀的人。就是在这一年里，我才得以真正地认识到过去在复旦大学学习的两年究竟意味着什么，这些学到的知识通过毕业论文得到了一次真正的检验。

对于我来说，我的毕业论文就是联合培养项目最直接的成果体现，离开其中任何一方，我都不可能完成这样的创作。我的毕业论文《不行动的行动，非激进的激进：论齐泽克的意识形态理论》，是在我的学年论文的基础上完成的，而我的学年论文又是基于一篇课程论文进行写作的。最开始我的课程论文《齐泽克：一个非激进的泛意识形态哲学家》，获得了"复旦大学任重书院第五届任行杯论文竞赛"二等奖。在此基础上，我完成于复旦大学的学年论文得到了 A 的成绩。而最后的毕业论文，我获得了云南大学校级优秀毕业论文的奖项。这是一个环环相扣的过程，离开其中任何一环，我都无法得到这样好的成果。这不仅仅是我扎实的专业训练带来的学术知识储备的体现，更是我的两位指导老师张寅和王凌云谆谆教诲的结果。复旦大学的张寅老师非常具有人格魅力，在他的指导下，我确定了这个选题。他在给予我很高肯定的同时，也给我指出了一些不足，为我论文的修改指明了方向。而云南大学的王凌云老师具有非常扎实的专业知识储备,即使在疫情期间,也多次为我提供指导。没有他们的帮助,我不可能写出这篇论文。

在联合培养项目中,我作为一名交换生,难免会产生一种疏离的感觉。正是写作这篇论文的过程,使我感受到了自己与云南大学和复旦大学紧密的连接。在复旦大学时,我已带着云南大学的知识,并且学习到复旦大学的知识;而我又带着学到的知识回到了云南大学。正如上文所说,这是一个环环相扣的过程,在复旦大学的学习经历和在云南大学的学习经历绝对不是割裂的,而是通过我学到的知识联系起来了。这四年的经历结出了我的毕业论文这样一颗丰硕的果实。知识是不会随着时间、地点的改变而消失的,我所获得的知识将成为我知识系统的一部分并继而伴随我的一生,即使我离开了复旦大学和云南大学,这些知识也将是串联起我与这些经历的那条线。无论什么时刻,只要我想起或运用这些知识,我就有一种归属感。

在这里,我必须要再次感谢曾经教导过我的诸位老师,也要感谢复旦大学和云南大学。参加联合培养项目是我的幸运。

寻找"自由而无用"

陈 娟

复旦大学有一句民间校训,叫作"自由而无用"。回想我这两年的联培生活,大致上便是在寻找,究竟我们追求的是什么"自由"与什么"无用"。

直接在百度上查询这句话的解释会发现,所谓"自由",是指思想与学术甚至生活观念,能在无边的时空中恣意游走;"无用",则是对身边现实功利的有意疏离。

在复旦大学的两年间,学术环境无疑是自由的。

作为国内顶尖的高校,复旦大学校内的学习氛围是自由的。而这自由又不是所谓的放纵,相反,它是给愿意学习的人提供更加便利的空闲教室;有优秀的老师和负责的助教可以提供答疑,无障碍地进行交流;有高精的教学设备和仪器进行实验课程,将理论知识与实际操作相结合;几乎没有门槛蹭课限制,甚至老师也会鼓励学生前来旁听学习。如果你想要学习,那么这里提供给你的学习范围的广度和深度无疑是足够自由的。同时,如果你更倾向于利用大学四年进行实习、比赛或兼职,学校内也不会有强制性的自习安排占用课余时间。只要学生可以对自己的选择负责,学校和辅导员层面的干预就很少。不论你对于课程学习上的追求是什么,都可以找到合适自己的自由生活方式。

而除了学术,学生在精神上也有自由之处。

青年学生自我意识和社会意识的觉醒,从前可以推动五四运动的开展,拉开新民主主义革命的序幕,如今也是推动我们的学校政策进一步合理化、社会进一步发展的重要力量。在两年的学习生活中,我发现复旦大学的学生会勇于表达自己的想法和意见,学校方面也会积极给予回复。之前校内关于快递点的变更问题引起比较大范围的讨论,学生们会通过各种渠道发声,反馈自己的意见或者是质疑变更是否符合规定,是否可以采取更为合理的方式;而学校层面也同样公开开展意见征求会,与学生平等交流,积极处理和回复相关建议。

我们终将走出校园,走向社会,我们终将成为新的制度的执行者和守护者。但同时，这也要求我们具有更加强烈的自我意识和社会意识。复旦大学有着自由的言论环境，潜移默化地鼓励学生自由思考，参与到校园各项政策的决议之中，激发学生参与社会生活，这便是我感受到的精神自由。

可我们有了自由后，又要追求什么样的"无用"呢？

当我们有了学术上的自由，有了发表言论的自由，有了在广阔的天地思考自我和社会关系的自由，便也有了机会去选择远离现实功利，真正靠近内心的追求，即"无用"。这样自由的环境，会促使我们去思考更高层次的问题。个体之于历史的洪流而言，只不过是沧海一粟，但沧海一粟的我们又同时是历史的参与者和见证者。

在复旦大学的两年间，我也不断思考，自己真正喜爱和追求的事物是什么，自己的人生意义是什么。我们所谓追求"无用"，不过是希望自身不被周围环境所裹挟，去选择自己不喜欢的东西。前段时间，复旦大学校内热切讨论的文章《顶尖高校：绩点考核下的人生突围》一文，虽然看上去是关于高校压力大、绩点考核竞争的问题，但本质上，学生对于这种考核，试图在争取绩点和忠于兴趣间找到平衡，也是我们是忠于现实还是忠于"自由"的一种两难选择。如果有幸真的可以坦然而又自由地追求"无用"，坦然地忠于自我，忠于兴趣，便是真正做到了"自由而无用"吧。

当"自由而无用"已经成为复旦大学的一张名片时，我能有两年时间真正在其中探寻"自由"与"无用"的内涵，不得不说是一件幸事。

愿我早日找到自己内心的"自由而无用"。

最后，感谢云南大学和复旦大学的联合培养项目，感谢两个学校的老师为联培工作的辛苦付出，感谢云南大学化学科学与工程学院和复旦大学化学系，感谢赵瑞瑞和刘梓涵两位辅导员的辛苦照顾。

祝愿联培的小伙伴们前程似锦，万事如意。

迂回前进，螺旋上升

林艳梅

你是否曾与自己的梦想擦肩而过，又失而复得？高考前，我通过了复旦大学的腾飞计划。不幸，临近高考的那段日子意外连连，最终与复旦大学失之交臂。可筑梦之路总会在不经意间悄然出现……

谢谢你，云南大学，给了我一次圆梦的机会。

2018年9月，通过云南大学—复旦大学联培项目，我踏上了复旦大学的征程，满怀憧憬。这一路，我看过了高楼大厦，车水马龙，与五湖四海的同学进行过深刻交流，也曾被硬核的课程打得晕头转向。不管失意得意，我都很感激，我来了复旦大学。

一、多维度拓宽思维

复旦大学开设的课程种类丰富且重视设置讨论课，比如"考古与人类""古希腊神话""校园歌曲创作""改变世界流行病""法医学"等必修的模块课和核心课程。

大二下学期我选修了"校园歌曲创作"课，授课的是钱老师，一位福建老乡，真是个可爱的女孩。班上还有另外5位多才多艺的同学，分别擅长小提琴、钢琴、古筝、吉他等，没有乐器基础的我在上第一节课时，很慌。悉心的钱老师，在默默统计过大家的情况后，从最基础的五线谱开始教授。就这样，我离音乐梦又近了一步。最终，我和搭档一起写完了《当下》和《春夏》两首demo。没有发表过，也许以后有机会……

"法医学"，授课的是沈老师团队。在看完 *unnatural* 后，我对法医有着无限好奇。与影视剧不同的是，这门课没有花拳绣腿，ppt上全部都是无码的真实案例图，真实版淋漓的鲜血。在每一次事故的背后，推出一个个阴谋、意外，我敬畏、感叹、惋惜。

还有很多值得娓娓道来的课程，如果你认识我，我们可以面谈一下午。每个课程都有不同专业的同学参加，基于每个人的背景不同，讨论切入的角度和开拓的思路也不尽

相同，有趣的灵魂相互碰撞。

二、迂回前进，螺旋上升

大一时，我总以为我的专业课必须学好，并且很轻松就能考好。可复旦大学教的内容比我以前学的内容难太多，特别是在大二上学期直接甩来物化Ⅰ（结构化学类），我受到了降维打击。各类问题综合起来，我得承认自己把专业课学得一塌糊涂，很沮丧。浮躁、恐惧弥漫在我的整个大二阶段。由于专业课的失败，我开始怀疑自己是否适合学它。在没有和我的兄弟们深入聊天之前，我一直认为自己不适合，所以我不能学好。而当我得知他俩在复旦大学的状态后，才明白我是输在时间投入、心态调整上。此时，我的心中还残存一丝对化学的热忱。曾经我总想着如果能遇到一个满腹激情的导师，我会不顾一切地投入，而现在，我想当自己的导师，边努力边成长，追求我每一个阶段的极致。

我心中是想着为人类的未来做贡献的，"全世界第一个发现"这个头衔太诱人了，我想着创造像 Suzuki 等科学家的成就，有新奇的原创观点、看法和坚定的态度。

但这一路，不管失意得意，我都很感激，我来到了复旦大学。谢谢你，云南大学。谢谢你，复旦大学。

在复旦大学遇见更好的自己

方 超

已经结束了在复旦大学学习两年的生涯，回首这段经历，我仍是记忆犹新。在确定有资格去复旦大学学习的大一下学期，我幻想过很多在复旦大学的生活，渴望能够去那里亲眼见到自己最喜欢的女明星，去看一场 NBA 中国赛，偶遇自己最喜欢的综艺路透。但是随着时间的打磨，现在想想，我觉得那时候的自己显得有点幼稚。就这样，那时的我天天期盼着，终于等到了复旦大学开学的那一天。

一个人提着重重的行李箱，来到了一个陌生的城市。对上海的初印象是在我小学时候，和家人一起去参观世博会。那时候不懂事，就觉得上海的天气真热。恰好我到的那天，也是顶着大大的太阳，天气炎热，我的内心激动澎湃，憧憬在复旦大学开启一段多姿多彩的生活。可是恰恰相反，从我到达寝室的那一刻起，我的幻想全部被打翻。复旦大学同学需要军训，因此我们有一周空闲的周末。我的室友中有两位复旦大学本校同学，还有一位是和我一同从云南大学来到复旦大学的同学——李子涵。那段空闲的时间里，我和李子涵每天无所事事。因为太闲，我们产生了很多莫名的恐惧，每天只能靠无休止的睡觉打发时间。厚厚的教材，翻开第一页便看得自己一头雾水，我有点害怕自己以后会跟不上，甚至怀疑自己当初的决定是否正确。这种感觉在我们第一次上完物化课的时候被无限放大，我真的没有跟上老师的节奏。尤其当老师说到某个公式你们大一都学过时，我一看，我一点都不会，自卑感涌上心头。终于，我忍不住了，偷偷地在厕所里哭了，给我哥打了个电话，那段对话到现在我还记忆犹新。我说："哥，我真的觉得我好菜，比不过人家，我好怕我读不下去书了。"我哥就对我说："你比很多人都优秀了，你读不下去还有我在，读不下去大不了回去跟我干，又不是不能活。"心里想，还有人默默地为我撑腰，顿时好暖。因为学姐邀请我们来复旦大学的五位同学一起去图书馆学习，收拾收拾好心情，假装没哭的样子，我又坐回了原来的位置。后来的我们谈起那次在图书馆的经历，才发现其实那时他们心里也都不好受。后来，有可能学业越来越繁忙，这种情绪慢慢变淡了。人一旦忙碌起来，就没有时间胡思乱想。我明白，要追上复旦大学同学，需要花不少的工夫，因为他们一开始就打下了很好的基础。于是，我不断地请教，课后请教老师，请教室友，甚至请教坐在前桌不认识名字的同学。课前预习，课后复习，我花了最大的力气来搞懂上课时不明白的知识点。我很感激复旦大学对本科教学的严谨，帮助我打下了一个较为坚实的基础。复旦大学对每届批完的期末考试试卷统一保密，不给学生查阅，所以我们很难在网上找到真题，只有真正掌握好书本知识，巩固课后的练习，才能从容做题。复旦大学的实验也同样严格，为了防止同学之间互相借鉴数据，每个人是不同的样本，不同的数据结果，并且你只有做到0.5%的误差才能真正通过，否则都需要重新开启实验。那个时候的自己，每次听到老师说自己的数据通过了，就跟中了彩票一样开心。严苛的教学，改正了我以往一些实验中的坏习惯，也督促我更加努力地去掌握书上的每一个知识点。谈到课程的特色，我觉得复旦大学的公共课有一种独特的风格。大二上学期，我选了"毛概"和"近纲"，每周最期待的便是这两节课。宋老师和郝老师风趣幽默，寓教于乐，我听得入迷，每次听他们的课都是一种享受。正是这两节课，给我陌生的新生活增添了一些色彩。我很感激在那段黑暗的时光里有朋友相伴，即使学习的负担再重，我们几个朋友每周总会约着一起出去玩，互相鼓励。印象最深的就是一起去鲁迅公园看着那些爷爷奶奶在那里悠闲地"虚度光阴"，那时的我羡慕那种生活，似乎他们的无忧无虑和我形成了鲜明的对比。就这样，怀着忐忑的心情，到了期末，虽然前一晚没怎么睡好，但是这一学期的努力没有白费，我的期末做题非常顺利。考完后，想着终于挺过了这一学期，想着可以迎接在复旦大学的第一个寒假，想着可以回去见到爸妈，我也终于露出了久违的笑容。于是，我明白，云南大学的同学一样优秀，只要付出了努力，我们也能在复旦大学的同学中脱颖而出，只要有决心，没有什么不能办成！

经历一个寒假后，到了大二下学期，这是我在复旦大学度过的最开心的一个学期，一切似乎都如我想象中的那么平坦。学习上，我已经开始适应在复旦大学的学习生活，也能够跟上老师的节奏。实验课上，我遇到了一群非常有趣的朋友，我们会一起约着去吃午饭，做实验时，我们之间的气氛也非常欢快。而生活上，课余时我们会一起去看电影、参加活动、听讲座。我们来复旦大学的"五朵金花"依旧会每周约一个固定时间一起出去，虽然有时候有人会缺席。慢慢地，我的自卑转换成了自信，我相信，只要通过努力，我们在复旦大学的生活依然能过得多姿多彩。复旦大学开拓了我的眼界，我始终坚信环境能够塑造一个人。周围很多同学已经开始准备出国，一方面，我对未来不是很明确，我不确定我们是否能被保研；另一方面，迫于考研的压力，怕自己承受不住，便想我的成绩还算不错，应该也能申请到一个不错的学校。于是，我开始着手准备出国的事情。就这样，假期中，我在外报名了语言班，大二下学期就这样结束了。我在想，或许这就是上海这座城市以及复旦大学这所名校所带来的吧，在你选择这条道路时，你获得了更广的眼界。然而，当你明白人外有人，山外有山时，跳出了那个自认为的舒适圈之后，就要承受更大的压力。自卑和失落常有，却改变不了什么，只有当你收拾好心情再出发，付出更大的努力，才能追赶那些更优秀的同学。

　　转眼到了大三，送走了学长学姐，迎来了新一届联培的同学，我不知不觉就变成老学长了。让我好奇的是，这一届学弟学妹似乎没有我们这么热情，在一起吃了顿饭之后便很少联系，相比于我们当时，不管遇到什么问题便疯狂请教学长学姐，这届学弟学妹更加独立自主一点。然而，意想不到的是，在我自认为可以一帆风顺地度过大三时，老天爷似乎给我开了个玩笑。这可能是我近几年来度过的最黑暗的时期，我的家庭出现了极大的矛盾，我的父母和我的哥哥由于某些原因关系几近破裂。在之前的十几年中，我没有一次看到我妈哭，然而这一学期，我清楚地记得我妈在打给我的电话里哭了三次。我妈又由于我外婆身体的原因，空余时间里还需要照顾我外婆，变得非常虚弱。我是一个很多虑的人，我宁愿自己不好，也不愿家人不好。每当听到我妈低沉的声音后，我便很难静下心来，脑子里面会一直浮现当时的场景。我很少向别人倾诉这件事，因为不知从何说起。慢慢地，我开始变得烦躁，不想学习。那个时候，我和李子涵就到处参加活动，以至于之后辅导员一有活动就喊我俩。也许只有那个时候，短暂的忙碌才让我忘记了家庭的纠纷。然而，往往活动过后整个人又会变得很丧，我似乎陷入这个死循环中。实验的不顺利以及课题组的课题进展缓慢，又在我悲伤的心情上插了两刀。我被压得喘不过气来，上课胡思乱想，课后作业开始拖到上课前一天晚上写，甚至有了休学的想法。我明白，这不是我。我很庆幸的是，我有那四位同患难的朋友，他们虽然不明白我的具体情况，但他们不管什么时候，都会陪我，安慰我。正是有他们的陪伴，我才走出这一段人生中的低谷。还有，我也很感激当时"旦答君"的成员们（"旦答君"是我们小组一起开发的专门解答复旦大学学生的生活学习疑问以及报道活动消息的公众号和小程序。当然，开发主要依靠的是某大数据学院大佬）。不得不说，复旦大学有着太多优秀的人，他们会在课余时间学习一些额外的技能，或许在大多数人看来是浪费时间，然而，总有一天，它会展现出光芒。我们真的是一个非常有爱的团队，在这个团队中，我无时无刻都能体会到他们对我的关爱，而每每看到我们发布的消息在学生中有很强烈的反响时，我的心里总会充满欣慰。如今，复旦大学校园生活答答群依旧活跃着，总会有乐于助人的同学每天解答他人的问题。我明白，我还有朋友，我的烦躁开始减缓，虽然没有完全消除。就这样，我熬到了期末，很感激期末最后那一个月自己的认真学习，每天的早出晚归，甚至通宵，使得我比较顺利地通过了考试。让我佩服的一点是，复旦大学尽可能地给我们创造出最好的学习条件。它开放所有的教室，因此总会有可以学习的教室。它在期末会开放三教两层楼的通宵教室，并且教室楼下有24小时营业的便利店，尽可能给你提供便利。想起那个时候我和李子涵学到半夜蹲在那吃泡面的经历，又想起由于考试时间安排紧凑，一个通宵教室半个班都是化学系的同学，见面就打个招呼，感觉又好笑又温馨。

很快，我在复旦大学只剩下最后一个学期。由于突发疫情，我们没能继续回到复旦大学。这是一个比较空闲的学期，大部分课程都已经修完，所以我原计划是在本学期内考出国语言课成绩，可突如其来的疫情导致考试取消。我开始思考我的计划的可行性，出国似乎不适合自己，我时常会想自己出国的意义到底是为什么，后来才明白，我可能只是想躲避考研，于是我开始下决心，如果不能被保研就考研，所以在上课的同时，我也开始复习考研英语。由于疫情，我在家和父母的相处越来越多，慢慢地，我开始理解他们，他们也开始理解我和我哥。再之后，这场家庭纠纷最终在我父母向我哥的妥协中结束，我能感受到，他们心里的不甘，但是他们最终的愿望还是希望哥哥能够过上他自己真正认为开心的生活，于是，他们放下了他们那只干预的手。疫情使我们有了更多与家人相处的时光，却也使得我们失去了与同学相处的时光。我们没来得及再一次好好逛逛复旦大学，还没来得及去一次枫林与张江校区，没来得及和1722化学班和刘导以及亲切的室友好好道别，就这样匆匆离开，欢送会成了这学期最大的遗憾。想起刚来的时候，我对复旦大学同学的偏见，觉得他们太优秀而会特殊看待我们。然而这些想法都在之后不攻而破，复旦大学的同学可亲可敬，他们对我们的关怀无微不至。后来，我们也都成了很好的朋友，不会因处不同学校而产生隔阂，我们依然可以在班级活动中玩得很开。他们时刻保持谦逊，会向身边优秀的人学习，有不懂的问题，也会虚心请教。或许这就是复旦大学学生优秀的原因吧。在复旦大学的大家庭中，我收获了很多很多。

终于，又回到了云南大学，就像是浪子回家。云南大学依旧是那么漂亮，昆明的天空依旧是那么的蓝。我见到了阔别两年之久的好友，聊了好久好久。他明白我们在那边学习的压力很大，于是问我，如果当时让你再做一次决定，你还会选择去复旦大学吗？我没有丝毫犹豫地回答，会的。或许，这也是对我两年来在复旦大学的最终答卷吧。

最遥远的梦想,最朴素的生活

皮明星

一、文学种子的萌发

一只小蜗牛,缓慢地在下过雨的青石板路上前行,从不肯轻易放弃;不够强大,却能够独立地保护自己;受限于天地之间,却拥有一颗渴望自由的心灵。在这个五彩缤纷的大世界里,它有着自己的原则和底线,有着自己的期待和梦想。

我是皮明星,云南大学文学院汉语言文学专业 2016 级本科生,通过云南大学—复旦大学联合培养计划选拔考试,得以作为一名云南大学人进入复旦大学中文系学习,并于 2019 年 9 月返回云南大学。

我的大一学年是在云南大学度过的。这一年,是我从幼稚迈向独立的第一年,是遇见与分开并存的一年。云南大学文学院所开设的学科基础课程,如"论孟导读""老庄导读""《红楼梦》赏析""个体习作"等,奠定了我对中文学科的热爱之基。阅读与创作,是我第一学年的常态。这一年里,我通过课堂学习和课外深入阅读建构起了自己对《论语》《道德经》《红楼梦》等中华经典的初步认识与思考,并且完成了自己人生中的第一部长篇小说《瘦尽灯花又一宵》。我由衷地感谢云南大学文学院的各位老师,感谢他们对我的谆谆教导,让文学经典的种子在我心中生根、发芽,并得以开出绚丽的花。我同样要感谢云南大学,感谢它为我提供了这样一个平台,让我有机会体验到不一样的学习之旅。

二、惊心动魄,一字千金

2017 年,作为一名云南大学学子进入复旦大学中文系学习,我倍感荣幸。复旦大学中文系丰富的学习资源和深厚的学术传统,拓宽了我的学术视野,激发了我的学术抱负,也坚定了我的学术志向。因为有幸遇见复旦大学,我完成了人生中一次大的成长和蜕变。在自我审视和自我发现的过程中，我终于看清自己真正喜欢和想要的是什么。在复旦大学度过的两年，是一段繁忙、隐忍却又快乐的时光，那段时光里有最好的自己——坚定、充实且快乐。虽然也会有焦虑和痛苦的时候，但我更愿意放大在那里遇见的所有"阳光"，而过滤掉所有的阴霾，就像"对一国文学的接受中也包括一个'过滤'的过程"一样。复旦大学建构了我脑海中所有的对于"大学"的印象，这将会是一种不可磨灭的印象，今后无论我在哪里，这种印象都将帮助我更好地辨别和选择。复旦大学中文系的大师，让我第一次感觉自己可以站在学术的门口观望，哪怕还只是浅层次地接触到这些东西，但却令我心里生出深深的钦羡和向往之意。"惊心动魄，一字千金"，这是刚到的时候听了某位老师的课之后，心里不知怎么蹦出来的八个字。当时并不知道这八个字怎么会出现在我脑海里，但它就是出现了。复旦大学课堂，惊心动魄，一字千金，于是我在复旦大学最难忘的记忆，就是关于课堂和老师的。

简单盘点我的课程故事。

大二有一门课叫"李杜精读"。那门课我学得非常认真，每次老师在课堂上刚讲完李杜的诗歌，我在周末的时候就会先背下来。依旧记得那会儿每周五的早上，我都会一个人"躲"在曦园诵读李白和杜甫的诗。因为期中课程论文，我去找过老师两次。当他在办公室问我为什么这么自觉的时候，我傻傻地说因为我觉得自己很笨，不会写论文，我很希望有人能教我写论文。我说出这些话的时候，其实根本不知道老师会做何反应，没想到他微笑地看了看我，然后说："你以后有不会写的论文都可以来找我！"

那应该是有关于课程和老师的第一个感动。

大二下学期，我上了一门课，叫"马克思主义文论精读"。上课的 Z 老师很高，是个典型的东北人。他对学生非常耐心，无论我问什么问题，他都会耐心地解答，让我感受不到一点"高高在上"的姿态。在我眼里，这就是一个人高贵的样子——即使本就有很高的地位，却不以此自居，始终保持着随和、谦卑的姿态。复旦大学中文系的许多老师都是这样，他们朴素的外表下，是和善、谦卑的态度和风范。这样的态度和风范，总令人觉得安心和敬佩。

大三上学期是我在复旦大学获得学分最多的一个学期，也是我最开心的一个学期，因为我喜欢上同是学者和作家的 W 老师的"外国文学史"课。那学期我听过 W 老师的一场讲座，在讲座上还很激动地问了他一个问题。我问他，如果要想成为一个作家，天赋和自身的努力哪一个更重要？他的回答让我感觉他有意避开了我的重点，仅仅那句"后天的努力可以弥补一些天赋上的不足"深深地印在我的脑海里。从那以后，我竟没来由地对他生出一股亲切之感。而我表达这种感觉的唯一方式，便是微笑。后天的努力可以弥补天赋上的一些不足，就像我一直坚信的一样。

在复旦大学的最后一个学期，我又遇见了 T 老师，她是这两年里对我影响最大的一位老师。她改变了我之前对文学研究的浅显认识，让我有了一种历史文献意识，她帮助我从古代文学、现当代文学和文艺学这三个分支的纠结之中找到了我最喜欢的一个。2019 年 5 月，我第一次私底下同她说话，问了她一个问题，发现她身上有我之前从未意识到的好。离别的前一天，我还是忍不住跑到了光华楼，其实想看看能不能碰见她，心想如果碰上就再跟她道个别，如果她不在也没有什么关系，但没想到真的被我碰上了。和她聊了大概半个小时，聊到一半的时候才发现前一半的时间里，我们都在聊一些和学术研究有关的问题，准确地说是她在教我一些文献学知识，根本没有告别。然后，我笑着问她，怎么说着说着我们就说到这里来了，她说她也不知道，便和我一同笑起来。

2019 年 6 月 23 日，阳光、蓝天、笑声，以这样的方式，我暂时告别了在复旦大学的故事。年轻的时候，如果你有幸在复旦大学生活过，那么在你今后的人生中，复旦大学会一直跟着你。是的，复旦大学已经成了我成长过程中不可分割的一部分，在未来的某一天，在某种场景或是某一契机之下，复旦大学给我的印记，一定会再次浮现在我的脑海里。触景生情，然后，某个人、某件事、某个地方，一定都会被我用各种形式写进小说、日记或随笔当中。中国人最善于写回忆，也许就是这个原因。一切情感，回忆起来，似乎远比经历的时候更易于形成文字，经过岁月沉淀以后的情感，才会变得更加透彻和珍贵。

那两年里，我就像一只小蜗牛一样，走得慢，却从不敢停下，不敢，也不愿。好怕一停下，这原本不属于自己的东西，就会消失不见。上天特意让我以这样一种方式遇见复旦大学，也许正是为了让我能更加珍惜和利用这来之不易的一切。那两年里，我从最初的好奇和震撼（震撼于复旦大学的各种 spectacle），到逐步发现自己的存在价值，确定个人前进的方向和生活节奏，一切都这样自然而来。"相与于无相与，相为于无相为。"也许，当你不是刻意在遇见和经历，而是冥心孤往地朝一个方向前进的时候，你期待的东西，总会在不经意间来敲门。学术如此，生活如此，感情如此，人生亦如此。

三、最遥远的梦想，最朴素的生活

2019 年 9 月，我回到云南大学，继续我的大四生活。光与影交织的最后一年，我忙着准备推荐免试研究生的材料，也忙着写毕业论文。我继续做着那个从复旦大学回来的最好的自己，那个快乐、坚定且充实的自己。四年里，一个人阅读的时光带给了我独立思考的时间和空间，让我能够不断地进行自我认知、自我审视和自我成长，让我能够真正做到不盲目从众随大流，在外界繁华和喧嚣中亦可保有自己的思考。四年里，得以同一些具有非凡气质的人和物相遇，我不仅心存感激，而且心向往之。这种从内心生发出来的对于"非凡"的渴望，就像那年夏天第一次坐在复旦大学校园的大草坪上，在那个遥远的面对着星星的夜晚，我第一次感觉到自己拥有了一种全然的自由一样。我感觉自己是无限的：这个世界上的任何一种命运，任何一种生活，都在涌向我，我被所有的可能性包围，只要我想，只要我要。

  一个人往昔的经历不应该成为一种限制，而应该是更多的可能性。我庆幸过去的四年，是勤奋学习的四年，同时也是用心生活和自我成长的四年。选择中文系，或许起源于童年阅读古典诗词和小说时由心中自然生发出的那份热爱，只是等到长大以后，已不甘于浅层次的单纯阅读，而是想要将古人话语放在真实的历史语境之下来进行研究，以期领悟古人留在文字里的灵魂。这是我遥远的梦想，也是令我保有高远的志趣、冥心孤往地走向下一个方向的强大力量。

    路旁有灯，
    天上有星，
    心中有歌，
    我们要去的那里，
    一定有最美的风景。
    都别说放弃，
    都别说灰心，
    都别辜负心里那个干净的自己。

写作论文《赫拉克利特之弓——对人的存在问题的探讨》之心得

寇 洵

2018年春季学期，我选修了陈亚军老师的古典实用主义哲学课程。在这门课程上，陈亚军老师为我们讲解了从皮尔士到杜威的古典实用主义哲学。实用主义哲学认为，传统哲学的出发点排除了人，追求上帝看待世界的视角是错误的。实用主义认为所有的二元分离都不是本体论意义上的，而是功能性的。皮尔士关心符号，认为思想是一个符号链，是在每一个个体之上的公共的东西，认为世界是在人的行为过程中向人展示出来的。实用主义将生存实践放在首位，不再是一种沉思而旁观的哲学。在这里，真理的发生学——真理是如何被接受为真理的——比"真"的定义更加重要。譬如，上帝如果造成了生活世界的不同，它当然就是真的。因而，"真"是一个有价值的而不是一个中性的概念，"真"和"好"是同一的。陈老师的讲解对当时的我造成了深刻的影响，也激发了我对这样一种哲学的兴趣。时至今日，我的世界观仍具有在陈老师课堂和与他的课后的讨论中所获得的实在论——实用主义的鲜明痕迹。

陈老师当时在南京大学和复旦大学两边授课，十分忙碌，但仍欣然接受了我请他做学年论文导师的请求。陈老师为人低调、谦逊、温和。我们的第一次讨论是在他的办公室展开的，尽管讨论之前我做了一定的准备工作，但在讨论的时候，仍然感觉到话说出口时的言不达意、力不从心。陈老师并不着急，并总是在恰到好处的时候通过提出问题和讲解我尚未掌握的相关知识的方式引导我进行更深入的思考。当时我的学养还不足以支撑我写出一篇优秀的符合学术规范的论文，陈老师显然也看出了我试图讨论一些程度较深的、不是我力所能及的问题。他一方面提醒我要注重学术规范，给我强调学术路径的重要性；另一方面也鼓励我进行一种在进入学术规范之前的"天马行空"式的思考，他甚至还给我强调了在"学院外"的思考对于哲学和哲学学术的重要性。这些都给予了我莫大的鼓励，奠定了我一段时间以来看待哲学和进行哲学学习的方式。

随后我进行了题为《赫拉克利特之弓——对人的存在问题的探讨》的学年论文的

写作，陈老师对我的论文进行了细致的修改，大到一些表达上的不清晰，小到标点符号的使用错误，都一一指出并提供了修改意见。在随后的二改、三改中，他肯定了我的一些想法和对问题深度思考的态度，也一针见血地指出了文章在体现研究能力上的不足。他告诉我："学术是共同体的事业，是在彼此的对话中不断向前延展的事业，这就要求将私人的思考和感悟与共同体的已有成果结合起来。"在后来的论文写作中，我不断回想起他对我的提醒，并努力在这方面有所改正，希望能取得更大的进步。

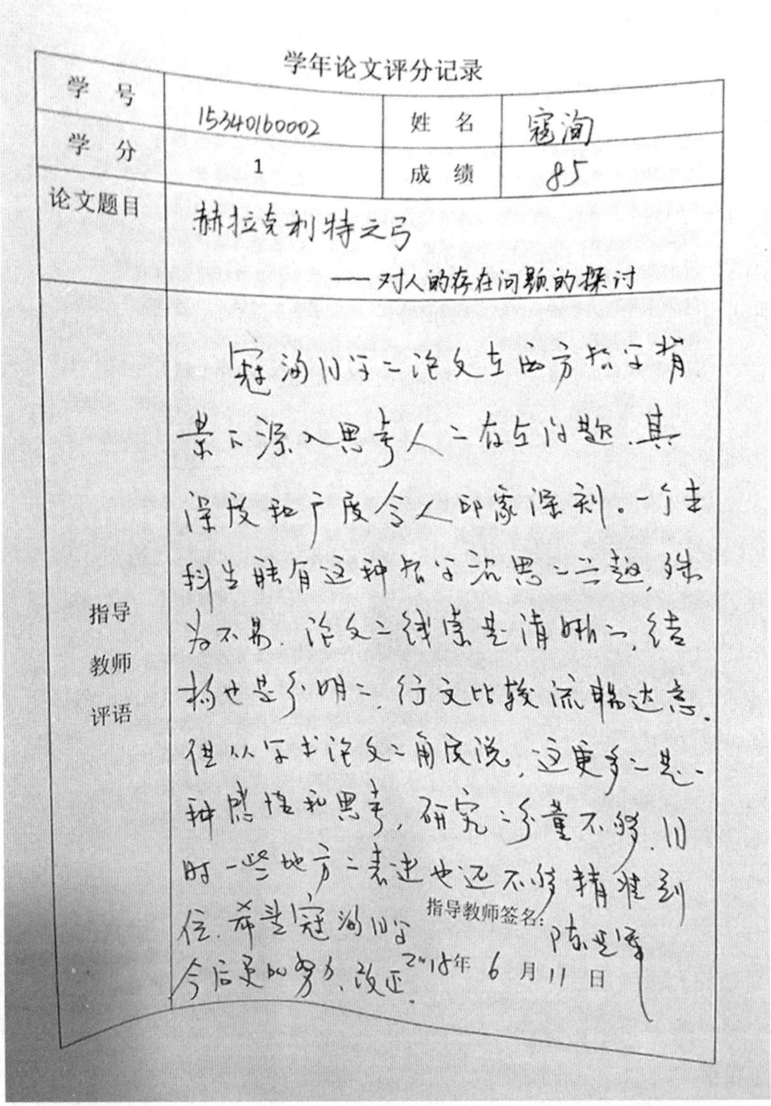
学年论文评分记录

学号	15340160002	姓名	寇洵
学分	1	成绩	85
论文题目	赫拉克利特之弓——对人的存在问题的探讨		
指导教师评语	寇洵同学之论文立西方哲学背景下深入思考人之存在问题，其深度和广度令人印象深刻。一个本科生能有这种哲学沉思之兴趣，殊为不易。论文之线索是清晰的，结构也是分明的，行文比较流畅达意。但从写作论文之角度说，这更多是一种感悟和思考，研究之分量不够。同时一些地方之表述也还不够精准到位。希望寇洵同学今后更加努力、改正。 指导教师签名：陈[illegible] 2018年6月11日		

图1 学年论文评分记录

协同育人学生学术篇

《周易》经传之我见

——《系辞上》第十至十二章解读

李治磊

一、《系辞上》第十章

《易》有圣人之道四焉：以言者尚其辞，以动者尚其变，以制器者尚其象，以卜筮者尚其占。

"《易》有圣人之道四焉"指后文中所提到的"辞、变、象、占"四件事情。"辞"在《易》中可指卦辞、象辞、爻辞，蕴含的是文字思想层面的内容。"变"是指事物的运动变化规律，"以动尚变"，说明宇宙间的万事万物都处在不断地发展、变化之中。黄寿祺、张善文二位先生在《周易译注》开篇就说道："《周易》命名之义，'周'为代名，'易'主变易。古代典籍多简称为《易》，即强调此书所扬之'变化'大旨。"[1]P17 "变"在此的蕴意可与《易》一书强调的变化之义相互印证。"象"指制作器物时的人崇尚的卦爻象征。"占"指用来决断疑难问题时所崇尚的占筮原理。

冯友兰先生指出："此易象之可应用于政治社会者也。《易》本为筮用，故曰：'以卜筮者尚其占。'引申《易》卦辞爻辞之义，以为自己立言之根据，即所谓'以言者尚其辞'。取法易象，应用之于吾人之行为，即所谓'以动者尚其变也'。'以制器者尚其象'者，《系辞》于此有具体说明（即'观物取象'）。"[4]P223

是以君子将有为也，将有行也，问焉而以言，其受命也如向，无有远近幽深，遂知来物。非天下之至精，其孰能与于此？参伍以变，错综其数。通其变，遂成天地之文；极其数，遂定天下之象。非天下之至变，其孰能与于此？《易》无思也，无为也，寂然不动，感而遂通天下之故。非天下之至神，孰能与于此？

　　这部分是以君子行占卜之事来做比喻，进一步表明《易》所具有的占筮指导原理。不论是遥远临近还是幽昧深微的物象，《易》都可以从中推知将来事物的物状事态，这突出了《易》具有"天下之至精""天下之至变""天下之至神"的极其微妙原理。通过对"三、五的错综变化"反复推研，可以考察天地的文采；在此基础上，再进一步就可以判定天下的物象。《周易译注》指出："这也说明天地的'文采'也是因为事物的会通变化而形成的，故可缘之而考析辨识。"[1]P718 刘勰在《文心雕龙·原道》开篇第一句话就说："文之为德也大矣，与天地并生者，何哉？"这直接说明天与地所具有的博大文采，可作为此"天地之文"的解释备参。

　　王振复先生认为："易占本为自然，不关心虑。并非人力有意为之。易理恒变，这种恒变的易理无思、无为，是不变的，一副静寂的样子，因为阴阳交感，就能通天下万类、万理。"[3]P305 这说明易理体现的是最自然而然的道理，只有具有天下至精、至变、至神的特性，才可以达到这样的地步。

> 夫《易》，圣人之所以极深而研几也。唯深也，故能通天下之志；唯几也，故能成天下之务；唯神也，故不疾而速，不行而至。子曰："《易》有圣人之道四焉"者，此之谓也。

　　"'极深而研几'说明圣人用《易》之精深。《正义》：'言《易》道宏大，故圣人用之所以穷极幽深而研覈几微也。'"[1]P718《文言》传说："知至至之，可与言几也。""几"是事物发展变化时最微妙的开端，具有先兆的意味，因此圣人在"几"处用力颇多。这也是《易》之所以能趋利避害的关键因素之一，把握了事物最初的源头，做到防微杜渐，未雨绸缪，就可逢凶化吉。

【说明】

　　以上《系辞上》第十章所言《易》为人所用，主要有尚辞、尚变、尚象、尚占等四事。[1]P718

二、《系辞上》第十一章

> 子曰："夫《易》何为者也？夫《易》开物成务，冒天下之道，如斯而已者也。"

"夫《易》开物成务，冒天下之道"，钱穆先生认为："此道乃是人道。'开物成务'即是'赞天地之化育'……人须明善知道，始能择善行道。"[6]P94 这两句话指出圣人通过对阴阳数理的研求，创造筮法，用开"智"成"事"，尽包天下之道，最终可以达到《中庸》所讲的"能尽人之性，则能尽物之性；能尽物之性，则可以赞天地之化育。可以赞天地之化育，则可以与天地参矣"的境界。

> 是故圣人以通天下之志，以定天下之业，以断天下之疑。是故蓍之德圆而神，卦之德方以知，六爻之义易以贡。圣人以此洗心，退藏于密，吉凶与民同患。神以知来，知以藏往，其孰能与此哉？古之聪明叡知，神武而不杀者夫！是以明于天之道，而察于民之故，是兴神物以前民用。圣人以此齐戒，以神明其德夫？

圣人可以用《易》理会通天下的心志，确定天下的事业，解决天下的疑难，这里进一步对《易》的致用功能进行阐发。蓍数以变化神奇为"德"，卦体以明智有方为德，六爻通过变易来告人吉凶。《周易正义》指出："《易》道深远，以吉凶祸福威服万物；故古之聪明叡知神武之君，谓伏羲等，用此《易》道能威服天下，而不用刑杀而畏服也。"这两句话与"噬嗑"卦中所反映的刑罚用狱观念有着异曲同工之妙，"噬嗑"卦施用刑罚的精髓在于"以刑止刑"，而非"刑上加刑"，《易》道的深远，即在于其能够"威服万物"，而非"畏服"。

> 是故阖户谓之坤，辟户谓之乾，一阖一辟谓之变，往来不穷谓之通。

这两句用闭门、开门为比喻，揭示了乾坤阴阳的变化生息道理。"阖户，谓闭藏万物；辟户谓吐生万物。"[1]P722 冯友兰先生认为这两句是在说："因乾坤之交感，而乃有万物，而乃有发展变化……宇宙间诸事物时时革新、时时变化，所谓日新。"[4]P219 历来说法认为乾、坤为易之门户，乾、坤变化能够促成阴阳交感，进而化生万物，生生不息。"惟其如此，故在宇宙变化程序中，有好亦必有不好……吉凶既与动常相即不离，而宇宙演化，即是一动。所以宇宙之有恶，乃必然之势。"[4]P221 在宇宙的变化演进过程中，吉凶相随相生，有吉利事物产生的同时，不吉利的事物同样也会出现，这是无法抗拒的自然规律。因此，易可以指导人们趋利避害，但不是直接消灭凶险的卦象征兆，这也可以说明乾、坤两卦在哲学体系中的重要作用。

> 见乃谓之象，形乃谓之器，制而用之谓之法，利用出入、民咸用之谓之神。

"见乃谓之象,形乃谓之器"两句和前文说的"在天成象,在地成形"意思接近,但此处的"象"指变化所展示出的表象,"形"偏指形成器用。"各种器物反复利民、百姓都在使用却不知其由来这就叫作神奇",可同"百姓日用而不知,是故君子之道鲜矣"一起进行理解,《易》道化人正是此自然而然的"不化之化"。

> 是故《易》有太极,是生两仪,两仪生四象,四象生八卦,八卦定吉凶,吉凶生大业。是故法象莫大乎天地;变通莫大乎四时;县象著明莫大乎日月;崇高莫大乎富贵;备物致用,立成器以为天下利,莫大乎圣人;探赜索隐,钩深致远,以定天下之吉凶,成天下之亹亹(读音"韦")者,莫大乎蓍龟。是故天生神物,圣人则之;天地变化,圣人效之;天垂象,见吉凶,圣人象之;河出图,洛出书,圣人则之。《易》有四象,所以失也;系辞焉,所以告也;定之以吉凶,所以断也。

这是以阴阳学说解释宇宙间的生成、变化和发展诸现象。前面的八卦生成可以从观物取象角度理解,后面的可从制器尚象角度理解,法象天地、日月,正是从自然向人工过渡,有形世界对无形世界的认知和塑造。这种象征其实是双向的。八卦源于自然物象,自然物象通过八卦进行秩序界定,从而圣人则之、效之、象之,进而则是"立象尽意",完成人们的认知,将无形世界进行揭示,对有形世界进行划分。

在先秦典籍中也有不少同样的论述,如《老子·四十二章》:"道生一,一生二,二生三,三生万物。万物负阴而抱阳,冲气以为和。"《吕氏春秋·大乐篇》:"太一生两仪,两仪生阴阳。"《礼记·礼运》篇:"礼必本于太一,分而为天地,转而为阴阳。"无独有偶,在西方早期哲学思想中,诸如泰勒斯("水"本原说)、赫拉克利特("火"本原说)以及阿那克美尼("气"本原说)等人的观念很相像于《易》中的"太极"观念;而恩培多克勒提出的"四本原说"相像于《易》中的阴阳、四象、八卦的概念。"他们(指希腊早期自然哲学家)所思辨的对象是变化世界不变的本原。"[5]P6这反映出人类文明之初,东西方哲人在思考宇宙万物与人类关系时思路上具有惊人的相似性。

《河图》《洛书》是中国上古时期非常有名的两部谶纬之书,成为后来(特别是两汉)谶纬学说兴盛的一个重要开端。《文心雕龙·正纬》篇说:"夫神道阐微,天命微显,马龙出而大《易》兴,神鬼见而《洪范》耀。"这说明《河图》、《洛书》、蓍龟同《周易》之间有着密不可分的关系。"圣人则之,圣人效之,圣人象之"与《老子》书中"人法地,地法天,天法道,道法自然"意思相近。《河图》《洛书》也可作为政治的象征,孔子晚年说:"凤鸟不至,河不出图,洛不出书,吾已矣夫。"(《论语·子

罕》）这说明孔子之道在当时已经难以推行，诸侯政治已经到了一个很糟糕的地步。

【说明】

以上《系辞上》第十一章主要阐述《易》的占筮问题。文中先从天地奇偶数引入占筮的功用，接着回溯到乾坤之德，又回溯到太极、两仪、四象、八卦的衍生原理，最后并论著占阖龟卜的精妙，末尾以辞象断吉凶作结。

三、《系辞上》第十二章

《易》曰："自天佑之，吉无不利。"子曰："佑者，助也。天之所助者，顺也；人之所助者，信也。履信思乎顺，又以尚贤也，是以自天佑之，吉无不利也。"子曰："书不尽言，言不尽意。"

《易》的《大有》上九爻辞说："从上天降下佑助，吉祥而无所不利。"佑助，是帮助的意思。天所帮助的人，是顺从正道的；人所帮助的人，是笃守诚信的。能够践履诚信而时时考虑顺从正道，又能尊尚贤人，所以获得从上天降下佑助，吉祥而无所不利。[1]P27 关于"书不尽言，言不尽意"的说法，直接意思是："书面文字难以表达作者的语言，语言又难以尽情表达人的思想。"这里涉及文学创作理论的问题。文学本身是语言的艺术，对语言的把握如何可直接影响到一部作品的好坏。《庄子·天道》载："世之所贵者，书也。书不过语，语有贵也。语之所贵者，意也。意有所随；意之所随者，不可以言传也。"语言是表达思想的工具，但一个人所掌握运用的语言也会影响到其思维方式，现代哲学的转向也直接始于索绪尔的语言学。20世纪的罗素、维特根斯坦等哲学家对语言哲学的领域具有开拓性的功劳，特别是维特根斯坦在《逻辑哲学论》中的第一句话就说："世界是事实的总和，而非物的总和。"这些问题的源流都可以追溯到"书不尽言，言不尽意"的观点中去，它意味着语言指代的对象和对象本身之间是存在差距的。当我们用语言来表述世界和万物时，指称和对象之间不是完全的一一对应关系。如《世说新语·文学》篇："客问乐令'旨不至'者，乐亦不复剖析文句，直以麈尾柄确几曰：'至不？'客曰：'至。'乐因又举麈尾曰：'若至者，那得去？'于是客乃悟服。乐辞约而旨达，皆此类。"这里"旨不至"的意思也和"书不尽言，言不尽意"有关。

然则圣人之意其不可见乎？子曰："圣人立象以尽意，设卦以尽情伪，系辞焉以尽其言，变而通之以尽利，鼓之舞之以尽神。"

但这并不意味着圣人的思想无法体现。孔子说:"圣人通过创立象征来尽行表达其思想,设制六十四卦来尽行反映万物的真情和虚伪,在卦下撰系文辞来尽行表述其语言,又变化会通三百八十四爻来尽行施利于万物,于是就能鼓动天下来尽行发挥《周易》的神奇道理。"[1]P727这说明《易》的象征可以表达语言所不能完全表达的深意,可以揭示事物的内在状态,可以鼓舞万物,尽其神妙。

> 乾坤,其《易》之蕴邪?乾坤成列,而《易》立乎其中矣。乾坤毁,则无以见《易》。《易》不可见,则乾坤或几乎息矣。是故形而上者谓之道,形而下者谓之器。化而裁之谓之变,推而行之谓之通,举而措之天下之民谓之事业。

本部分前四句论证说明了《易》的变化之道与乾坤的化易之功相依赖而为用的关系,进一步说明"乾坤为《易》之蕴"的论点。《周易正义》:"《易》既从乾坤而来,乾坤若缺毁,则《易》道损坏,故云'无以见《易》也';若《易》道毁坏,不可见其变化之理,则乾坤亦坏,或其近乎止息。"[1]P728"形而上者谓之道,形而下者谓之器"两句话提出了"道"和"器"两个范畴,对后来中国哲学的发展产生了深远影响。冯友兰先生说:"'形而上者','形而下者',本《易·系辞》中二语,依理学家所与之意义,则形而下者之器,即在时空中之具体的事物;形而上者之道,即超越时空而永存之抽象的理也。形上见于形下;无形下之器,则形上之道不可见。故曰:'离了阴阳便无道'。"[4]P189由此也引发了中国哲学史上著名的"道""器"之争。这可以追溯到先秦天人关系、两汉的身心关系、魏晋形神理论,也是中国文化传统中内外交替的思考方式。

到了宋、明代,"道"被人们所看重,"器"则备受轻视。这不仅对于中国哲学造成过影响,也对整个中华民族的思维方式产生过影响。

近代哲学家们在翻译西方哲学中的"metaphysics"一词时使用了"形而上学"的概念,直接来源就是《易》:"形而上者谓之道,形而下者谓之器。"赵敦华先生指出:"《形而上学》的第一句话是'人在本性上是求知的',接着说明了人们追求知识的由低到高的等级,从感觉到理智,从个别的、抽象的对象,最后达到最高的知识,以最高、最普遍的原则为对象,亚里士多德称之为'第一哲学'和'神学'。"[5]P76从中可以看出中国哲学的"重道"观和西方哲学中的"第一哲学""物理学之后"诸概念间有着密切联系。因此,在理解"形而上者谓之道"时可以部分参考西方哲学中的"形而上学"概念。

是故夫象，圣人有以见天下之赜，而拟诸其形容，象其物宜，是故谓之象。圣人有以见天下之动，而观其会通，以行其典礼，系辞焉以断其吉凶，是故谓之爻。极天下之赜者存乎卦，鼓天下之动者存乎辞，化而裁之存乎变，推而行之存乎通，神而明之存乎其人，默而成之，不言而信，存乎德行。

　　所谓象，是圣人发现天下幽深难见的道理，把它比拟成具体的形象容貌，用来象征特定事物适宜的意义，所以称作象。圣人发现天下万物运动不息，观察其中的会合变通，以利于施用典法礼仪，并在卦下撰系文辞来判断事物变动的吉凶，所以称作爻。穷极天下幽理奥旨的是卦爻象征，鼓舞天下变动振作的是卦爻辞的精髓，促使万物交相感化而互为裁节的是卦爻辞的精义，促使万物交相感化而推广旁行的是时运会通，开发神奇的道理使之昭明的是睿智的哲人，学《易》者默然潜修而有所成就，不须言辞而能取信于人，则在于美好的道德品行。[1]P727

　　"鼓天下之动者存乎辞"，《文心雕龙·原道》说："辞之所以能鼓天下者，乃道之文也。"这说明爻辞通过文字表达出来以后，与文章之间存有密切关系。王振复先生认为此章要旨："一在阐述中国先秦直至影响于后代的言、意之辨、语言哲学；二在言说乾坤两卦作为'《易》之蕴的重要意义；三在提出'形而上者谓之道，形而下者谓之器'这一十分深邃的哲学命题。"[3]P315这与黄寿祺、张善文二位先生的观点可进行对比思考。

　　《系辞上》从第十至第十二章讨论了有关《易》的占筮问题，反映了当时人的自然哲学观和数理思想，纲领本应为第十章所提及的"尚辞、尚变、尚象、尚占"等四事，但第十一至十二章中却鲜有涉及，因此有研究者指出，这部分内容存在错简的可能。

【说明】

　　以上《系辞上》第十二章可分三部分：先是阐述《易》"立象尽意，系辞尽情伪"的特征，再是提出道、器范畴，最后以学《易》当"存乎德行"作结。文中"书不尽言，言不尽意"的观点，从文学修辞理论的角度看，含有一定的辩证因素。全章收结于"德行"，前人指出，寓有学《易》应当以修美道德品行为本德深意。

参考文献

[1] 黄寿祺，张善文. 周易译注 [M]. 上海：上海古籍出版社，2018.

[2] 朱熹. 周易本义 [M]. 廖名春，点校. 北京：中华书局，2009.

[3] 王振复. 周易精读 [M]. 上海：复旦大学出版社，2008.

［4］冯友兰．中国哲学史［M］．上海：华东师范大学出版社，2011．

［5］赵敦华．西方哲学简史［M］．北京：北京大学出版社，2001．

［6］钱穆．中国思想史［M］．北京：九州出版社，2012．

［7］李学勤．帛书《系辞》上篇析论［J］．江汉考古，1993（1）．

［8］温海明．心通物论：《系辞上》的形上意蕴［J］．现代哲学，2008（3）．

［9］王明居．易传美学阴阳刚柔论［J］．文艺理论研究，1996（2）．

泛论苏辛词派及词人风格

李治磊

苏辛词派是宋代词史中最为重要的文学流派之一。虽然中国文学史上第一个正式的文学流派应属黄庭坚所开创的江西诗派,但黄庭坚作为苏门弟子,其诗词创作受过苏轼的影响,因此苏辛词派在一定程度上可算作是江西诗派的前身。苏辛二人词风也各有不同,但大略可同时归入"豪放"一类,因此将两人并列冠以"苏辛词派"一名,笔者认为此说大致可以成立。

一、苏辛词派概念及词人风格

苏辛词派一说由来已久,但许多学者对其存在与否仍有争议。如吴世昌先生认为:"苏东坡不是'豪放派',他的一两首《江城子·密州出猎》也只是旷达词。"[1]王兆鹏先生说:"以苏东坡'豪放'风格影响于后世,并据此说东坡'豪放'一派这一命题本身能否成立,就令人怀疑、困惑。"[2]因此,在使用"苏辛词派"这一概念时,有必要先对其内涵做出说明和界定。

正式提出唐、宋词分婉约、豪放两派的是明代的张綖。

> 词体大略有二:一体婉约,一体豪放。婉约者欲其辞情蕴借,豪放者欲其气象恢弘。然亦存乎其人,如秦少游之作多是婉约,苏子瞻之作多是豪放。大约词体以婉约为正。(《诗馀图谱·凡例》)

通常来说,人们在理解"豪放""婉约"时,更多地会直接从字面意思入手,大致上看词人表达风格是阳刚还是阴柔。因此,像柳永、秦观等就被划为"婉约",苏轼、辛弃疾、陈亮等就为"豪放"。但朱刚老师对此指出:"在词的发展历程中,这不只是一个风格问题,甚至可以说,主要不是风格问题。"[3]P124 以"豪放"为例,他结合王水照先生的看法认为："'豪放'一词在宋人笔下已经出现，但本来是指一种快意的，不受束缚的创作态度，不一定指作品的审美风格。"[3]P124 张綖在派别举例中也说："秦少游之作多是婉约，苏子瞻之作多是豪放。"里面出现的两处"多是"说明了即使作为豪放、婉约词派代表的苏轼、秦观，也会写一些不同于他们"代表"身份的词作。因此，在分析词人流派时，对于这些创作上存有二元特色的词人，绝不能简单地以某一派来一言以蔽之。特别像苏轼、辛弃疾这样的大词人，以及受他们影响的门生故旧，往往可能兼备众体，甚至出现"豪放""婉约"交融的词风。吴熊和先生就指出："苏轼的《水调歌头》、《贺新郎》，辛弃疾的《摸鱼儿》、《水龙吟》，完全是一种刚柔相济的词风，兼有婉约与豪放之胜。"[4]P156 并且，"词体大略有二"说明在"苏辛词派"之外仍有其他派别的存在，因此，也不能认为宋词流派只有"苏辛词派"。

在张綖看来，"豪放"是"婉约"的一种"变体"。进一步类推，两者可能还有郑声和雅乐的区别。但王水照先生指出，"把这两者理解为传统的词和经过革新的词才是较为客观的态度"[5]P74-82。产生于晚唐五代的《花间集》，在宋人眼中是最早的一部词集，而这部词集在当时被宋人看作是词的天然体裁，即词天生就是"婉约"。因此，在"词即婉约"观念大行其道的时候，"豪放"词风的出现，不仅给词带来风格上的革新，更兼具人们对词这种文学体裁认识上的改变。[6]而在此过程中，苏轼作为这一"革新"的浩大先声，辛稼轩将之推向高潮并开创出"稼轩体"。苏辛可能由于所处时代、人生态度、审美趣味不一而导致在整个"豪放"派别中存在差异，如王国维说："东坡之词旷，稼轩之词豪"（《人间词话》）；陈廷焯认为："魄力之大，苏不如辛；气体之高，辛不逮苏远矣"（《白雨斋词话》）。在我看来，文学流派内部的成员只要在基本创作理念和作品风貌上达成一致，有共同的创作目标和书写对象，就可称为同派，而不必强求其所处时代完全一致，作品风格如出一辙。[苏辛两人写过不少同调词作，其中有一些同调词作在数量上比较相近。如，《西江月》，苏词13首，辛词17首；《菩萨蛮》，苏词20首，辛词22首；《临江仙》，苏词15首，辛词24首。（据聂安福老师《讲义》摘录）苏辛在人生境遇上也较为相似，因此苏辛词中抒发的个人情感和表现风格也并非完全没有关联］因此，正如有学者指出的："我们既不能因'苏辛'同派而泯灭他们各自的个性风格；又不能因他们个性风格的差异，而否定他们同派。"[7]P64-69 本文也在此基础上继续使用"苏辛词派"这一概念。

二、试论苏辛词派词人既能豪放亦能婉约的原因

"广义的说，词就是诗。比起诗来，词与音乐发生更密切的联系。"[8]P114 因此，在分

析苏辛词派时，我们还可以从宋人论述诗派的观点中获得启发。在中国古代文学史中，第一个能正式称得上"流派"的集团是以黄庭坚为代表的江西诗派，他们有共同的创作主张（如"夺胎换骨""字字皆有来处""去陈反俗，好奇尚硬"等），这与现代文学意义上的流派非常接近。但杨万里作《江西诗派序》时说："江西宗派诗者，诗江西也，非人皆江西也。人非皆江西，而诗曰江西者何？系之也。系之者何？以味不以形也。"诗派的形成在味而不在形，即使地域不同，但写出来的作品在风格上能够相似，就可以成为一派。杨万里的不以地域、门户为限制的辨派方法，就将诗派的内涵延展了。

苏辛词派中的词人创作能够兼具婉约、豪放两种风格，也可以看作是"以味不以形"的一种体现。而苏辛词派词人既属"豪放"派别，又要对前代风靡的"婉约"词风进行革新，必然需要在接触大量婉约词作的基础上才能更好地进行这项工作。另外，除了词人本身能力高低的因素外，刘大杰先生从"词与音乐的初步分离、词的诗化、词境扩大和词人个性"[8]P170的角度进行的分析，以及朱刚老师提出的"摆脱歌唱者口吻'代言'的做法，变成作者的自我表达，再到苏轼为代表的'以诗为词'"[3]P125的观点，也能从不同角度解释苏辛词派词人既能婉约又能豪放的原因。

三、苏辛词对于意境的营造

王国维《人间词话》第一则说："词以境界为最上。有境界，则自成一格，自有名句。五代、北宋之词之所以独绝者在此。"苏辛两人身为豪放派大家，其词中的意境尤为独特。两人词中的"境界"展现，不仅是基于美学层面，更有二人对自然、历史、宇宙和人生的诸多感悟，字里行间有着充沛的情感流露。王国维进一步指出："故能写真景物、真感情者，谓之有境界，否则谓之无境界。"（《人间词话》）下面各选取苏轼、辛弃疾的代表词作，分析其对于意境的营造。

老夫聊发少年狂，左牵黄，右擎苍，锦帽貂裘，千骑卷平冈。为报倾城随太守，亲射虎，看孙郎。酒酣胸胆尚开张，鬓微霜，又何妨？持节云中，何日遣冯唐？会挽雕弓如满月，西北望，射天狼。（《江城子·密州出猎》）

十年生死两茫茫，不思量，自难忘。千里孤坟，无处话凄凉。纵使相逢应不识，尘满面，鬓如霜。夜来幽梦忽还乡，小轩窗，正梳妆。相顾无言，惟有泪千行。料得年年肠断处，明月夜，短松冈。（江城子·乙卯正月二十日夜记梦）

这两首词同属苏轼词的代表名作,一首为"豪放",一首为"婉约"。晚唐、五代、宋初之词,多是醉心于风月的描写,其词风格清丽婉约,含蓄深曲,但在境界上比较狭隘,远不及苏轼这两首词的豪迈奔放。苏轼在前人的基础上有意识地提高了词的意境和视野,他对自己词的评价是"亦自成一家"。《江城子·密州出猎》一词的着眼点是一个"狂"字。一位不再是少年的词人依然拥有"左牵黄,右擎苍"的气魄,意气风发,带领的出猎队伍有着"千骑卷平冈"的气势。词中最后写到的"酒酣胸胆尚开张""会挽雕弓如满月,西北望,射天狼",让读者似乎感受到这首词不是一位文人所写,反而倒像是一位英雄豪杰所作。

《江城子·乙卯正月二十日夜记梦》是一首悼念亡妻的名作。按照通常的解读,全诗都是苏轼在抒发自身的相思之情,亡妻只有一个"小窗梳妆"的镜头呈现。朱刚老师对此提出了不同的看法,他说:"上阕从自己的难忘,说到自己的状貌处境。下阕从自己做梦还乡,说到亡妻梳妆;然后达到全词的高潮,即二人相会,无言流泪;最后又从自己梦醒思量,料得亡妻在彼处肠断。全词情意深沉,婉约多思。"[9]P348 朱刚老师进一步指出,这首词主要是运用亡人的"凄凉""肠断"来反衬主人公刻骨铭心般的思念,艺术表现力非常强烈。的确,在词中场景的变换跳跃中,相聚到离散、生与死,都带给人心灵上极大的震撼。但该词却又不仅是苏轼在自己的小世界中进行的独自抒情,其通过"亡妻孤坟"的视角,主客体之间的互换,使得该词具有极强烈的艺术感染力,也兼具"豪放"的笔力和"婉约"的细腻。因此,"就情境言,我们可以说这是一首婉约词;就笔力、思力言,我们也可以说这是一首豪放词"[9]P348。

> 醉里挑灯看剑,梦回吹角连营。八百里分麾下炙,五十弦翻塞外声,沙场秋点兵。马作的卢飞快,弓如霹雳弦惊。了却君王天下事,赢得生前身后名。可怜白发生!(《破阵子·为陈同甫赋壮词以寄之》)

> 楚天千里清秋,水随天去秋无际。遥岑远目,献愁供恨,玉簪螺髻。落日楼头,断鸿声里,江南游子。把吴钩看了,栏杆拍遍,无人会,登临意。休说鲈鱼堪脍,尽西风,季鹰归未?求田问舍,怕应羞见,刘郎才气。可惜流年,忧愁风雨,树犹如此!倩何人唤取,红巾翠袖,揾英雄泪!(《水龙吟·登建康赏心亭》)

这两首词都是辛稼轩豪放词的名作。辛词受时代背景的影响,继承了南宋以来爱国主义词作的传统。《破阵子·为陈同甫赋壮词以寄之》中"醉里挑灯看剑,梦回吹角连营"两句表现出辛稼轩身上的侠士风范,与李白《侠客行》中展现的侠客形象稍有不同。辛词中的这两句描写带有浓厚爱国主义情感的积淀,而非是单纯的个人侠客世界。因此,全词在境界上比起李白的"个人侠客情"更具一种雄浑开阔的意境。即使词人最终意识到报国只能成为一个梦,梦醒之后还要回到现实,但全词中充沛的感情流露和英雄之气的展现已经让读者身临其境。刘熙载赞曰:"稼轩,豪杰之词。"(《艺概·词曲概》)此说当之无愧。

《水龙吟·登建康赏心亭》采用情景交融的手法,上阕写"楚天千里清秋,水随天去秋无际",将词人所处的环境呈现了出来。楚天的无垠、长江的无际,这两种极为辽阔的景致在词人笔下展现得淋漓尽致。辛弃疾随后由此情此景联想到故国的沦陷、"靖康之耻"的未雪、英雄无用武之地的压抑和怀才不遇的苦闷。在诸多复杂情感的交融中,词人最终只能在"无人会,登临意"的情况下,"红巾翠袖,揾英雄泪"。这一首词中的意境塑造更为阔大,辛弃疾对"楚天""长江"的描写笔力都是雄健的。但在抒发自身不幸时,词人明显没有婉约词中那种细腻婉转的哀叹,仍可以从这首词中读出一股英雄豪迈之气。

结　论

东坡词的旷达,稼轩词的豪迈,对后世词人创作的影响甚大。苏东坡词的描写对象涉及多领域,有自身境遇,有宇宙自然,有家国情怀等。辛稼轩的词作多同国家民族命运相联系,词的艺术容量和抒情广度在他的手中达到了新的高度,吴熊和先生称其为"震响时代的风雷之音"[4]P235。无论是从"稼轩体"对后世的影响,还是辛弃疾本身的道德人格力量,此说都不为过。

因此,将二人并列为"苏辛词派"的代表,一方面要对"豪放"一词的概念做出界定(如大多数人将其理解为"风格",王水照先生将其理解为"一种不受束缚的创作态度"。本文采用王水照先生的说法,对苏辛词派属"豪放"的理解也在此基础上进行),另一方面要注意苏轼与辛弃疾个人风格上的差异,这样对于"苏辛词派"的理解才不至于偏颇。另外,在讨论"苏辛词派"这一概念时,除了要对苏轼、辛弃疾的词风进行讨论,还应该对词派中其他成员(如苏辙、苏门四学士、六君子、后六君子、陈亮、刘克庄等)的词风进行评析,但本文因篇幅有限,在此不做展开。

参考文献

[1] 吴世昌. 宋词中的"豪放派"与婉约派 [J]. 文史知识, 1983 (9).

［2］王兆鹏．论"东坡范式"兼论唐宋词的演变［J］．文学遗产，1989（5）．

［3］朱刚．苏轼十讲［M］．上海：生活·读书·新知三联书店，2019．

［4］吴熊和．唐宋词通论［M］．上海：上海古籍出版社，2010．

［5］王水照．从苏轼、秦观词看词与诗的分合趋向——兼论苏词革新和传统的关系［J］．复旦大学学报：社会科学版，1988（1）．

［6］王国维．人间词话［M］．北京：中华书局，2019．

［7］杨有山．"苏辛词派"辨［J］．信阳师范学院学报：哲学社会科学版，1992（4）．

［8］刘大杰．中国文学发展史［M］．上海：复旦大学出版社，2016．

［9］王水照，朱刚．苏轼评传［M］．武汉：长江文艺出版社，2019．

［10］王水照．苏轼豪放词派函义和评价问题［J］．中华文史论丛，1984（2）．

［11］傅承洲．文学流派与苏辛词派［J］．宝鸡师范学院学报：哲学社会科学版，1991（1）．

［12］朱靖华．也谈苏辛词派［A］//中国李清照辛弃疾学会，上饶师范学院中文系．2003中国上饶辛弃疾国际学术研讨会论文集［C］．2003．

［13］李洁．北宋豪放词派辩［J］．中山大学研究生学刊：社会科学版，1996（1）．

［14］吴安荣．关于辛弃疾的豪放性格与豪放词风分析［J］．名作欣赏，2020（8）．

形象修复理论在危机传播中的运用与发展

谭茗钰

自 2002 年爆发"非典"以来，危机传播管理在我国也开始成为各界学者研究的焦点，并试图构建出一套完整的学术话语体系。但由于在我国起步较晚，更多的学者选择将研究视角聚焦于西方的危机传播理论在我国危机事件中的具体应用上，以探究中西方企业在应对危机传播时的不同处理方式。

传统的危机传播研究主要遵循两个研究脉络展开：一是公共关系学取向，该研究的重点在于观察组织采用何种沟通策略应对危机事件，以及该策略所取得的成效如何。二是修辞学取向，即采用语艺批评的视角，探讨在危机发生后组织如何运用话语策略，对企业形象进行管理及修复，以此减少危机带来的形象损失。其中，美国学者威廉·班尼特就依据修辞学基础为组织和企业提出了一套完整的形象修复理论，以化解危机，挽回企业形象。

一、形象修复理论

1997 年，威廉·班尼特在《公共关系评论》上发布 *Image Repair Discourse and Crisis Communication*（《形象修复话语与危机传播》）一文，文中所提出的形象修复理论是指，当组织和个人面对危机事件时，可以使用修复组织形象的行为模式。他认为形象对于组织（即公司、政府机构、非营利组织）以及个人至关重要，任何组织都应当最大限度地提高其声誉及形象，避免让危机时的形象成为公众的单一印象。所以，应当采取有效的预防措施，选择并使用有效的信息以应对危机，修复组织及个人形象。也就是说，形象修复理论更看重"危机发生时该说什么话"，即组织应如何选取信息在公众和组织间进行有效沟通，而没有将重点放在危机发生的时间段上。基于此，班尼特提出了五步形象修复策略，即否认、规避责任、消减敌意、修正行为、表达歉意，其共由十四个子策略组成,并得到了组织的广泛认可和使用。

(一) 否 认

班尼特认为,组织应对危机的首要策略是对危机事件予以否认。否认分为两种策略:一是组织直接否认,即向公众否认危机的发生;二是转移责任,即组织把责任归咎于第三方,将公众谴责的对象引导转向第三方,从而避免危机事件对组织自身形象所带来的负面影响。

(二) 规避责任

对于无法否认的危机,组织将通过规避责任来修复其受损形象,其中包含了四种不同情况的解释策略,需要组织及时向公众回应,还原事件真相。第一种为正面回应,即将危机事件中的不当行为解释为维护自己的正当权益所造成的后果;第二种为无力控制,是承认组织缺少相关信息和管理能力,无法避免损害的发生;第三种为意外,宣称危机事件的发生是一种意外;第四种为本意良好,即组织的出发点是好的,但无奈好心办坏事。在这一话语策略中,组织采用以上四种缘由规避责任,正面回应公众事件发生的原因,以期恢复受损形象,得到公众的原谅和认可。

(三) 消减敌意

组织将继续应对危机事件中的各种社会声音,通过六种举措来消减公众对组织的敌意,以图减少危机对于组织形象的伤害。第一,组织可以强调自己过往的优秀举措,以加强公众对待组织的积极态度,强化支持。第二,组织应尽可能降低危机在公众心中的严重性,将风险最小化。第三,组织还可以把危机事件与其他伤害更严重的事件区别开来。第四,组织还可以转移公众对于危机事件的注意力,提醒公众还有更为重要的事情可做。第五,组织可以通过攻击指责者的行为,以降低责备组织的声音的可信度。第六,组织还可以对危机中的受害者进行物质和精神上的补偿,以此消减公众对危机的敌意。

(四) 修正行为

在危机事件发生后,组织应当及时改正自身的过失,改进不当行为,避免此类事件的再次发生。组织应对公众宣布问题的解决办法,并对此做出承诺和保证,向公众展示

自己的责任与担当，以试图修复公众对于组织的信任。

(五) 表达歉意

在危机处理时，组织应当及时向社会公众表达歉意，承认自己的过失，并承担起组织的社会责任，以减轻公众的抵触情绪，从而获得社会的原谅，最终修复组织受损的形象。

二、形象修复理论在当前研究中的发展脉络

当前，国内对于危机传播的研究更多集中在突发性公共事务中，研究多从管理学、社会学、传播学等角度入手，且主要是结合现有的已知理论对于某一具体危机事件进行分析，并基于实际情况提出更有针对性的意见和建议，以提高政府、企业在危机事件时的应对意识和处理能力。

在现有的研究文献中，大多数学者对于班尼特的形象修复理论持认同态度，将其作为企业危机传播案例分析的理论基础，以实际应用的方式指导企业应对危机风险时的措施。亦有不少学者提出不同见解，认为该理论来源于西方话语体系下的社会实践，在我国的具体情境中应用可能会产生偏差，如果处理不当，反而容易影响组织修复形象。但也有学者指出，形象修复理论在实际应用中仍有自洽部分，能够作为中西方组织在应对危机时的共同指导策略。

持积极态度的学者主张使用形象修复理论研究我国政府、企业等在具体危机事件中的行为，并据此提出更有效用的策略。张琦在《基于形象修复理论浅析企业危机应对策略——"海底捞老鼠事件"个案分析》中提到，班尼特所提出的五大策略与十四种子策略互为整体，通过有选择的信息收集和处理，重塑或修补组织形象，具有较强的实操性。根据形象修复理论，作为分析框架，通过"海底捞老鼠事件"作为个案研究来透视企业在应对危机事件时的策略。作者在结语部分指出，形象修复理论对于危机传播中的企业形象修复具有积极的指导作用，但首要策略不再是直接否认，而应转变为事实核查后的表达歉意。

对于该理论的策略使用重点，田卫东在《对班尼特形象修复策略的商榷》一文中也提出，组织在应对危机时如果仓促否认，往往会遭到公众的质疑和反对，进而引发更严重的企业危机。他认为组织应慎用否认策略，而将重点转向取得公众的信任，并以此提出四步策略：表达歉意、调查真相、告知真相、纠正行为。[1]P21-22 香港中文大学新闻与传播学院教授黄懿慧则基于中国的实际情况，对形象修复理论进行了修正，提出了否

158

认、逃避责任、形式上致意、降低外界攻击、承认道歉、修正行动、提供资讯、建构新议题八种形象修复策略。[2]P31-34 相比之下，黄懿慧所提出的修复策略更为完善，但田卫东的观点更具有诚意，即企业应当以诚信为先。

袁军和冯尚钺参考了黄懿慧的修正策略，在《突发性公共事件与政府形象修复策略研究》一文中将政府在突发性公共事件中所采用的修复策略做出简要归纳。除去班尼特的原有理论之外，他们将"强化支持"和"超脱"两项策略单独细分出来，作为我国政府目前修复形象的主要策略，提出在危机意识的不断提升下，政府应对突发性公共事务仍选择以正面宣传为主。基于种种考虑，作者把班尼特的形象修复理论中正面引导的策略细分，"强化支持"细分为诉诸意识形态、已有作为和领袖，"超脱"改变为正面宣传英雄行为和从长期目标解读事件的正面意义。但他也承认，过度正面宣传只会拉大政府和民众间的距离，在危机传播的处理中应具体情况具体分析，而不是一味强化支持政府。文末指出："形象修复策略应当建立在事实的基础上，善后工作的密切落实，才是所有形象修复策略起到作用的根本。"[2]P51

除此以外，亦有一些学者将理论追踪溯源，结合中西双方的具体个案进行分析对比，得到形象修复理论在应用时的自洽性。《本诺伊特形象修复理论及其中国语境应用性研究》一文正是如此，作者于惠惠在文中深入探讨了形象修复理论的修辞学研究方法和社会学的应对角度，将形象修复的研究范围概括为政治团体辩护、社会组织辩护、名人辩护等，并结合我国当下的政治、经济、社会等实际语境，研究对比了中美个案，认为虽然中西存在着许多不同，但在面对危机时的风险和挑战仍存许多相似性。作者最后得出的结论是，尽管形象修复理论缺乏提前预警功能，也忽略了环境对于策略的效用影响，但其仍然具有较强的指导作用，尤其在"形象"的强调上，能够有效提高组织及个人在应对危机事件中的维护与改进。

三、基于研究现状的分析与建议

根据形象修复理论在我国危机传播体系研究中的发展脉络，不难看出，多数学者对形象修复理论的基础策略是持认同态度的，这也使得该理论较为广泛地应用于当下学界对政府及企业在危机传播中的应对策略。同时，学者们也会在分析完具体情况之后，依据理论提出不足之处，将修辞策略更为细化，以更好地修复组织和个人形象。

在具体的问题研究中，作者们会将个案研究法作为危机传播研究领域中最主要的使用方法，根据不同的突发性社会公共事件或企业危机事件，具体分析政府和企业在危机处理中的所有行为，将每一步与形象修复理论中的策略一一对应，并最终得出企业是否通过该理论成功维护了企业形象的结论。但这些研究更多是在危机事件发生后的形象修补和挽救上，所采用的视角也多为修辞学或传播学理论，将重点放在了组织如何与公众沟通的话语策略之上，而忽视了危机传播管理中更为重要的一部分：有效防范与风险预警。

或许是班尼特所提出的形象修复理论本身就是一个实用性更强的应对措施，这也就导致其更注重在危机处理时的信息有效沟通方式，而忽视了危机发生的阶段和当下社会的整体环境。换言之，形象修复理论本身的应对策略可能会对组织和个人产生负面影响，具体运用到当下的风险社会中，只能作为应急措施补充在企业的管理行为当中。如果一味强调宣传形象修复理论的效用，就会让组织和个人误以为只需合理运用话语策略，便可处理好一切危机与风险问题。

但随着风险社会理论的发展，更多不确定性的情况出现，危机处理已经不再是简单的事后应对和形象修复，而扩展延伸为危机意识的提升、预测和防范风险、做足准备以应对风险以及危机发生后的及时应对。组织形象也不再是公众所关注的重点，而逐渐转向了组织应对危机时的态度：企业是否诚恳守信是公众选择是否继续相信组织的关键。

美国休斯敦大学终身教授希斯（Heath）认为，"危机传播即是以道德的方式控制危机的高度不确定性，努力赢得外界受众的信心"[3]P21-22。不难看出，组织更应以诚恳的态度获得公众的信任，在应对风险时，不仅应注重危机发生后的修补策略，而且应将重点转至前期的防范与预警上，始终以诚信的态度对待公众，维持组织良好的形象。换言之，组织不应一味选择话术修复策略，而应加强风险防范意识，才能在当下社会中维持良好的企业形象。

在危机传播的学术研究过程之中，组织也应将探讨的重点转向处理危机风险的整体有机理论上，将现有理论体系中的有效范式归纳，得出新的指导方法，再加之个案研究的具体分析方法，从而为组织树立风险意识，提高应对危机的处理能力，并提供有效的借鉴模式。

参考文献

[1] 田卫东. 对班尼特形象修复策略的商榷 [J]. 新闻知识，2015（12）.

[2] 袁军，冯尚钺. 突发性公共事件与政府形象修复策略研究 [J]. 现代传播，2013，35（10）.

[3] William L Benoit. Image Repair Discourse and Crisis Communication [J]. Public Relations Review，1997，23（2）.

[4] 于惠惠. 本诺伊特形象修复理论及其中国语境应用性研究 [D]. 重庆：重庆大学，2013.

[5] 张琦. 基于形象修复理论浅析企业危机应对策略——"海底捞老鼠事件"个案分析 [J]. 新闻研究导刊，2018，9（10）.

[6] 吴小冰. 近年来危机传播之研究综述 [J]. 广告大观：理论版，2009（3）.

[7] 吴小冰. 政府公共危机沟通策略探讨——归因理论与形象修复理论的视角 [J]. 东南传播，2010（6）.

[8] 王宇琦，陈昌凤. 社会化媒体时代政府的危机传播与形象塑造：以天津港"8·12"特别重大火灾爆炸事故为例 [J]. 新闻与传播研究，2016，23（7）.

[9] 王宝璐. 形象修复理论在城市形象危机传播中的运用——以青岛"天价虾"事件为例 [J]. 青年记者，2016（3）.

[10] 王义. 形象修复理论视域下中国红十字会处理"郭美美事件"的策略分析 [J]. 大连干部学刊，2018，34（3）.

[11] 姚远. 基于形象修复视角的企业危机传播分析 [J]. 科技传播，2018，10（6）.

[12] 唐雪梅，赖胜强. 西方危机沟通理论研究的脉络与进展 [J]. 天津大学学报：社会科学版，2018，20（5）.

[13] 赖瑜鸿. 形象修复理论视阈下的危机传播策略探究——以招远虐杀案中麦当劳的危机处理为例 [J]. 传播与版权，2015（6）.

[14] 朱凯锐. 危机传播阶段与形象修复——以广东东莞"扫黄"事件为例 [J]. 新闻研究导刊，2014，5（7）.

[15] 刘虹. 从形象修复理论看企业危机传播——以修正药业"毒胶囊事件"为例 [J]. 东南传播，2012（10）.

[16] 鲁津，栗雨楠. 形象修复理论在企业危机传播中的应用——以"双汇瘦肉精"事件为例 [J]. 现代传播，2011（9）.

魏晋人物品藻的美学意义

——《裴启语林》与中和之美研究

李治磊　谢金良

"中和之美"的观念肇始于《周易》，是易学思维里的一种独特审美观。它从根本上对阴阳的关系进行了揭示，其主要观点认为在阴阳之间，凡是能够达到中正和谐状态的，其卦义多显示为吉利，即所谓"中正和谐者吉""中正和谐者美"。这无疑是一种从汉代以来就备受重视的中和之美，它对中华审美文化产生了深刻影响。从南朝刘义庆的《世说新语》中可以看到，魏晋士人普遍沉浸在追求美、崇尚美的环境中，后人论及"魏晋风度"，必提该书，并给予了其高度评价。如明人胡应麟语："读其语言，晋人面目气韵，恍忽生动；而简约玄淡，真致不穷，古今绝唱也。"（《少室山房笔丛》）鲁迅则称之为"名士底教科书"（《中国小说的历史的变迁》）。但早于《世说新语》成书的《裴启语林》（另称《裴子语林》）因隋唐散佚的原因，反而鲜有人问津。笔者认为，《裴启语林》在反映魏晋人物品藻的美学意义上，自有其独特意义与价值，值得后世进行深入讨论。

一、"中和"概念及其美学意义

"中"，按照汉典的解释，指的是和四方、上下或两端距离相等的地位，简单来说就是中心。《说文》的解释是：中，和也。它在甲骨文字形中像旗杆，上下有旌旗和飘带，旗杆正中竖立，大致是在描述一个事物内部的适当位置。"中和"是中国古代文艺的核心观念之一，其在古代文化语境下的出现频率是非常之高的。利用经典古籍库进行检索后可以发现，"中和"一词在古代文献中总共出现9353次，其中经部553次、史部2802次、子部1261次、集部4737次，其中不乏《周易》《论语》等儒家经典，也有《史记》《汉书》等史学名著。尤其值得注意的是，"中和"一词在集部中更是有着近

5000次的出现次数，包括《楚辞》《文心雕龙》等。这进一步表明"中和"在中国古代文艺领域里的独特意义。

本文对"中和"概念的理解基于张国庆教授的观点："中和之美并非特定的艺术风格，而是一种具有普遍意义的艺术和谐观，它的哲学基础则是由先秦尚中思想、孔子中庸思想与先秦尚和思想相结合而构成的一种颇多辩证因素的普遍和谐观。"[1]P18-29这在典籍中可具体表现为《论语》中所讲的"过犹不及"、《周易》的"中正和谐"等。①

"中和"在儒家典籍中类似的表述还有很多，如"乐而不淫，哀而不伤"（《论语·八佾》）、"发乎情，止乎礼仪"（《诗大序》）、"温柔敦厚，诗教也"（《礼记·经解》）等。以上多处是结合人物修养性情来阐发的，由此我们也可以推知"中和"与人物性情之间的关系是非常密切的。

二、略论魏晋人物品藻风气产生之原因

魏晋人物品藻风气是在人的觉醒和文的自觉的背景下形成的，但它的出现也绝非偶然，而是承沿两汉以来人物评价体系之后的一个水到渠成的过程。鲁迅先生指出："汉末士流，已重品目，声名成毁，决于片言，魏晋以来，乃弥以标格语言相尚，惟吐属则流于玄虚，举止则故为疏放，与汉之惟俊伟坚卓为重者，甚不侔矣。"[2]P42两汉以来人品藻主要是看重一个人的政治才能和道德修养，但到了汉末，这种风气就逐渐改变了。王瑶先生认为："汉末以来的军阀割据，但最重要的一个原因是士族的集团和地位的确定，是这段历史道德一大枢纽。并且在魏武九品中正之法实行前，士族已经在政治上形成了一种势力。直到后来，曹操把这些士族自矜的道德都取消了，想要以才能做标准，树立一种新的法治精神，来巩固他的政权。"[3]P1-5

因此，人物品藻逐渐失去了它原先具有的重大政治意义（主要是察举制或征辟制，笔者注），转而探讨人自身的问题。②到了魏晋时代，人物品藻更重视对性情、至理的探究，其对人物个性、智慧、才能的高度重视和观察品评，使之不断地朝着形而上的层面进行积淀，形成了魏晋时代独具特色的人物品藻体系，而这一体系的建立是与中和的审美观念紧密相连的。

---

① 具体可以理解为，《周易》中的"阴中有阳，阳中有阴；阴阳相对，阴阳转化；阴阳和合，阴阳平衡；孤阴不生，独阳不长"观念等。

② 这种转向在笔者看来，类似古希腊苏格拉底提出的"认识你自己""什么样的人生是值得过的"等问题，虽然尚不能说魏晋时代的这种转向已经具有希腊哲学式的伦理学意义，但这种转向对于文化的发展来说，其进步性无疑是值得肯定的。

三、《裴启语林》中人物行止、仪容与中和之美

《裴启语林》是中国历史上第一部志人小说，它在当时产生的影响非常大。《世说新语》中采用《裴启语林》的条数就有 64 条，占总数的三分之一还多，但后因种种原因，《裴启语林》现今已亡佚，目前较为通行的版本是 1988 年北京文化艺术出版社印行的周楞伽的辑注本，共存 185 条。"周楞伽之辑注本是在鲁迅等前人成果的基础上加以注文，表明条目，取法鲁迅的择善而从、截长补短，又以时代为序分为五卷，将《钩沉》本中有疑义的放在附录。"[4] 这便是《裴启语林》一书的大致面貌。

《裴启语林》一书最早出现与"中和"人物品藻有关的事例在第四条，是一个反例。

> 胡广本姓黄，以五月生，父母恶之，乃置之瓮，投于江。胡翁见瓮流下，有小儿啼声，往取，因长养之，以为子。登三司，有中庸之号。广后不治本亲服，云我本亲以为死人也。世以此为深讥焉。（《前汉人》4）[5]

这则材料讲到与人物品藻相关的地方只有八个字："登三司，有中庸之号。"按照周楞伽的注释，这是当时人对胡广的讥讽，因为胡广为人圆滑，处事无过与不及，得其中，时人为之谚云："万事不理问伯始，天下中庸属胡公。"关于胡广事迹的记载除见于《裴启语林》外，在《后汉书》卷四十四也有同样记载，可信度应该是很高的。这则故事发生在前汉，当时的人物品藻还具有一定的道德意义，胡广身居高位，在政治和学术上都颇有建树，史称其"位列三公，学究五经，古今术艺毕览之"[6]P1504-1513。但他在政治上的圆滑，被人讥讽为"中庸"，这从侧面反映了东汉早期人物品藻的特点，对传统儒家伦理的尊重。

胡广刚出生时就因父母厌恶而遭到抛弃，置于瓮中并投入江。这当然是非常不幸的，按照现代法律的说法，胡广父母的行为就是"遗弃罪"，要负刑事责任。但胡广非常幸运，被好心人捡到后并抚养成人。因此，他对亲生父母有怨恨是可以理解的，但这样的表露实在过于直接："云我本亲以为死人也。"这其实是从一种极端走向了另一种极端，而非行中道，是不符合《裴启语林》"中和"的人物品藻观念的，可以视作是《裴启语林》人物品藻"中和"观的反证。

类似的材料还有一则。

> 刘尹见桓公每嬉戏，必取胜，谓曰："卿乃尔好利，何不焦头。"（《东晋人》101）

周楞伽对"焦头"的注解是：比喻做事竭蹶而不能完美。该词是刘尹对桓温的一个批评，因为桓温好赌博，没有节制。"中和"追求的是既不过，也不及。结合以上两则材料可以看出，《裴启语林》中魏晋人在品藻人物时对人物行止能否行中道非常看重，并将之视作评判某人的先决条件，这也反映出当时人对"中和"观念的重视。

以下两则材料反映的是魏晋人物仪容和风度中的"中和"观念。

  诸葛武侯与宣皇在渭滨，将战，宣皇戎服莅事，使人密觇武侯，乃乘素舆，著葛巾，持白羽扇，指麾三军。众君皆随其进止。宣皇闻而叹曰："诸葛君可谓名士矣。"（《三国人》14）

  魏张鲁，有十子，时人语曰："张氏十龙，儒雅温恭。"（《三国人》20）

第一则材料描写的是诸葛武侯战场指挥时镇定自若的形象，乘素舆、著葛巾、持羽扇，与后世《三国演义》中对诸葛亮神机妙算的军师形象描写十分接近，就连他的对手司马懿在看到诸葛亮的装束和指挥后也不由得发出感叹：诸葛亮可算得上是位名士了！我们在读到这段文字的时候，眼前浮现出来的诸葛亮一定是一副风度儒雅的君子形象。但诸葛亮在这里展现出的名士风度又与魏晋同时代的何晏傅粉或嵇阮任诞之风有较大不同。对比嵇阮，诸葛亮的这套装束更多体现出一副有着"中和"气象的儒者风范，是人外在的容止与内在精神的高度统一之后才能达到的"中和"境界，不卑不亢，落落大方。三军因此才能在诸葛亮的指挥下进退自若。诸葛亮的这套装束在本应是充满杀戮的战场上，展现了以人内在精神和外在气质作为支撑的"中和之美"的名士风度，这在魏晋品藻人物的风气里颇具有代表性，是对人格美的"中和"追求。

第二则材料同样涉及人物的外在气质，品藻对象是张鲁的十个儿子，称赞他们"儒雅温恭"。这与诸葛亮葛巾羽扇的儒者形象颇有相通之处，都是"中和"气象直接在人物容止上的表现。李泽厚先生指出："要求以漂亮的外在风貌表达出高超的内在人格，正是这个阶级的审美理想和趣味。"[7]P96而这种名士仪容风度之所以为美的核心是以"中正和谐"作为积淀的。

四、《裴启语林》中人物性情与"中和之美"

《礼记·中庸》说："喜怒哀乐之未发，谓之中；发而皆中节，谓之和。中也者，天下之大本也；和也者，天下之达道也。"[8]P18朱熹对此做出的解释是："喜、怒、哀、乐，情也；其未发，则性也，无所偏倚，故谓之中。发皆中节，情之正也，无所乖戾，故谓之和。大本者，天命之性，天下之理皆由此出，道之体也，达道者，循性之谓，天下也。"这表明，在传统儒学看来，"中和"是同人的性情联系在一起的。

先来看一则有关的材料。

> 豫章太守顾邵，是丞相雍之子。邵在郡卒，时雍方盛集僚属围棋，外启信至，而无儿书，虽神意不变，而心了有故。以爪掐掌，血流沾襟。宾客既散，方叹曰："已无延陵遗累，宁有丧明之责邪？"于是豁情散哀，颜色自若。
> （《三国人》17）

这则材料讲的是东吴时代的丞相顾雍在与下属下棋的时候，突然收到信说自己的儿子已经去世了。但他在客人面前并未直接表露出他的哀伤情绪，只在暗地里"以爪掐掌"，直至"血流沾襟"。我们不应该仅从他对情绪能够有着良好克制或者认为其虚伪掩饰的角度去理解这则材料。在魏晋时代有关情感的争论很多，其中一个最为流行的看法是王弼提出的"应物而无累于物"的观点，笔者认为这个观点与"中和"观念有关。按照冯友兰先生的说法："'中'的意义是既不太过，又不不及……时间在'恰到好处'观念中是个重要因素，所以儒家常常将'时'与'中'字连用，如'时中'。"[9]P166-167 六朝吴中有"吴之四姓"（顾、陆、朱、张）的说法，顾姓为首，且顾雍高居吴国丞相位，为上层名士。因此可以推断，《裴启语林》中记载的这条有关顾雍情感表达方式的材料在名士贵族圈中具有一定的代表性。而顾雍对情感的表达就是践行"中和"的一个很好的例子，他并不是没有情感，而是能在适当的场合表达情感，并且能够在情感发出后有所克制，这和子游说的"丧致乎哀而止"（《论语·子张》）①的观念是一致的。顾雍能在情感表达出后立即恢复常态，这也是王弼所讲"应物而无累于物"和冯友兰先生所讲"时中"的最好体现。由此，可以观察到《裴启语林》中人物在表达情感时对"中和"的关注。

还有一则材料：

> 夏侯太初从魏帝拜陵，陪列于松柏下，时暴雨，霹雳正中所立之树，冠冕焦坏。左右睹之皆伏，太初颜色不变。（24）

《裴启语林》中记载的这条有关夏侯玄的事例与顾雍十分类似，都是体现人对情感

---

① 钱穆《论语新解》对该条的注释是：致，极义。丧礼只以致极乎居丧者之哀情而止，不尚文饰。然若过而至于毁身灭性，亦君子所戒。在笔者看来，对于"丧"时的情绪控制正是行中道的表现，符合"中和之美"。

的一个控制。夏侯玄是魏晋名士的领袖人物之一，这则材料记录的是夏侯玄在祭祀魏国先皇陵墓时突发的一件事：当时下着暴雨，天上打雷，正好劈中了位于陵墓正中的树，树梢瞬间被烧焦了，周围人都大惊失色，但夏侯玄依旧面不改色。人在遇到突发情况时，往往是最容易"惊而失色"的，并且夏侯玄遇到的情况还不是一般情况。雷击中祖先陵墓正中的树木，这在重视宗法礼制的传统中国，而且是迷信未消，重视天人感应的古代，其可供解释的谶纬意义是非常重大的。就当时的大背景而言，曹氏政权处在一个风雨飘摇的时期，司马氏家族势力逐渐膨胀，夏侯玄身为曹系嫡亲，又有朝野名士领袖的声望，自然是首当其冲的对象。因此，这次雷击很容易被当时人视作是司马氏将取代曹魏的一个征兆。然而夏侯玄却能够"颜色不变"，镇定如初，这也是他名士风范的体现，所谓中道、中和，是"不可须臾离之"的。夏侯玄的风度体现出在突发情况下，名士对"中和"气象的一个保持。

类似的材料在《世说新语》中有一则。

> 夏侯太初尝倚柱作书，时大雨，霹雳破所倚柱，衣服焦，然神色无变，书亦如故。宾客左右，皆跌荡不得住。（《雅量3》）

骆玉明教授对该则材料的解释是："其显示的核心内涵是——人格的稳定性。"[10]P176 骆教授是通过"雅量"来解释这一则材料的。在笔者看来，这种"人格的稳定性"仍是积淀于"中和"观，对"中和"气象的保持，正如同"道"一般，不可须臾离之；可离者，即非道也，也非"中和"也。夏侯玄的行为也同周围宾客形成了鲜明对比。处变不惊，是魏晋时代人物品藻"中和"观念的体现。

结　语

综上，我们可以看到《裴启语林》中记叙了许多魏晋人物品藻时对"中和"观的推崇，涉及人物仪容、情感以及行为处事等各个方面，反映了魏晋时代"中和之美"的人物品藻观念。有研究者认为："中和之美是一种以正确性原则为内在精神的普遍的艺术和谐观，一种辩证的艺术和谐观。它的哲学基础是先秦的尚中思想、孔子的中庸思想与先秦的尚和思想。它具有价值论美学的色彩，始终在与主体的价值关系中来判断对象的中和与否，并始终追求着对象对于人来说的最佳和谐状态与最高价值。"[1]P18-29 从以上所列举《裴启语林》中的各处材料可以看出，无论是诸葛亮、张鲁十子的仪容装扮，还是夏侯玄、顾雍和刘尹的行为举止，都体现出对"最佳和谐状态和最高价值"的追求，即对"中和"的追求。这也是《裴启语林》中人物品藻的最大价值意义所在。

参考文献

[1] 张国庆. 论中和之美 [J]. 文艺研究, 1988 (3).

[2] 鲁迅. 中国小说史略 [M]. 上海: 上海古籍出版社, 2019.

[3] 王瑶. 中古文学史论 [M]. 北京: 北京大学出版社, 1998.

[4] 肖朝辉.《裴启语林》研究 [D]. 湖南师范大学, 2009.

[5] 裴启. 裴启语林 [M]. 周楞伽, 辑. 北京: 文化艺术出版社, 1988.

[6] 范晔. 后汉书 [M]. 北京: 中华书局, 1965.

[7] 李泽厚. 美的历程 [M]. 北京: 生活·读书·新知三联书店, 2009.

[8] 朱熹. 四书章句集注 [M]. 北京: 中华书局, 1983.

[9] 冯友兰. 中国哲学简史 [M]. 北京: 北京大学出版社, 2013.

[10] 骆玉明. 世说新语精读 [M]. 上海: 复旦大学出版社, 2019.

[11] 钱穆. 论语新解 [M]. 北京: 九州出版社, 2011.

[12] 谢金良.《周易》中和之美: 中华审美文化的基因 [N]. 社会科学报, 2020-07-30 (5).

[13] 王天彤, 张亚南.《裴启语林》与魏晋风度 [J]. 求索, 2009 (2).

浅论魏晋玄学的历史变迁过程及时代价值

——从先秦道学到两汉经学，再到魏晋玄学

李治磊

中国思想史发展到魏晋时代，产生了新的社会思潮——魏晋玄学，但玄学在魏晋能够形成浩大声势，并非思想史上的"突变"，其源流大致可视作先秦道学和两汉经学传统在魏晋时代发出的新声。前辈学者在考察魏晋玄学和清谈之风时，多持贬义或戏谑态度（如鲁迅《魏晋风度及文章与药及酒之关系》一文）。中古文学史研究的大家王瑶先生从政治固化和经济垄断角度对玄学和清谈做的考察（见其著《中古文学史论》）颇具启发意义，但仍有继续深入阐发的余地。从思想演变的脉络进行梳理，可以看到玄学与清谈同先秦道学以及两汉经学之间关系密切。本文尝试在前辈学者论述的基础上，沿其思路，再进行梳理，并尝试就某些问题提出笔者自认为可成立的思路。

一、清谈与玄学盛行之前的社会背景

魏晋南北朝是中国历史上少有的国家大分裂和民族大融合的时代，从西晋短暂统一到五胡乱华，再到十六国的建立、覆灭，汉族政权始终处在一个持续衰落和剧烈动荡的历史时期，这在中国历史上是比较罕见的。在魏晋南北朝之前曾有过两个统一的王朝——秦和汉。一个存在的时间短，另一个存在的时间长。魏晋南北朝的后面，也出现过两个统一的王朝——隋和唐，也是一个存在的时间短，另一个存在的时间长。而处于中间位置的魏晋南北朝在整个历史延续性过程中发挥了承上启下的作用。

王瑶先生在分析这段时期的社会背景时指出："汉末以来的军阀割据固然是原因，但更重要的，士族的集团和地位的确定，是这段历史的一大枢纽。"[1]P2 曹操以才能作为人才选拔的标准，树立起一种新的法治精神，并以前人未有过的勇气对东汉以来逐步形成的官僚贵族政治体系进行了强有力的改革。他提出"唯才是举"的选贤任能方针，

一定程度上扭转了汉末以来察举和征辟制度带来的舞弊风气，对当时政治风气的革新起到了一种净化作用。《世说新语》载：

> 曹公少时见乔玄，玄谓曰："天下方乱，群雄虎争，拔而理之，非君乎？然君实乱世之英雄，治世之奸贼。恨吾老矣，不见君富贵，当以子孙相累。"（《识鉴》1）

这则材料对曹操的评价主要涉及两方面：一是英雄；二是奸贼。但在当时的情况下，曹操的定位只能是英雄。"这意味着在曹操的个性中有一种不遵规度、勇于犯难冒险、难以约束的力量，在'治世'即太平年代，这种力量会使得他成为既存秩序的破坏者——奸贼。"[2]P35 乱世往往是学术能够自由争鸣和取得新发展的时期。特别是在旧有秩序崩坏，新的秩序尚未建立的时候，这一趋势表现得尤为显著。过去许多研究在分析曹操政治措施时很少会关注到其对魏晋玄学所产生的影响。曹操在政治上进行的一系列改革，其实对两汉以来的学术传统（主要是经学）造成了巨大冲击，从政治上为魏晋玄学的兴起开辟了条件。

到了文帝曹丕的时代，他采用司空陈群的建议，建立九品中正制来进行人才选拔，使得士族势力得以再次抬头，这主要体现在婚姻制度上。

> 王浑妻钟氏生女令淑，武子为妹求简美对而未得。有兵家子，有俊才，欲以妹妻之，乃白母，曰："诚是才者，其地可遗，然要令我见。"武子乃令兵儿与群小杂处，使母帏中察之。既而，母谓武子曰："如此衣形者，是汝所拟者非邪？"武子曰："是也。"母曰："此才足以拔萃，然地寒，不有长年，不得申其才用。观其形骨，必不寿，不可与婚。"武子从之。兵儿数年果亡。（《贤媛》12）

这是《世说新语》里记载的有关士庶通婚的故事。士庶不通婚在某些情况下并非绝对标准，但豪门对于通婚庶族的选拔标准是非常严格的。从某种意义上说，这也能够反映出士族对于婚姻态度的重视，婚姻是士族们集体垄断世袭权利和维护家族优越性的必要手段。对此，王瑶先生说："士族为保守这种在政治经济方面的特权，对于婚姻制度的看重，并将其视为华素的一条鸿沟，若寒门能够联姻世族，则仕途自宽。梁时侯景请娶于王、谢，（武）帝曰：'王、谢门高非偶，可于朱、张以下访之。'"（《南史·侯景传》）因为婚姻实在是门阀制度的一条最重要的防线，所以必须保守得谨严。[1]P14 另外，随着经济的复苏，商人也逐渐登上历史的舞台。"汉时本来不容许士大夫经商，离乱时正是富豪势力抬头的机会。"[1]P13富商大族们不仅身居高位，且有着雄厚的经济实力。当一个社会政治和经济都遭受垄断的时候，随之而来的是社会阶层的固化和阶级的流动性逐步走向停滞。由此，一方面是经济发展带来的垄断，另一方面则伴随着阶级固化的形成，这一时期的文化价值主流发生了改变，逐渐向着"形而上"的方向——玄学发展。

倘若全从社会政治（阶级固化）和经济（商人垄断）的各方面进行分析，我们所能得到的魏晋清谈与玄学诞生之前的时代背景信息大多都是消极和被动的。过去的许多论述在分析魏晋清谈与玄学思想出现的原因时，大多认为清谈与玄学是魏晋名士们对政治采取回避态度的一个体现。如陈寅恪先生认为："清谈的兴起，大抵是由于东汉末年党锢诸名士遭到政治暴力的摧毁与压迫，一变其具体评议朝廷人物任用的当否，即所谓的清议，而为抽象的玄理讨论。启自郭泰，成于阮籍。他们都是避祸远嫌，消极不与其时政治当局合作的人物。"[3]P44鲁迅先生的名篇《魏晋风度及文章与药及酒之关系》将何晏、嵇康等人的"清谈"视作"空谈"。王瑶先生更是将"玄学与清谈看作是名士们高贵生活的一种点缀"[1]P29，对清谈玄学的批评态度不言而喻。

魏晋时代本身是一个文学逐渐觉醒并拥有"为文学而文学"主体意识的时代，魏晋名士们从一开始就在不断追求思想解放和个性自由。李泽厚先生就指出："从东汉末年到魏晋，这种意识形态领域内的新思潮即所谓新的世界观人生观，和反映在文艺—美学上的同一思潮的基本特征是人的觉醒。"[4]P90余英时先生也认为在这一时期出现了士的群体自觉和个体自觉："惟自觉云者，区别人己之谓也，人己之对立愈显，则自觉之意识愈强。"[5]P251当然，清谈和玄学思想的产生与时代政治、经济背景肯定是会有交融的，但倘若全从社会消极面来进行分析，所得出的结论大概是失之偏颇的。余先生也进一步指出："其所以然者，虽不能不推原于两汉士族在政治、经济、社会各方面之发展及因之而生之群体自觉，然贯通全部文化史而言之，则其根本精神实上承先秦之士风，下开宋明儒者之襟袍，绝不能专自一阶级之厉害解释之也。"[5]P257从整个魏晋文化发展史的维度来看，无论是书法还是绘画，其以士人为主体的各类艺术，也呈现出从服务朝廷礼仪及道德教化转向为艺术而艺术。以上种种都可以视作是当时士人追求个性自由，探索生命价值的体现。因此，如果主要从社会消极和被动层面对魏晋玄学产生背景进行分析，恐怕是失之偏颇的。

二、玄学同先秦道家的关系

按照冯友兰先生的观点，玄学的"玄"指的是黑色，又有微妙、神秘等意思。《老子》第一章说："玄之又玄，众妙之门。所以'玄学'这个词表明它是道家的继续。"[6]P208因此，他将魏晋玄学视作是"新道家"。

> 何晏为吏部尚书，有位望，时谈客盈座，王弼未弱冠，往见之，晏闻弼名，因条向者胜理，语弼曰："此理仆以为极，可得复难不？"弼便作难，以坐人便以为屈，于是弼自为客主数番，皆一坐所不及。(《文学》6)

王弼、何晏都是清谈的首倡人物。"后人所慕的'正始之风'，便以何、王为领袖人物，竹林七贤继而倡之，玄学清谈之风由此而盛。"[2]P127从这则材料中虽然看不出何晏、王弼等人谈论的具体题目，但可以看出当时清谈的主要方式是"客答主辩"，甚至还可以"自为客主"。魏晋名士多好"三玄"，所讨论的玄学义理方面的内容大致不出《老子》《庄子》《周易》这三本书。《老子》《庄子》都是先秦道家的重要典籍，《周易》虽然是"五经"之一，但魏晋玄学"新"的表现之一在于用老庄思想解释儒家典籍，因此也可将《周易》视作道家典籍的一部分。由此，我们可以简单推知魏晋玄学与先秦道家典籍的承沿关系。

> 殷中军问："自然无心于禀受。何以正善人少，恶人多？"诸人莫有言者。刘尹答曰："譬如写水著地，正自纵横流漫，略无正方圆者。"一时绝叹，以为名通。(《文学》46)

该则材料涉及人性善恶的讨论。对于这个记载在《世说新语》中问题的思索，其基础依然是立足于"自然"，而先秦道家核心思想之一就是"人法地，地法天，天法道，道法自然"（《道德经》第二十五章）。在道家看来，"自然"是最高层面的主宰，类似基督教里的"太一"。对善恶关系的讨论是儒家、道家都非常关心的问题之一，涉及多个层面的维度。"如果人性本于自然，而事实是善人少而恶人多，是不是意味着自然的人性就是趋向于恶的呢……总之，这个问题答案的指向是：自然的人性本来无所谓善恶。"[2]P131先秦道家老子、庄子学说尚未形成一个很严密的哲学体系，在王弼注《老子》、向郭注《庄子》之后，真正意义上的老庄哲学体系才算建立。这也是魏晋玄学对于先秦庄老学说的一个突破。

总之，清谈议题中出现对善恶问题的讨论，我们可以管窥到魏晋玄学讨论内容与先秦道家思想之间的一个联系。

三、玄学与清谈同两汉经学的关系

"汉魏之际是中国思想史上的一大变迁，但由经术转变为玄学，实在是其来有自的，并非突变。"[1]P23 从汉代罢黜百家到独尊儒术，到两汉时期的一个兴盛，又经黄巾之乱以来的一系列衰落，即使再度经过曹操和魏文帝时代的扭转，但想要维持东汉时的残破局面，也已经是不可能了。中国向来有一个从过去的传统中寻求历史根据，从历史中解决问题的思维模式。在整个中华文化的发展历程中，这一特点尤为显著，因而中华文化的传承性在世界所有文明古国中是最具有生命力的。但倘若这种传统失效了，那么"开新"就是必然之举，即王瑶先生所谓："这种对经术的不满态度，即是魏晋玄学发达的直接前导。"[1]P24 另外，笔者认为过去的"黄老、老庄"之学多数时候是作为官方政治哲学而登场，但到了魏晋时期，伴随着两汉以来经学传统的衰落和儒家意识形态统治地位的动摇，外来佛学对本土中国文化的冲击，士人们逐渐脱离了旧的烦琐和束缚，文化多元化的局面使得他们拥有了更多选择的空间。而当时士人们所乐道的"易、老、庄"更多已经无关政治，成为士人对超越生命境界追求的体现。

谈及两汉经学，必然涉及学术史上的一个重大问题，即关于古文经学和今文经学的一个论争。在秦朝焚书过后，本来是只应有今文经学保存下来的，但当时孔子的后人偷偷把一部分书藏到了墙壁中，所以有部分古文经学也保留了下来。于是，当朝廷准备将今古文《尚书》《春秋》等设立学官的时候，因为名额有限，所以在当时掀起了一场今古文学术的论辩。其中就包括《左氏春秋》与《公羊》孰优孰劣的问题，在当时引起了一场影响极大的论争，许多学者都被卷入，其中就包括著名的经学大师郑玄。这场争论的持续时间非常久，差不多到了东汉时代，在国家官方力量的作用下，朝廷颁布了一部《白虎通义》，今古文并存的局面转而让古文学家占优势，这场论争也基本告结。王瑶先生对此评论说："这种论争实际上即是促成学术变化的原因。因为学术经过争论批评，就会有变化；若墨守成规，自易停滞。经术在汉代为国家社会所承认，所以是学术的主流。"[1]P25

在这场论战之后，随之而来的是古文经学的兴起。伴随着古文经学的兴起，魏晋玄学时代的到来便顺理成章了。只要看一看魏晋时代经学的三大注疏，范宁的《春秋穀梁传注疏》、杜预的《左传注》、王弼的《周易注》都是古文经学注。特别是以天才少年王弼为代表，为《老子》《周易》建立起了形而上学的哲学体系，对其义理多有独到的阐发，为后来魏晋清谈与玄学提供了思想文本基础。因此，魏晋玄学与清谈的产生其实是承沿两汉以来经学传统的一个水到渠成的过程，并未发生某种突变。曹聚仁先生在分析魏晋玄学的演进逻辑时说："玄学原是经学的反对派，但玄学却是扬弃了经学而适应魏晋这个变乱的大时代的。"[7]P109

随着古文经学的发展，传统经学的解释方法也发生了变化，进一步向着义理领域进行拓展。当时人们宇宙观念的变化，特别是在王弼以后，人们的抽象思维得到了发展，对于超乎形象之外的事物有了更深刻的理解，学术逐渐脱离具体而趋于抽象。如果我们仔细去观察两汉经学的发展脉络，这种从单纯解释文本到义理阐发的过程，其实是一个从"形而下"的"器"到"形而上"的"道"的发展过程。

"清谈的来源也是有史可征的，它的前身是太学中的清议。"[1]P27《世说新语》载：

> 陈仲举言为士则，行为世范，登车揽辔，有澄清天下之志。为豫章太守，至，便问徐孺子所在，欲先看之。主簿曰："群情欲府君先入廨。"陈曰："武王式商容之闾，席不暇暖。吾之礼贤，有何不可！"（《德行1》）

> 李元礼风格秀整，高自标持，欲以天下名教是非为己任。后进之士，有升其堂者，皆以为登龙门。（《德行4》）

这两则材料记录的是东汉党锢事件的重要人物陈蕃和李膺的故事。前者有"澄清天下之志"，后者以"天下名教是非为己任"，这种早期在政治上的发端其实蕴含了魏晋玄学兴盛的一个背景。东汉时代历经两次党锢之祸，以及魏晋司马氏时代的政治高压，给士人们的身心造成了巨大打击。士人们势必要进行反击，这种反击在学术方面就表现为士人们对传统经学权威的反抗。

因此，魏晋玄学和清谈的产生也与当时士人们反抗传统、权威，追求思想自由的观念有关。但无论从哪一个方面进行分析，魏晋玄学总归是从两汉经学的基础上发展起来的。

四、魏晋玄学同晚期希腊哲学的比较

前面在分析玄学与清谈产生的背景时，我们尤其会注意到魏晋时期是中国历史上罕见的社会动乱时期，即使是上层士族的生命都不一定能得到保障。在如此社会背景下，名士们清谈的主题必然要带上这个时代的烙印。生命的短暂，时光的飘忽不定，使得人们对于死亡的恐惧是无与伦比的。先秦儒家的"未知生，焉知死"、道家避而不谈和佛教的涅槃轮回，都对死亡问题进行过思考。儒家面对"死亡"时采取的是一个迂回态度，认为首先应该去关注"生"的问题，这可能和儒家传统中的"天地之大德曰生"的观念有关，但对于如何降低或消除人们对于死亡恐惧的问题，儒家没有给出明确答案。这其实是无助于人们解决现世的痛苦的。魏晋南北朝时期，人们面对着的是战乱带来的一系列痛苦：家国分裂，亲人离散，自己也朝不保夕。这一特点与晚期希腊哲学的诞生背景有着很多的相似性。

对比中西，我们可以发现在对于生死这一问题的思考上，魏晋玄学虽然与晚期希腊哲学有着几百年的时间跨度，但二者却具有相似的时代背景，也同时产生了东西不同的思想结晶。在希腊哲学的早期，"随着人们抽象思维的进一步发展，随着哲学中心向雅典的转移，随着雅典民主制带来的经济繁荣、社会开明、文化发达和知识进步，人们的视野更加开阔，思想日益活跃，对社会和人自身的问题愈加关注"[8]P44。早期鼎盛的希腊文明时代，就好比中国的两汉时期；希腊文明的后期，就好比中国的魏晋时期。这一时期伴随着雅典城邦文明的衰落，苏格拉底以及柏拉图、亚里士多德等人开始逐步将早期希腊哲学对自然的追问转向对现实问题的关注，更多考虑到雅典的现实政治问题，苏格拉底甚至为此付出生命的代价。

对比前苏格拉底时代的哲学家泰勒斯、阿那克西曼德、阿那克西美尼、巴门尼德等人思考宇宙起源问题，苏格拉底显然已经开始关注城邦的现实施政问题。他的学生柏拉图进一步将其思想理论化，并逐步构建起一套体系。柏拉图提出"哲学王"的思想，通过正义、勇敢、智慧、节制"四主德"来构建理想国；柏拉图的学生亚里士多德通过对伦理学学科的建立，进一步思考幸福、人生目的和好的人生究竟如何可能等问题。在古典哲学的晚期，雅典历经两次波斯入侵、伯罗奔尼撒战争，两次战争都极大地损害了雅典的元气（具体可参看希罗多德的《历史》和修昔底德的《伯罗奔尼撒战争史》）。战争失败的阴影笼罩在雅典人的头上，人们开始无比惧怕死亡。古希腊晚期哲学出现了伊壁鸠鲁代表的"快乐主义"学派、第欧根尼代表的"犬儒学派"。伊壁鸠鲁认为幸福就是"身体的无痛苦和灵魂的无纷扰"，极力追求灵魂的宁静和现实生活的享受。而犬儒派的第欧根尼则主张严格的苦行主义，摒弃现实的财富和利益，藐视世俗原则，只追求绝对至上的精神享受。"快乐主义"学派的伊壁鸠鲁提出关于无须畏惧死亡的论证："当我们活着的时候，死亡还没有来临；当死亡来临的时候，我们已经不存在。"这与魏晋时代战乱、颠沛的背景十分相近，《世说新语》三十六门中有一门为《伤逝》，多段材料反映了魏晋时代普遍存在的一种伤悲、萧瑟的气氛。

  王仲宣好驴鸣。既葬，文帝临其丧，顾语同游曰："王好驴鸣，可各作一声以送之。"赴客皆一作驴鸣。（《伤逝》1）

  王浚冲为尚书令，著公服，乘轺车，经黄公酒垆下过，顾谓后车客："吾昔与嵇叔夜、阮嗣宗共酣饮于此垆，竹林之游，亦预其末。自嵇生夭、阮公亡以来，便为时所羁绁。今日视此虽近，邈若山河。"（《伤逝》2）

卫洗马以永嘉六年丧，谢鲲哭之，感动路人。咸和中，丞相王公教曰："卫洗马当改葬。此君风流名士，海内所瞻，可脩薄祭，以敦旧好。"（《伤逝》6）

"与以前的哲学相比，晚期希腊哲学有两个显著的特征。一是这个时期的哲学家们没有提出新的理论学说，通常是以前人的思想成果为依据加以改造或发挥，而且由于理性的衰微，带有退回到柏拉图、亚里士多德之前去的倾向，从而使他们的思想具有浓厚的感性色彩。二是因为连年的战乱，社会动荡不安，使人们陷入了对生与死等人生哲学问题的思考之中。"[8]P120 我们再回过来看魏晋时代的玄学思想。与西方古典时代一样，连年战乱和社会动荡之后，魏晋名士们多数是在先秦时代的思想文献中寻找精神寄托并加以发挥和改造，其承沿两汉经学和先秦道家思想。他们和古典时代晚期的希腊哲学家们一样，同样感到人生的虚无缥缈和变化无常，这一点十分类似于晚期希腊哲学时代哲学家们主张回到柏拉图、回到亚里士多德的倾向。

对比中西之后，西方晚期希腊哲学思想和魏晋玄学思想在产生背景上具有很大的相似性，都是在面临极其严重的社会危机下诞生的。二者同是在继承前人基础上发展起来的，希腊继承的是柏拉图、亚里士多德等人的思想，而魏晋名士从"易、老、庄"中阐发新义，沿袭两汉以来的经学传统。两者都具有一个思想承沿性过程，并未发生突变。

五、玄学与清谈对于魏晋时代的价值

玄学与清谈是魏晋思想的一个主要特征，也是魏晋文化的重要标志。在魏晋人物传记中，经常出现对人物的评价是"喜老庄，好清言"。这里的清言指的就是清谈。成书于这一时代的《世说新语》，其中就有大量反映名士清谈的篇章，后世在提到"清谈"一词时，人们的第一反应多将清谈和误国联系起来，但这种观点是很值得商榷的。"清谈误国"说法的直接根据是来自《晋书·王衍》传的记载。

越之讨苟晞也，衍以太尉为太傅军司。及越薨，众共推为元帅。衍以贼寇锋起，惧不敢当。辞曰："吾少无宦情，随牒推移，遂至于此。今日之事，安可以非才处之？"俄而举军为石勒所破，勒呼王公，与之相见，问衍以晋故。衍为陈祸败之由，云计不在己。勒甚悦之，与语移日。衍自说少不豫事，欲求自免，因劝勒尊号。勒怒曰："君名盖四海，身居重任，少壮登朝，至于白首，何得言不豫世事邪！破坏天下，正是君罪。"使左右扶出。谓其党孔苌曰：

"吾行天下多矣,未尝见如此人,当可活不?"苌曰:"彼晋之三公,必不为我尽力,又何足贵乎?"勒曰:"要不可加以锋刃也。"使人夜排墙填杀之。衍将死,顾而言曰:"呜呼!吾曹虽不如古人,向若不祖尚浮虚,戮力以匡天下,犹可不至今日。"时年五十六。[9]P1235-1239

后人认为王衍"清谈误国"的主要依据就是上面引文中的最后一段话,王衍被石勒俘虏后在临死前做的一番懊悔。倘若我们仔细想一想,如果要对王衍进行追究,是不是应该从他的政治才能去追究呢?这种把亡国之因归于某一项具体行为的看法,似乎是不那么客观的。这就好比人们在谈到夏桀、商纣亡国时,经常将责任归于红颜祸水的妲己、妹喜;讲到宋徽宗、钦宗"靖康之变"时,又将责任归于他们沉溺于书法艺术,不理国事。这些看法都没有从他们治国理政的政治根源上进行深究,而是抓小放大,这实在是一种过于肤浅的看法。"不管后人对王衍在政治方面的活动怎样评价,他热衷于政治权力,在西晋危机四伏的政局中用心深细,是确定的史实。正如田先生(指田余庆,笔者注)所说,'王衍主要是一个政治人物';倘若要说他有'误国'之责,那也只能从政治上追究,而不能归罪于'清谈'。"①[2]P124-125《世说新语》中也有一条类似记录。

> 王右军与谢太傅共登冶城。谢悠然远想,有高世之志。王谓谢曰:"夏禹勤王,手足胼胝;文王旰食,日不暇给。今四郊多垒,宜人人自效。而虚谈废务,浮文妨要,恐非当今所宜。"谢答曰:"秦任商鞅,二世而亡,岂清言致患邪?"(《言语》70)

当时的名相谢安、王导同样也是清谈派的重要代表人物,但他们在政治上却都是颇有建树的。政治上的无能只能是政治上的无能,又如何去怪罪得了清谈呢?魏晋时代作为一个士人追求人格独立、文化多元的时代,清谈作为一种高超的智力型游戏,也是魏晋士人"生命之美"的体现。人在自然的面前的渺小和无力,在魏晋这样一个特殊的时代尤为突出。清谈的模式,在一些评论研究看来,它是没有给当时社会带来任何实际效果的,甚至可能还有害,因而是无意义的。"但在特殊的条件下,这一阶层人士更能体会到生命固有的高贵和个人自由的价值,对历史文化与生命现象的复杂微妙也具有更深刻的认识。他们的思考与创造,因而具有珍贵的价值。"[2]P30

在玄学与清谈过程中,当名士开始用最简练的语言去表达最精深思想的时候,求极

---

① 关于田余庆先生对王衍的评论,见于其所著《东晋门阀政治》一书(笔者注)。

真理或许已不再重要；当人类所拥有的和仅剩下的只是渺小的时候，清谈与玄学是在展示那个荒诞、滑稽时代的"人的高贵性"，其背后是以人的庄严生命力去作为支撑的。

结　语

知时方能论事，魏晋时代作为中国历史上为数不多的能够说是属于"人"自身的时代，清谈与玄学展现出来的是人的"智性之美"，我们能够从中看到玄学与清谈的背后是人对自然的深层次感悟和自身生命庄严性的隆重展现。因此，笔者认为对其理解也应该更多从积极意义上去看待。即使后世对玄学、清谈有很多批评，但其立足点是结合政治因素来进行考虑的，难免存在失之偏颇的地方。

总而言之，魏晋时代的玄学与清谈思想对名士们来说更多是一种双向关系，名士们通过玄学与清谈来展现自身的才华和智慧，玄学与清谈也同样推动着名士们追求自由、解放的思想意识形成，其对魏晋时代所产生的价值和影响无疑是巨大且深刻的。

参考文献

[1] 王瑶. 中古文学史论 [M]. 北京：北京大学出版社，1998.

[2] 骆玉明. 世说新语精读 [M]. 上海：复旦大学出版社，2016.

[3] 陈寅恪. 魏晋南北朝史讲演录 [M]. 万绳楠，整理. 贵阳：贵州人民出版社，2007.

[4] 李泽厚. 美的历程 [M]. 北京：生活·读书·新知三联书店，2009.

[5] 余英时. 士与中国文化 [M]. 上海：上海人民出版社，2013.

[6] 冯友兰. 中国哲学简史 [M]. 北京：北京大学出版社，2013.

[7] 曹聚仁. 中国学术思想史随笔 [M]. 北京：生活·读书·新知三联书店，2012.

[8] 张志伟. 西方哲学十五讲 [M]. 北京：北京大学出版社，2004.

[9] 房玄龄，等. 晋书 [M]. 北京：中华书局，1974.

[10] [南朝宋] 刘义庆. 世说新语 [M]. 北京：中华书局，2014.

[11] 陈溶. 魏晋时期玄学、道教的交融对文学的影响 [D]. 湘潭：湘潭大学，2013.

[12] 吕玉霞. 魏晋时期儒佛道思想互动研究 [D]. 济南：山东大学，2011.

陈与义雨诗别论

皮明星

陈与义是南北宋之交最重要的一位诗人,字去非,号简斋,其作品《简斋集》中收录了不少写雨的佳作。方回《瀛奎律髓》所选"晴雨类"律诗中,陈与义诗入选26首,数量超过唐代伟大诗人杜甫的咏雨诗(杜诗入选24首)。在简斋诗集中,仅诗题含有"雨"的便有42首(一首《阴风》疑似作《风雨》[1]P568。"阴风",原本"风"作"雨"。下随文注);题中无"雨"字,但诗句中含"雨"字或对雨进行描写的则更多。简斋雨诗,从季节看,有春雨、夏雨、秋雨;从时间看,有夜雨、暮雨、晨雨;由下雨的状态来看,又有细雨、暴雨、连雨、积雨、雨晴等;由雨中人的活动来看,则又包括雨中怀人、雨中愁思、雨中赏花、雨中游宿等。可谓数量繁多,姿态各异,质量上乘,不失为中国古典诗歌宝库中雨诗之佳作。本文立足于宋代雨诗的发展变迁,拟先全面呈现简斋雨诗中的内容与情感,再将简斋雨诗同几位宋代著名诗人的雨诗进行比较,以期从文学史的角度提升其雨诗的价值和意义。

一、简斋诗中的"雨"印记

简斋钟情于写雨,雨意象在其诗集中留下了深刻的印记,构成了诗人整部诗歌作品中不可忽视的一部分。下面笔者拟对简斋雨诗所表现出的内容与情感进行分类呈现,以窥见其雨诗所呈现出的不同风格面貌。

(一)凄风冷雨,事与愿违

政和三年(1113),陈与义二十四岁时,因上舍①[2]P3603-3642及第被授予文林郎,不久

---

① 徽宗崇宁年间实行"三舍法"。太学生员将被分为三个等级,即外舍、内舍和上舍,生员通过考核,从低级到高级依次升舍,达到上舍的学生可以通过参加考核直接授予官职。

又成为开德府教授。政和六年（1116）八月，陈与义解官，自洛阳回京师，此后一直到政和八年（1118）十一月才被任命为辟雍录①。在闲居京师、等待官职的这个秋天，他写下了这首脍炙人口的《秋雨》。

  潇潇十日雨，稳送祝融归。燕子经年梦，梧桐昨暮非。一凉恩到骨，四壁事多违。衮衮繁华地，西风吹客衣。（《秋雨》，92）

绵绵秋雨，断断续续，接连下了十日。在这连绵的雨声中，诗人的失志之悲表露无遗。"一凉恩到骨"，本写诗人在雨中的感受。此"凉"实为"反语"（刘辰翁评），一方面固然写出秋雨的冷凉给诗人身体感受上所带来的恩惠，另一方面却也透露出诗人心中的凄凉。"四壁事多违"，这是颇有深意的一句，此刻的简斋，可谓是家徒四壁，处处事与愿违。自称是"客"，因其时寓居京师、远离家乡洛阳之故。"衮衮繁华地，西风吹客衣"，活用了杜少陵"冠盖满京华，斯人独憔悴"[3]P555之意，表达了自己客居京华、失志寥落之感。

与义在同一时期的另一首写雨诗中也曾言：

  经岁柴门百事乖，此身只合卧苍苔。蝉声未足声先起，木叶俱鸣夜雨来。（《夜雨》，105）

"百事乖"可为上所引《秋雨》诗中"事多违"之一注解，揭示出诗人早期所面临的种种事与愿违。北宋末年，党争剧烈，社会动荡，士人若想平步青云，多得摒弃操守，营私结党，相互倾轧。《靖康要录》卷九便有与此相似的描述："继而（蔡）京与郑居中、王黼相继当国，各立说以相倾，凡二十余年……既各有所因者以进其身，则凡议论之间，各党其所厚善，而以众寡为胜负。故其一人罢，士大夫连坐而去者数十百人。及其复用，则又源源而来。"[4]P971"试数门前客，终岁几覆车"（《书怀示友》其六，69），正是简斋对此类现象所发出的感慨。在黑暗的社会现实面前，他对仕途几乎丧失了希望，长期在入仕与归隐的矛盾中徘徊。此类畏祸远害心理在他早期的诗中表现得更加明显，《陈与义集》中的第一首诗《次韵谢文骥主簿见寄兼示刘宣叔》开篇便言："断蓬随天风，飘荡去何许。寒草不自振，生死依墙堵。两途俱寂寞，众手剧云雨。"（19）诗人将自己比作随风飘飞的蓬草，生与死都掌握在那些翻云覆雨的当权者手中。当权人士可谓"一官专为口，俯仰汗我颜"（《杂书示陈国佐胡元茂四首》其一，55），

---

① 《宋史》卷一百五十五选举一云："徽宗设辟雍于国郊，以待士之升贡者。"

因此自己唯有"见客新藏舌，吟诗不负丞"（同前），甘"长斋"于"佛前"，自幸"枯木无枝"故"不受寒"也（《十月》，113；《题小室》，114）。简斋虽英年入仕，但逢世道多艰，鉴"门前"之"覆车"，故始终未能大展宏图，遂青云之志，此正第一"违"也。

简斋早年钟情于秋雨，每逢连雨必定有所感叹，组诗《连雨书事》云：

> 寒入薪刍价，连天两眼愁。生涯赤藤杖，契分黑貂裘。乌鹊无言暮，蓬蒿满意秋。同时不同味，世事剧悠悠。（《连雨书事》其三，184）

本诗充分展现了简斋长期沉沦下僚，为生计发愁的生活状态。"去国频更岁，为官不救饥"（《年华，89》）、"有钱可使鬼，无钱鬼揶揄"（《书怀示友》其六，69）、"足钱便可不须侯，免对妻儿赋百忧"（《次韵答张迪功坐上见贻张将赴南都任二首》其一，125），正是与此相类似的表达。在黑暗的政治环境面前，他不仅仕途无望，而且官小人微，生活困窘，常常需要为生计发愁，此又是一"违"。此二"违"——政治仕途多艰，经济困顿拮据——构成简斋早年雨诗的主要表现内容，也奠定了其雨诗书写个人哀愁的主要底色。

（二）国破家亡，雨中客子

按胡谱（按，宋人胡穉为简斋所作年谱，下同）[①]，"靖康元年（1126）正月，丙午，北虏入寇。复丁外艰，自陈留寻避地出商水，由舞阳，次南阳"（388）。1126年，金人侵入北宋都城开封，与义从陈留酒税任上出逃，仓皇南奔，从此开始了五年多的流亡生活。这一时期，他经历了国破家亡之悲，也尝到了漂泊流离之苦，因此部分雨诗呈现出了与早年不同的情怀。

> 忽忽忘年老，悠悠负日长。小诗妨学道，微雨好烧香。檐鹊移时立，庭梧满意凉。此身南复北，仿佛是他乡。（《雨》，433）

本诗写于简斋南奔避难期间。开篇即暗示逃窜途中时光飞逝，感叹自己衰老憔悴、韶华不再。诗中所言微雨、焚香、屋檐鸟雀和庭院梧桐，颇似早年所状之雨景，亦闲淡有味。而尾联则别化一意，直书自己北去南来、颠沛流离之状。

---

① 白敦仁《陈与义集校笺》以"胡谱"为底本对简斋诗歌进行编年，并对胡穉所撰简斋年谱进行了删改和增添。

> 巴陵二月客添衣，草草杯觞恨醉迟。燕子不禁连夜雨，海棠犹待老夫诗。天翻地覆伤春色，齿豁头童祝圣时。白竹篱前湖海阔，茫茫身世两堪悲。
> (《雨中对酒庭下海棠经雨不谢》，574)

本首七律作于避难洞庭之际，简斋曾在潭州、岳州一带停留很久，在这些地方留下了不少神似杜甫的慷慨诗篇，本诗亦是其中之一。当此之际，大宋国土上战乱频出，国家任人掳掠，百姓生活在水深火热之中，而简斋则孤身一人漂泊流浪，今生也许再无归日。诗人为国忧虑，也为家悲痛，真乃"两堪悲"也。"客"这一字眼频繁出现于简斋诗，如"客子愁无奈，桃花笑不休"(《纵步至董氏园门外三首》其一，419)、"槐树层层新绿生，客怀依旧不能平"(《纵步至董氏园门外三首》其二，419)、"君不见古庐竹扉声策策，中有伶俜落南客"(《阴风》，568)，简斋多以此表现其羁旅之状与漂泊之苦。

与"客"相似的还有"东西南北"四字，他甚至将此四字与"客"连用，塑造自己北去南来、孤独寂寞的形象。《阴风》一诗见于《陈与义集》，白敦仁笺云：

> 疑作原本"风"作"雨"，岳珂《宝真斋法帖赞》卷二十三陈参政《阴雨》诗帖，草书七行。岳氏跋云："世谓北客惟暑之谓，亦何至是，先生之诗，殆他有所谓。新亭之泣，如王导辈，亦何尝赐死于吴地，盖惟以其举目而有山河之异耳……每见言及河朔旧事，未尝不潸然陨涕。呜呼，先生之作此诗，其亦是耶！"(568)

《阴风》诗中，诗人亦将自己视为一"伶俜落南客"，见山河之异，悲故园难归，在"地偏寒浩荡"中"天涯醉又醒"(《雨》，569)。

除了表现国破家亡之悲以外，简斋还在其雨诗中寄托了对国事的深切忧虑。

> 自靖康丙午岁，金狄乱华，六七年间，山东、京西、淮南等路，荆榛千里，斗米至数十千，且不可得。盗贼、官兵以至居民，更相互食，人肉之价，贱于犬豕……杀戮、焚溺、饥饿、疾病、陷堕、其死已众，又加以相食[5]P43(《鸡肋编》卷中)！

此乃简斋所谓"天翻地覆伤春色"之言外意，白笺注亦云："读简斋此类诗者，心中若无一靖康之乱总体印象，殆难于心知其意矣。"(398)品读简斋后期诗篇，绝不可忽略金人乱华、京畿骚动的时代背景。

山客龙钟不解耕，开轩危坐看阴晴。(《观雨》，710)

　　老夫逃世日，坚坐听阴晴。(《雨》，506)

　　今日东北云，景气何佳哉。我马且勿驱，当有吉语来……怀古视落日，愧我非长才。却凭破鞍去，风林生七哀。(《次南阳》，391)

"阴晴"二字体现的是其南奔途中对国事的关注。即使在逃难期间，简斋还是密切注意天相，盼望景气助祐我宋，盼望早日将金兵赶出故土以收复失地。"灭胡猛士今安在，非复当年单父台"(《雨中再赋海山楼诗》，756)、"正要群龙洗甲兵"(《观雨》，710)等语，借对英雄的呼唤表达了简斋心系社稷、忧国忧民的情怀。

(三) 杏花消息，雨声诗卷

简斋留下了不少写雨的佳句，这些佳句又多见于诗人表现闲淡心境的诗歌。如下所引三首小诗。

　　细读平安字，愁边失岁华。疏疏一帘雨，淡淡满枝花。投老诗成癖，经春梦到家。茫然十年事，倚杖数栖鸦。(《试院书怀》，308)

　　曈曈窗影来，稍稍禽声集。开门知有雨，老树半身湿。剧读了无味，远游非所急。蒲团着身宽，安取万户邑。开镜白云渡，卷帘秋光入。饱受今日闲，明朝复羁絷。(《休日早起》，324)

　　云物淡清晓，无风溪自闲。柴门对急雨，壮观满空山。春发苍茫内，鸟鸣篁竹间。儿童笑老子，衣湿不知还。(《雨》，670)

三诗均有平淡清远之风。"疏疏一帘雨，淡淡满枝花"，用语平淡，对仗工整。诗人将雨与花并列，并在"雨"前贯以量词"帘"，可谓别出心裁。类似的佳句又如"客子光阴诗卷里，杏花消息雨声中"(《怀天经智老因访之》，816)，方回评"以'客子'对'杏花'，以'雨声'对'诗卷'，一我一物，一情一景"[6]P1145，可谓是"奇句"，怪道简斋以此联见赏于南宋高宗了。"开门知有雨，老树半身湿"，简斋自诩为"平生得意句"，真可谓是自然天成，颇似陶渊明"采菊东篱下，悠然见南山"[7]P90，静穆清远。第三首亦别有淡远之意，以儿童、老子雨中谈笑的动态画面作结，展现了一幅闲适的生活图景。

（四）鸾凤高举，好雨自来

按胡谱，"绍兴元年（1131）辛亥，至夏，抵会稽行在所，继除兵部员外郎。八月，擢起居郎"。追随南宋高宗时期，与义在仕途上得到了巨大的提升，由区区下等小官一下擢升到了兵部员外郎、起居郎，后来还被任命为中书舍人。[8]P647 这一时期有《喜雨》：

> 秦望山头云，昨日鸾凤举。冥冥万里风，渐渐三更雨。小臣知君忧，起坐听檐语。风力有去来，龙工杂文武。灯花识我意，一笑相媚妩。泥翻早朝路，弥弥光欲吐。郁然苍龙阙，佳气接南亩。千官次第来，豫色各眉宇。记各以短篇，不工还自许。（《喜雨》，776）

"秦望山"在会稽县东南四十里，"鸾凤举"言其得以见识龙颜，并被委以重任。按白笺云，同一时期所作《雨》诗云"老龙经秋卧，岁暮始一举"，盖是年秋旱，故有"小臣知君忧，起坐听檐语"（777）之句。诗歌表达了诗人因受到君主赏识而感到己之壮志有望实现的欣喜之情。

总的来说，简斋雨诗数量与质量均颇为可观，内容繁多且情感丰富，实乃宋代雨诗中的经典之作。简斋雨诗以抒写个人哀愁为主要底色，早年为官期间多以凄风冷雨抒发仕途多艰、穷困潦倒之苦；南渡之后，自称雨中之"客"，借雨诗抒发家亡流转之悲，寄托忧国忧民的情怀；追随南宋高宗时期的少量雨诗作品，又见出其平步青云、升官近贵的喜悦，为整个雨诗作品增添了一抹亮色；而借雨抒发闲淡情怀之作，则在其各个人生阶段皆有体现。因此，简斋诗中雨意象所代表的独特意涵，也从早年抒发事与愿违的感慨，到南渡后表达国破家亡的悲痛、流落他乡的凄苦，再到晚年表露地位得以升迁的欣喜；而闲适情怀的抒发，则在其雨诗中一以贯之，不定时地出现在各个时期。

二、简斋雨诗在宋诗中的独特审美表现

简斋笔下写雨的佳句，如前所引"客子光阴诗卷里，杏花消息雨声中"，将雨声同诗卷联系在一起，传递出一种闲淡的书斋趣味，与雨诗发展到宋代所形成的普遍书写模式相契合。①[9]P68-74 但在《简斋集》中，借用雨诗来传达闲适之情与表现书斋趣味的篇目

---

① 中国古典诗词对雨的书写具有一个绵长的传统，雨意象的独特意涵，从诗骚时代的"喜雨模式"和"苦雨模式"发展为魏晋南北朝时期对男女关系的隐喻；到了唐代，雨诗形成一套特定的书写模式；而在宋人笔下，雨则更多具有一种书斋趣味。

却并不多见。简斋雨诗的最大特色就在于，他有意淡化了雨诗在发展演变过程中所形成的传统内涵和宋人雨诗写作的普遍模式，遂创造出属于他自身的独特写雨模式——观雨。[10]P68-74本部分将立足于宋代雨诗的发展变化，致力于对简斋雨诗的独特美感表现进行详细的论证和挖掘，旨在从文学史的角度进一步凸显其雨诗价值。这是本文有别于前人研究之处，亦是笔者的新见所在。本次选择与简斋雨诗进行比较的其他三位宋代诗人的雨诗，均被方回选入《瀛奎律髓》卷一七"晴雨类"中。方回言"学者但观老杜、圣俞、后山、简斋四子赋雨"，"即知入处矣"[6]P644。由此可见，这几位诗人的雨诗，无论从数量还是质量上看都是蔚为可观的。

（一）宛陵听雨——"檐斜滴野筝，窗缺摆春灯"

作为宋代开山诗祖的梅尧臣（字圣俞，世称宛陵先生），其写雨诗亦具有一定的特点。方回《瀛奎律髓》"晴雨类"摘录其雨诗共13首，数量仅次于本次所选四人中的简斋。①

风味正不寐，骤来寒气增。檐斜滴野筝，窗缺摇春灯。孺子睡中语，归人行未能。前溪波暗长，定已没滩棱。（《春夜闻雨》。下随文注）[11]P721

这首《春夜闻雨》是梅尧臣雨诗的典型代表，他写雨多选择青灯、屋檐、寒气、冷风等意象，且对夜间所下之雨尤其敏感，从而在雨诗中营造出一幅青灯照壁、雨声打檐的图景。与此相似的又如"晓殿鸣檐急，群公罢食回"（《集英殿赐百官宴以雨放》，444）、"夜色际阴霾，灯青谢客斋"（《新秋雨夜西斋文会》，33）、"窗灯光更迥，宿雾晦层檐。寒气微生席，轻风欲度帘"（《依韵和子聪夜雨》，12）。

从其雨诗大致可以见出：其一，宛陵雨诗多为和韵诗，可见其并非主动选择将"雨"作为诗歌的主要表现对象，亦即其目的不在咏雨，而是表现下雨这一背景下人的活动和情态。其二，宛陵雨诗喜写雨滴屋檐、台阶之声，实与晚唐所形成的雨诗传统相承接，算得上是晚唐"夜雨鸣阶""雨滴梧桐"在宋诗中的悠长回响，但却缺少晚唐诗人或夜长不寐、或羁旅思乡的苦闷与感伤情调。杜牧的雨诗如：

秋声无不搅离心，梦泽蒹葭楚雨深。自滴阶前大梧叶，干君何事动哀吟。
（《齐安郡中偶题二首》其一）[12]P312

---

① 方回《瀛奎律髓》卷一七"晴雨类"，宛陵雨诗收录13首，后山雨诗收录8首，茶山雨诗收录12首，简斋雨诗收录26首。

李商隐的雨诗如：

> 远书归梦两悠悠，只有空床敌素秋。阶下青苔与红树，雨中寥落月中愁。
> (《端居》)[13]P707

一"哀"一"愁"，两首雨诗中所表达的哀怨与忧愁正是晚唐文人雨里悲吟的典型代表，诗人惆怅、抑郁的心态与下雨时沉闷、压抑的氛围相契合，遂在诗中投注了真挚的情感。相比之下，梅宛陵雨诗中的情感还略有欠缺，导致空有景物罗列而情味淡薄。

（二）后山苦雨——"密雨吹不断，贫居常闭门"

陈师道（字履常，号后山居士）的雨诗，多将雨视为环境险恶的一种象征，以此表现自己贫居的生活苦状，常见意象为炊具、颓墙、破柱等。如《暑雨》：

> 密雨吹不断，贫居常闭门。东溟容有限，西极更能存。束湿炊悬釜，翻床补坏垣。倒身无著处，呵手不成温。[14]P29 （下随文注）

本诗主要展现了下雨给诗人所带来的生计麻烦，体现出诗人贫居的生活窘状。后山曾在另一首雨诗中云："贫可留须鬓，恩当记庋廖。"（《和黄预久雨》，258）此处用典，前言"雨中解衣，以供薪米之费"，后言"雨中，妇以门牡为炊，攻苦食淡，异时不可忘也"（258，任渊注）。由是观之，"贫居"乃后山生活状态之真实写照。细密绵长、持续不断的雨不仅使诗人居住的屋子因雨水积累而致灾，还使得其"为积阴所侵"（"呵手不成温"，任渊注，29）。白居易的一首雨诗与后山此诗有相似之处，诗云：

> 凄凄苦雨暗铜驼，袅袅凉风起漕河。自夏及秋晴日少，从朝至暮闷时多。鹭临池立窥鱼笱，隼傍林飞拂雀罗。赖有杯中神圣物，百忧无奈十分何。
> (《久雨闲闷对酒偶吟》)[15]P2600

同是因于久雨，与后山诗歌表现自身的饥寒交迫、穷困潦倒不同，乐天雨诗展现的是诗人为久雨所困、百无聊赖的心情。

方回评后山雨诗，多言"通体皆俗，后山不应至此"（《和黄预久雨》，258）、"语皆过火"（《暑雨》，29）和"清稳而太无意味"（《和寇十一雨后登楼》，369）等。评乐天此诗则言"三四句近人情"，而后纪昀批语又云"鄙俚处即在近情处"[6]P691。可见二人雨诗还不足以达到一定的艺术水准，格调不够高，略带俚俗之弊。后山以雨诗表达贫居的愁苦，将"雨"作为渲染生活环境困窘险恶的一种象征，而类似的象征同时可以是风、雪、雹、寒气等等。由此可见，描写与感知"雨"并非后山雨诗的主要目的，后山亦未主动将雨作为独立的审美对象来进行书写。

（三）茶山悯雨——"一杯持自贺，吾事在锄犁"[16]P29

曾几（字吉甫、志甫，自号茶山居士）的雨诗中常出现禾麦、稻花、荠菜、老农、畦、泥土、箫鼓等意象，表现诗人因久旱下雨而产生的喜悦心情和对农事的深切关怀。

悯雨连三月，为霖抵万金。小垂开士手，足慰老农心。果欲千仓积，犹须一尺深。病夫浑不寐，危坐听佳音。（《郡中吟怀玉山应真请雨未沾足》，30）

本诗明显继承了雨意象在诗骚时代就已形成的"喜雨"传统。[10]"芃芃黎苗，阴雨膏之"[17]P196，"琴瑟击鼓，以御田祖。以祈甘雨，以介我稷黍，以谷我士女"[17]P325，《诗经》中的"雨"被冠之以"甘""灵""膏"等字眼，以表达劳动人民渴望雨水滋润禾苗的美好愿望。

一夕骄阳转作霖，梦回凉冷润衣襟……千里稻花应秀色，五更桐叶最佳音。（《苏秀道中，自七月二十五日夜大雨三日，秋苗以苏，喜而有作》，50）

本诗亦表现久旱逢甘霖之欣喜，足以体现茶山"悯雨"之心。其"悯雨"情节还多次出现于其他雨诗，如"未忧荒楚菊，真恐败吴粳……浮云会消散，鼓笛赛西成"（《秋雨排闷十韵》，46）和"何犹收积潦，箫鼓赛西成"（《苦雨》，31），表达了诗人对积雨致涝、危害农作物生长的忧虑，以及对阴雨消散、庄稼向好的期盼。

"病夫浑不寐，危坐听佳音"写听雨之声，这是茶山雨诗常用的一种感知角度。曾几雨诗的一个显著特色在于其善于动用多种感官来捕捉雨的印记，既通过视觉、听觉["不眠听竹树，还有好音否？"（《悯雨》，30）]，还借助嗅觉。动用嗅觉来写雨乃茶山特别之处，他有不少此类诗句，如"压低尘不动，洒急土生香"（《晚雨》，30）和"风声杂溪籁，雨气携龙腥"（《夕雨》，29），均令人印象深刻，觉泥土之味如在鼻前。此外，茶山雨诗用字较为细腻，多用如"细""润""熏"等字眼，方回评"语不必深，而缠绵笃志"[6]P561，确有一定道理。

（四）简斋观雨——"多少人间事，天涯醉又醒"

如前所述，可以见出，同是写雨，宛陵情味淡薄，后山将雨视为环境险恶的象征，茶山则对霖雨情有独钟。到了简斋这里，他主动选择将雨视为一个表达其心理感受和精神寄托的独特符号,将雨作为一个"现实意象"而非"历史意象"来进行书写。① 他有意淡化了宋人书写雨的普遍传统,以独特的诗思开创出"观雨模式",致力于展现雨中、雨后的景物,在静观中表现雨思。

花、鸟意象构成简斋雨诗的显著图景,在他笔下,雨中花草都呈现出一种富有生命气息的美。"春雨夜有声,连林杏花落"(《海棠》,421)、"月桂花上雨,春归一凭栏……红衿映肉色,薄暮无乃寒"(《雨中观秉仲家月桂》,422)、"烟脂洗尽不自惜,为雨归来更无力"(《黄修职雨中送芍药五枝》,818),简斋笔下,雨中杏花、月桂、芍药都令人生怜。最为脍炙人口的是他笔下的海棠,"海棠不惜胭脂色,独立蒙蒙细雨中"(《春寒》,570)和"东风吹不断,日暮胭脂薄"(《海棠》,421),此二句脱胎自杜甫《曲江对雨》"林花著雨胭脂湿"[3]P450。经雨淋湿的海棠显得更加洁净和清爽,具有一种极富生命活力的动态美感,傲然挺立于风雨之中,不屈不挠,却也显得更加光鲜和亮丽,正如曹雪芹借宝钗之口所道出的那样:淡到极致方知花更鲜艳。②[18]P257

除了展现雨中花草,简斋还在其诗中构建出一个雨中孤鸟群体,这一群体包括燕子、乌鹊、老雁、乌鸦、孤莺、暮鸢、语雀等。其中除"语雀"外,他常以"无言""无语""不号"等否定词汇放置在这一鸟群意象的前面,使诗歌呈现出一种格外寂静的氛围,如"乌鹊无言暮,蓬蒿满意秋"(《连雨书事四首》其三,182)、"遥汀横薄暮,独鸟度长津"(《晚晴野望》,597)、"曳杖出门行,栖鸦息枯木"(《积雨喜霁》,438)。其他一些非雨诗中,诗人也常言及鸟类意象,如"孤鸿抱饥客千里,性命么微不当怒"(《北风》,81)、"归鸦落日天机熟,老雁长云行路难……孤吟坐到三更月,枯木无枝不受寒"(《十月》,113),将自己视为孤鸿、老雁,只愿做"无枝"之"枯木",便可不为"热官"之"冷语"而忧虑。钱锺书先生在《宋诗选注》中对王语俱《村行》"数峰无语立斜阳"一条注云:否定命题总预先假设着肯定命题,"无语"暗示其曾"能语""有语",由此收到的效果比用肯定说法更好,如此方才说明山峰也有生命和心灵。[19]P12在笔者看来,陈与义极力以"无语""无言"等烘托其雨诗中的寂寥氛围,理由亦在于此。他自比为孤鸿、老雁、乌鹊,于是自己便幻化为雨中的一只孤鸟,早年仕途多舛,生活清贫,中年经历丧乱,颠沛流离,终其一生都是在东西南北地飘荡,不仅孤苦无依,而且壮志难酬。所谓"相悲更相失,满眼楚人骚"(《连雨书事》

---

① 侯体健《刘克庄诗文中的地域印记及其精神归宿》一文指出,刘克庄笔下的"荔枝"不同于中国传统诗文吟咏中的一般荔枝意象,而是莆田当地实实在在的荔枝物象的心灵化,其所蕴含的意义多为现实衍生的,鲜为历史传承的,是"现实意象",而非"历史意象"。本文借用其意,意即雨参与了简斋的现实生活,存在于他的实际经历之中,雨在其诗中属于一个独立的审美对象。

② 原文为"淡极始知花更艳"。

其三，182），雨诗始终是其心灵世界的真实呈现。

　　从以上所举出的几位诗人的雨诗来看，雨意象在宋代不仅具有特定的意涵，而且还浮现出一条略为隐晦的发展脉络。在梅尧臣和陈师道笔下，雨并不构成一个独立的审美对象，二人亦非主动对雨进行表现和咏叹。宛陵多将雨作为唱和的媒介，后山则致力于借用雨来表现环境的艰难险阻。到了曾几这里，诗人逐渐开始动用多种感官来捕捉和表现雨之印记。雨诗中多种感官的呈现和细腻缠绵的用语，不失为宋人主动将雨作为一个独立审美对象的萌芽之举。简斋的观雨模式正承此而来，他将曾几对雨的细致体察发扬光大，选择从自己的双眼出发，在雨中静静地观赏眼前的景物，静静地感悟自己的心境。

　　可以说，主动将雨视为一个独立的审美对象，在雨中展现静观与雨思，是简斋具有文学意义的一个重要创举，也正是其雨诗的独特价值所在，它代表着宋人审美体验中对"雨"之美感的新发现。简斋钟爱写雨，并非因为他的文学表达需要雨意象所具有的历史意蕴，而是因为雨作为一个独立的审美对象降临并且出现于他的现实生活中，契合了他的情感体验，参与构建了他的心灵世界、心路历程。雨虽然不至成为其在各个时期与亲友进行唱和交往的媒介，但却成为其表达特定感受体验的一个重要载体、一种独特符号，成为他从外界喧嚣走入内心宁静的一个缩影和标志，是其一个重要的心灵归宿与精神寄托。正如王友胜指出的，简斋的咏雨诗更多关注的是雨诗性的美，他是以一种超脱于世俗之上的眼光来观赏和体悟雨的。[20]P66-69

参考文献

[1] 白敦仁. 陈与义集校笺［M］. 杭州：浙江古籍出版社，2014.

[2] 脱脱，等. 宋史［M］. 北京：中华书局，1985.

[3] 仇兆鳌. 杜诗详注［M］. 北京：中华书局，1979.

[4] 汪藻. 靖康要录笺注［M］. 成都：四川大学出版社，2008.

[5] 庄绰. 鸡肋编［M］. 北京：中华书局，1983.

[6] 李庆甲. 瀛奎律髓汇评［M］. 上海：上海古籍出版社，1986.

[7] 逯钦立. 陶渊明集［M］. 北京：中华书局，1979.

[8] 张嵲. 紫薇集（影印文渊阁四库全书）［M］. 台湾：商务印书馆，1986.

[9] 曹世瑞. 听雨诗探论［J］. 中州学刊，2019（3）.

[10] 汪钰. 先秦至晚唐听雨诗的历史衍展述略［J］. 保定学院学报，2018，31（6）.

［11］朱东润．梅尧臣集编年校注［M］．上海：上海古籍出版社，1980.

［12］何锡光．樊川文集校注［M］．成都：巴蜀书局，2007.

［13］刘学锴，余恕诚．李商隐诗歌集解［M］．北京：中华书局，2004.

［14］冒广生．后山诗注补笺［M］．北京：中华书局，1995.

［15］谢思炜．白居易诗集校注［M］．北京：中华书局，2006.

［16］丛书集成初编［M］．北京：中华书局，1985.

［17］周振甫．诗经译注［M］．北京：中华书局，2010.

［18］曹雪芹，高鹗．红楼梦［M］．脂砚斋，王希廉，点评．北京：中华书局，2009.

［19］钱锺书．宋诗选注［M］．北京：三联书店，2002.

［20］王友胜，许菊芳．陈与义咏雨诗初探［J］．湖南文理学院学报，2006，31（4）.

［21］侯体健．刘克庄诗文中的地域印记及其精神归宿［J］．文艺研究，2010.

［22］莫砺锋．江西诗派研究［M］．济南：齐鲁书社，1986.

当代青春电影风格、意义建构特征

李柯润

青春电影以青年人、青年心理、青年问题等为题材,通过反映青年的生存状态和精神面貌,表现青年人的价值观念、行为和生活方式。大学生群体即是青春电影中的重要呈现对象。进入 21 世纪后,一批怀旧风格的青春电影涌现市场,如《匆匆那年》《致我们终将逝去的青春》等青春电影均将大学校园作为怀旧的场域,强调了青春电影关于情感的叙事主题倾向,表现了大学生的生活和精神面貌。青春电影不仅是一种文化消费,也是一种群体青春怀旧影像记忆。从 20 世纪 80 年代末至今,中国青春电影持续演绎着清纯与复杂、自我与他者、传统与现代、正直与欲望等主题之间的呼应与对立,在青春符号的塑造中进行着意义的建构。

一、在青春电影的历史发展中观照当代大学生电影风格

新中国电影对青少年题材一直保持关注,大学生也是被集中刻画的群体,不同时期、不同的青春类型影片风格各异,以历史的视野回顾中华人民共和国成立以来涉及大学生的青春电影发展脉络,有益于更好地把握当代大学生电影的特征。

自 20 世纪 50 年代到"文化大革命"结束前,中国摄制了一批以大学生为主人公的影片,如《青春之歌》。这批青少年电影突出了政治环境中青年人为无产阶级革命做出的贡献,但往往忽略对个性的关注和追求,大学生个人故事的展开和命运的发展都被展现在政治语境下,侧重于政治叙事和政治教化,似乎这类作品都脱离不了这一点。

"文化大革命"后,中国电影出现一批以年轻人生活、学习为题材的电影。第五代导演在电影中进行文化反思,描述年青一代的青春祭,表现百废待兴的时期青年人如何将被耽误的时间和知识学习夺回来,呈现出奋发向上的形象,但是仍然缺乏带有个性色彩的成长故事叙述。直到第六代导演活跃在电影舞台上,他们对旧事物和旧传统保持审

视的立场，打破了肃穆的宏大政治叙事，政治的教化寓意逐渐让位于个体情感的抒发与表达。

2010年以来，青春校园电影受到热捧，层出不穷。如果说之前的青春电影更多的是一代人在某一历史时期共同遭遇的回望，那么新时期青春影片更倾向于对个人化世俗生活的展现，脱离了时代背景要求的束缚，无须背负起历史的沉重，着重描绘人物的内心情感挣扎，迎来个性化的解放。这一时期的青春电影，爱情和友情是创作中不变的母题，大学生脱去稚气的苦楚与迷茫、亲密关系间的纠缠和分离、懵懂和新鲜的欲望等都被反复书写，青春期独有的少年"为赋新词强说愁"式的酸楚也被着重抒发，并成为影片与青少年情感联系的共鸣点。

青春转变中的伤痕被不断塑造，也容易造成观众的审美疲劳，为强说愁而愁的情节也充满虚饰的成分。但是，这种情感主题取向在初期能够受到欢迎，也说明其的确洞察和投射了年轻人的内心，反映了当前年轻人成长和发展的时代环境。当代大学生在更快的社会节奏下面临更大的竞争压力，孤独感激发了对单纯人际关系的追忆与渴望，电影中被夸大的伤痕能够引起年轻人的共振共鸣。

从以上简单梳理也可以看出，无论是哪一时期的青春大学生电影，都或多或少贴合时代特征，呈现了不同时代年轻人的特质，是对年轻人群像的一种艺术表达。

二、在怀旧策略中塑造群体性青春回忆

当代青春影片中有很多这样的主线情节：走出象牙塔的青春主体在手足无措中被迫脱去稚气，激情与梦想在残酷的现实中逐渐消逝了。所以，青春时代的美好情谊和那个纯真的自己，就显得弥足珍贵。观众在选择观影时，通常会存在两种心理：一是文化补偿心理，渴望通过银幕看到现实生活中无法实现的故事；二是文化亲同心理，希望在影片中看到自己的现实生活，并为自己真实生活中的不完美寻求慰藉和答案。青春影片中轰轰烈烈的情感弥补了现实生活中的平淡，青春美好易逝的情节也让观众勾起对自己青春的回味。影片以怀旧作为突破点拉近与观众的心理距离，在激起群体青春共鸣的同时，制造了热点和卖点。此类电影主要通过两种方式去塑造怀旧的叙事情境。

（一）以大学作为节点切换成长的轨迹

纵观当下的国产青春片，几乎在叙事上都塑造了两个不同的时间分层，在现在的时间中构建着过去的时间，大学往往是区分现在和过去的节点。大学或大学前的生活体现着"过去"的浪漫美好，而"现在"则是处于物是人非的现实境地。影片在"过去"

与"现在"的强烈对比中突出美好不再的感伤,激发观众对"过去"的怀旧。

如《匆匆那年》的主人公在高中校园相识,在大学毕业前感情出现了裂痕,大学后各奔东西。影片在叙事上时空来回交叉,开端时女主角在别人的追问下展开对青涩恋情的回忆,从现在的时空切换到过去的时空,结尾处再次切换到现在的时空,在青春的骤然消逝中渲染心理反差,表达对过去青春岁月的怀念。再如《致我们终将逝去的青春》用超过三分之二的部分怀念校园爱情,三分之一讲述大学毕业后的生活,故事结束时女主人公点明:"青春就是用来怀念的",加强了过去与现在的时间二元对立。我们看到的大部分国产校园青春影片都试图通过美化、放大过去来激活年轻观众对青春的集体记忆,同时也将过去与现在的联系割裂。影片塑造的大学生形象既饱有稚气和理想,也暗藏着步入社会前的隐隐危机。

(二)镜头语言塑造怀旧氛围

影片的镜头语言和后期的调色也为渲染怀旧情绪助力。一般来说,影片中关于美好校园内的部分,色调都温馨饱满,光线柔和明亮,在温暖的画面中美化生活。而走出青春追忆,理想和感情破灭后,影片色调和光线都明显变冷变暗,配合情节烘托人物情绪,折射现实的人情冷暖。

如《匆匆那年》中,高中是主人公青春最为澄澈的时期,蓝校服、白衬衫、校园中茂密的绿树等都突出了清新的色调,白色作为主要的大色块在影片中经常出现,象征着一种纯真,同时暖黄的光线也营造了温馨的氛围,画面总体明亮开阔,彰显着青春的蓬勃飞扬。尤其在主人公初期情感萌生的情节中,善用柔和光线去衬托人物形象,一方面使人物在光线中凸显朦胧的轮廓感,对人物进行美化;另一方面光线的投射也暗示情感的升华。在主人公进入大学后,影片主色调变为以绿色为主,展现青春的激情和奔放。大学时期的情节中,男主人公积极参与各大校园活动,成为风云人物,也与这种郁郁葱葱的色调契合。在男女主人公情感出现危机后,影片色调主打冷色系,光线变得幽暗,配合冬天场景的枯肃呈现出冰冷的画面,与之前的饱满明亮形成鲜明对比。

影调传递象征寓意,也在营造氛围的同时强化意境。在此类电影中,清新明媚的色调已经成为青春的符码,而冷色调呼应着残酷的现实。艺术作品中的怀旧是一种审美策略,它所具有的挽歌式美感和抒情品质不仅来自怀旧对象本身,也取决于它的观照者和阐释者及其怀旧对象的想象方式和表达样式。电影色调和光线的转变让观众融入影片建构的情景氛围,调动观众的感官感受并参与到怀旧的想象中,在影调的对比中随情节触发共鸣。

三、不同空间的建构与更迭隐喻人物状态

这类影片大都有一个相对确定的场景空间，人物的不同人生阶段故事在不同的空间中上演。空间既承载着实体意义，为人物故事提供发生背景，也隐喻着社会关系和人际关系。人物在空间中或有稳定的关系，或想在空间中逃离出走，空间的变换预示着人物生活的动荡与内心平衡的打破。

（一）大学校园空间：美好与压抑的表征

校园空间是影片呈现大学生活的主要空间。在这个空间中，教室、宿舍、书籍、跑道等作为青春的典型象征符号不断出现，校园郁郁葱葱，宿舍温馨舒适，在呈现生活气息的同时，又给予这一空间世外桃源般的纯净。生活于其中的人物懵懂单纯，爱情的萌芽在此发生，青春的积极面和人物之间的情谊也被嵌入到校园空间中，使得影片中的校园空间直接昭示着人物这一时期美好的体验。

校园空间暗含着矛盾，一面是青春的张扬，一面是青春的迷茫敏感。在《匆匆那年》中，男女主人公从高中步入大学校园，大学校园中的各类活动释放着青春的张扬，男主人公喜结识新好友，沉迷学校活动，而忽略了女主人公，导致两人感情出现裂痕。校园空间充斥着年轻人易碎的情绪和敏感的情愫。在《致我们终将逝去的青春》中，主人公随着毕业临近，感情中掺杂了功利色彩，男主人公迫于家庭压力选择出国留学，导致感情的结束。校园空间中的感情不是只有理想化的浪漫，还有主人公对于未来的迷茫和压抑在此空间中涌动。校园空间也是现实社会的一个缩影。

（二）公共空间：青春走向成人世界的演练场

相比于校园空间的相对封闭和单纯，公共空间则体现为一种自我放逐和逃脱游荡。在喧闹的街道骑摩托车、在路边摊举杯放纵、在KTV狂欢高歌等，都属于公共空间的活动范畴。影片中，在情节转折处常出现人物公共空间的活动塑造。如《匆匆那年》中毕业后吃散伙饭的狂欢情节，昭告着上一段校园生活的彻底结束。

空间的转变是人物生活状态变化的体现，公共空间是人物短暂摆脱苦痛和压抑的场所，但是在公共空间短暂的释放后，仍需面对青春中成长的煎熬，人物无法在狂欢和游荡中获得成长的终极意义，尚未获得成熟经验的稚嫩心理，常在公共空间里显得格格不入。影片中公共空间的建构，像是人物在迎接社会现实之前短暂的避风港，解压的同时也早已埋藏着危机，是人物试图面对社会的演练场。描摹不同空间中人物的生存状态，

更能还原人物的成长体验和生活经历。

四、欲望化和感官诉求的书写

部分青春大学生影片在商业化逻辑下被赋予过多的消费主义色彩，比如《小时代》杂糅了友情、爱情、亲情、奋斗等多种元素，以友情万岁和励志奋斗作为创作的基调。四个主人公都以大学生的身份出场，但情节建构上已经明显脱离了当代大学生现实，在物欲横流的图景中展示大学生的生活和精神内核，显得虚假和空洞。

《小时代》华丽的元素给予观众强烈的视觉冲击，很大程度满足了观众的窥视欲。美国学者劳拉·穆尔维在《视觉快感与叙事电影》一文中指出："电影能提供诸多可能的快感，其一就是观看癖，有些情况下，看本身就是快感的源泉。"影片中的性、猎奇、灾难、不幸等都被称为被窥探的对象，充满视觉刺激的戏剧化元素被搬到影视叙事中，成为观众津津乐道的对象。《小时代》的影像建构远远超过了文本的意义，宫殿般的住所、高端奢侈品、演员的裸露、姐妹和情侣间的欺骗与折磨，都使观众沉浸在视觉刺激和享受中。除此以外，当代青春大学生影片中经常出现的堕胎或者斗殴情节，也是满足观众窥视欲的一种方式。

结　语

通过以上分析可以看出，当代青春大学生电影主要的意义建构特征，脱去以往青春电影中历史的沉痛，突出个性的塑造和情感的宣泄。这类影片擅于在怀旧的叙事视角下拉动观众群体性的青春回忆，让观众产生共鸣，在时空线的交叉中呈现年轻人的生活经历和内心世界，在视觉符号上也具有明显的塑造痕迹。影片主题中，成长、孤独、欲望、流浪、时尚等在青春冒险史中被不断言说，虽有落入俗套和表达无力的嫌疑，但也在一定程度上呈现了一代年轻人的精神呼喊。需要注意的是，在影片强调矛盾、视觉冲击的同时，也要注重情节叙事的逻辑严密性，情节自然和真实才是打动人心的第一要义。同时，在过去与现在的反差中，应避免完全割裂人的成长轨迹，一味凸显青春的伤痕主义，失去奋斗上进的价值内核。

参考文献

[1] 李简瑷. 类型承续与观念自觉中国类型电影的类型分析与理论建构 [M]. 成都：西南交通大学出版社，2017.

[2] 艾志杰. 中国大陆青春电影的文化基因及其影像表征 [J]. 艺苑，2020（1）.

［3］袁智忠．青春电影的新"伤痕"主义透视［J］．艺术百家，2017，33（5）．

［4］陈墨．当代中国青年电影发展初探［J］．当代电影，2006（3）．

［5］蔡海波．青春影像的叠印［D］．南昌：南昌大学，2010．

［6］谢建华．青春映像：中国青春电影的文化母题与创作趋向［J］．当代电影，2010（4）．

今日我们为何追求学术自由

——以云南大学和复旦大学为案例

杨亚光

引 言

本文试图为"复旦大学对口支援云南大学项目"提供一个反馈。笔者在展现一个学生经历的同时,去呈现对这些经历的思考。因为局限于个人视角,所以经历主要来自个体观察,而对经历的分析会受到个体思维习惯的影响。虽然如此,但个体层面的展示依然有意义。集体由个体组成,样本总具有一定的代表性。所以,在云南大学相关工作者努力收集对于未来交流项目的积极建议时,将笔者的观察呈现出来是有必要的,它起码能呈现出一种角度和姿态。

其实,一段为期四年(云南大学两年,复旦大学两年)的经历给人的启示和思考是多方面的,非几句话所能交代清楚。笔者试图让思考集中于一个值得深入的问题,因此选择了学术自由这个值得关心的角度。学术自由是由学校的管理者、教师和学生所共同构建的一种氛围,它能突出地显示出一所学校的整体风气和胸襟关怀。本文分为三个部分:第一部分,讨论学术自由这一概念及其必要性。第二部分,澄清人们对学术与政治之间张力的误解,分析学术权力与行政权力之间的关系。第三部分,通过学术自由这个角度来反思今天的师生关系。

一、学术自由之必要性

学术自由对于大学来说至关重要。马相伯先生在创办震旦学院以及复旦公学时,就看到学者进行自由研究的必要性,[1]P282将学术自由作为办学宗旨。自此,学术自由成为复旦大学的重要底色,受之影响者众,陈寅恪先生就是其中之一。他在学校学习两年,复旦公学的自由学风对其产生深刻的影响,也对其后期"独立之精神,自由之思想"

的形成起到了启发和培育作用。[2]P60-64 复旦大学的民间校训"自由而无用的灵魂"也是复旦大学长久以来学风之体现。笔者在复旦大学哲学学院学习期间,最大的感受就是其对学术的尊重。毕竟有了良好的学风,就会有大师,就会出人才。复旦大学对于学术的尊重在与行政权力的比较中体现得更加明显,下面将通过分析学术权力与行政权力的关系来阐明这一点。

二、学术权力与行政权力

学术自由所要反对的不是国家和政府的政治主张,而是具体学校的烦琐行政。前者是宏观的,后者则是具体的。前者和学术有非常大的距离,很难直接构成对学术的限制,而后者却时时刻刻都在影响学术的进行。美国思想家伯顿·克拉克将大学视为一个行政与学术两种权力交织构建起的矩阵型组织。这两种权力彼此渗透,并且二者之间存在张力。学术自由本来就包含了对于行政事务的自主管理权,然而这种权力无法得到保证,常受到行政权力的侵蚀。

今天我们能够看见高校的体制充满了繁文缛节。比如,学生经常需要填写各种各样的表格,有些基本信息明明已经填写过数次,学校可以通过系统的信息共享来解决,但是每次都要重新填写。

行政常常反客为主,人则被异化为行政系统的工具。行政的目的当然是为了那些在学校里的人,而不是为了权力本身。学术自由归根结底的品质是对学术的尊重。这种尊重反映出高校学术权力与行政权力之间的关系:后者需要为前者服务。高校的去行政化是提高学术权力的重要手段。去行政化是指"革除那些阻碍学术自由发挥的思想观念,对影响学术权力正常运作的管理组织进行权力再分配"[4]P34-39。去行政化体现了对学术权力与行政权力之间关系的理解,也体现了对学术自由的尊重。

三、学术自由与师生关系

学术自由需要构建和谐的师生关系,而且学术自由也会促进师生良好关系的形成。在云南大学,学生除上课以及读书会等活动能同老师接触外,其他时间很少能和老师进行交流。云南大学哲学系对本科生实行导师制,基本上每一个导师在一个年级只有一名学生。这个制度本来是对这里所论述的师生分离关系的强有力的克服,然而因为实践起来力度不够,所以收效甚微。云南大学师生关系中的一个重要问题在于老师在学校没有个人办公室,学生向教师请教、沟通变得烦琐困难。复旦大学在这一点上稍好一些,老师的个人办公室成了一个学生与老师进行交流的非常重要的场所,虽然要求学生主动,但起码节省了交流的时间和精力成本。

除此之外，云南大学和复旦大学都体现出教师对学生课程学习的评价匮乏。具体来说，无论是考试还是论文，学生最终在系统上查询到的只有分数，没有任何其他反馈。对于论文来说，老师在内容方面的反馈至关重要，它是使学生在写论文方面获得进步的关键。一个分数只是在行政上方便统计绩点对学生进行评定，并不能反映出学生在哪里欠缺，以及在什么地方需要改进。单纯的分数反馈并不能直接使学生获得进步，如果只给出一个分数，学生可能重复犯错。给出一个分数是一种评判，而给出分数以及分析和建议，才是教育。考试和论文不应该与教育分离，它就是教育的延续。

学生与老师之间的关系，非常容易被烦琐的行政体制分隔开。笔者认为，上述现象所描述的这种师生关系所体现出的是学术权力对于行政权力的服从。教师与学生的沟通机制的建立以及学生评价体系的建立都在服从管理和行政上的方便，而忽视了师生自由畅快的交流对学术研究的重要作用。在分工社会中，工具理性很容易使师生关系被异化。[5]P7-10在讲台上授课的教师作为他者如同工具，而在被行政权力侵犯的学术体系中，教师和学生都充当了工具的角色。良好的师生关系是学术自由的保证，而且对于学术的重视本身也意味着对学术研究的主体——教师和学生的重视。

笔者在学生中很少见到自主学习的风气，包括笔者在内的大部分学生都因为考试、升学和论文而读书学习。因此，当没有任务时，自主管理的时间容易变为被浪费的时间，自主非常容易演变成放纵。笔者认为，通过尊重学术并进而拉近学生和老师的关系有利于解决这些问题。学术自由可以成为一个发力起点，其最终目的是使学校得到更大的发展。

参考文献

[1] 朱维铮. 马相伯集 [M]. 上海：复旦大学出版社，1996.

[2] 王跃. 陈寅恪的心路历程："独立之精神，自由之思想"渊源略论 [J]. 成都理工大学学报：社会科学版，2019，27（1）.

[3] 金久仁. 大学学术权力与行政权力共生机制研究——基于包容理念的视角 [J]. 阅江学刊，2020，12（2）.

[4] 贾玉明，王佳方. 高校学术权力与行政权力的诉求冲突与调和 [J]. 现代教育管理，2016（7）.

[5] 郑秀兰，陈武林. 师生关系的异化与回归：基于"我与你"关系视角 [J]. 基础教育参考，2020（1）.

从第一契机看康德美学理论

景 敏

邓晓芒先生在《判断力批判》的"中译者序"中对康德美学的四个契机进行了概括:"前两个契机提出鉴赏的愉快的两个特点,即无利害的快感和无概念的普遍性,后两个契机则追溯到这两个特点的先天根据,即无目的的合目的性形式和人类的共同感,从而说明了鉴赏判断是想象力和知性这两种认识能力的自由协调活动或'游戏',它所判定的是普遍可传达的愉快感,这就是'美'。"本文希望在详尽地论述第一个契机的基础上,来谈一谈第一契机与第三契机的内在关系。

一、对于四个契机进行总述

在"美的分析论"中,康德从质、量、关系、模态方面提出了关于美的本质的四个契机。按照康德的结论,这四个契机分别是无利害的快感;这种无利害的快感具有普遍性;美是无目的的合目的性;美具有不依赖概念的必然性。由于"康德并没有给美下一个本质性的定义,而是提出了一些'契机'",所以理解这些契机对于我们来说显得尤为重要。

我们首先要明确康德为什么要从质、量、关系、模态的角度给出审美判断的契机。康德认为:"在这里成为基础的鉴赏的定义是:鉴赏是评判美的能力。但是要把一个对象称为美的需要什么,这必须由对鉴赏判断的分析来揭示。这种判断力在其反思中所注意到的那些契机我是根据判断的逻辑功能的指引来寻找的(因为在鉴赏判断中总还是含有对知性的某种关系)。在考察中我首先引入的是质的功能,因为关于美的感性判断(审美判断)首先考虑的是质。"审美判断中包含着知性的作用,判断力对于认识活动和审美活动都具有重要的作用。同时,这两种活动中的判断力都需要知性与想象力的结合。这种结合将知性范畴所表达的逻辑因素内化于审美判断中。但是,在康德之前,大多数人都将美和对象联系起来，认为美不能脱离于对象而存在，这实际上是混淆了认识判断和审美判断。所以，康德在休谟的基础上，借助于"美在主观情感"的思想，针对"美在于对对象的认识"的认识论观点，对鉴赏判断进行了进一步的说明和规定，以此区分审美判断和认识判断。

二、对于第一契机的论证

康德在讨论第一个契机的时候，将论证过程分为三个层次，以便说明美在质的角度上的突出特征。首先抓住美的本质特性，确认鉴赏判断是审美的；进一步论证这种审美判断是无利害关系的；对无利害性进行剖析，说明审美愉悦与感官愉悦和善的区别。

（一）美的本质特征

从质上看，鉴赏判断是审美的原因在于，鉴赏判断不是寻求知识，而是凭借想象力联系肢体的快感和非快感，是一种主观的审美判断，而不是逻辑判断。它只是这主体因表象的刺激而引起自觉罢了。

康德认为，美的本源既不是客观的形式或神的理念，也不是主观的感觉或心理的快感，而是居于人的理性能力和知性能力之间的审美判断力。但是，美的本源并不能真正地解释美的本质，而美的本质可以深刻地回答美的本源问题。美的本质蕴含在人的审美活动中，是审美活动的根本规定性。

（二）审美判断的无利害关系

在康德之前，人们对于美的理解逐渐地从客观转向了主观，但是主体的感性属于情感范畴，具有多种表现方式，不能与美直接等同。在这些相近的情感中，康德最主要地区分了在感官满足所造成的快乐（康德称为快适）、道德满足所造成的快乐（善）和美感（美）三者之间的本质区别。在此基础上，康德提出了审美无利害的观点。审美判断和美的无利害的特征是美及审美活动最为显性的特征，它把审美的愉快情感和实践意志中的愉快情感区分开来。所以，在第一契机的论述中，康德总是在与感官上的快适和善的区别中来揭示美感愉快。

在第一契机中，康德完成了对审美判断的基本的界定之后，紧接着提出了"那规定鉴赏判断的愉悦是不带任何利害"的观点。康德首先对"什么是关于无利害的愉悦"进行了规定，然后将有利害的愉悦与无利害的愉悦（美的愉悦）进行比较，最后得出了美的愉悦是一种无利害的愉悦的结论。

那么，什么是关于利害的愉悦——对象的实存能满足我们的欲求。这样我们产生的愉悦感就是带有利害关系甚至是出于利害的愉悦感。同样，它所产生的厌恶感也是出于功利的。美感与此不同，我们说某物为美，"我们并不想知道这件事的实存对我们或对任何人是否有什么重要性；而只想知道我们在单纯的观赏中（在直观或反思中）如何评判它"。

审美的无利害性质是康德的美学思想中最基本的要素，康德的其他所有美学理念的论述都和这个观点相联系。没有这个基础，后续的观点全都会被动摇。正如康德在美的分析论中说的那样："每个人都必须承认，关于美的判断只要混杂有丝毫的利害在内，就会是很有偏心的，而不是纯粹的欣赏判断了。我们必须对事物的实存没有丝毫倾向性，而是在这方面抱无所谓的态度，以便在鉴赏的事情中担任评判员。"也就是说，将"利害关系"加入鉴赏判断之中，产生偏私的态度无法做出正确的鉴赏判断，不只是鉴赏判断，任何评判的标准都不能有个人的利害关系在里面。加入个人的利害关系以偏私的态度去做评判是将偏见加之于客体，就会失去评判的资格，因此也不能被称作判断活动。所以，无利害关系这个条件是首先要被满足的。

在古代欧洲，有很多哲学家都认为利害关系和善等概念和美是一体的。可以说"审美无利害"的观点的提出完全扭转了之前的美学观点。审美无利害的思想并不是被康德首先创造出来的，在康德之前已经有很多人提出过"审美无利害"的思想，但到了康德这里"审美无利害"的思想才真正通过系统的论证形成了体系，成了康德审美判断的首要原则。"审美无利害"这一原则对其之后的美学以及艺术等文化领域产生了不可估量的影响。

（三）三种愉快的区分

康德在论证了美感的无利害的特性之后，紧接着分别讨论了感官上的快适和善这两种愉悦的情感，并与美的愉悦进行了区分。

感官上的快适依赖于对感官的欲求的某种满足，一旦这种欲求实现了被满足的要求，那么这种快感就会消失殆尽。比如说在严寒冬日里，身体寒冷的我们希望获得一个火炉，如果这个愿望被满足，我们将会获得一定的快适。但是，如果是在炎炎夏日呢？恐怕一个火炉将会成为我们的负担和痛苦，而不是快适的源泉。当我们感到失眠时，安眠药能够满足感官的需求进而使我们感受到愉快，但是当我们面临繁重的工作时，似乎只有咖啡才能帮助我们获得愉快的感情。所以说，感官上的快适是有条件的具体的，并不具有普遍性和一般性。由于感官的快适必须凭靠客观事物才能实现，所以审美判断的原则不可能建立在客体的感官的快适的基础上。只有将利害关系与审美判断相脱离,才能建立起普遍认同的审美判断的原则。

在与感官上的快适进行对比分析后,康德又将审美判断与善的愉悦进行了区分。

诚然,审美活动和善的行为都能够给人带来愉悦,但是就其本质而言,这是两种不同的愉悦心理。善的愉悦在某种程度上类似于感官上的快适,与利害及兴趣等有一定的联系。善给人带来的愉悦首先是建立在实践的基础上的——因为某个人的行为是善的,所以我们能在其中感受到愉悦。要想获得因帮助他人而带来的愉悦,我们必须首先对他人伸出援手;只有一个行为做出了并产生了好的结果的时候,我们才能从中感受到愉悦。善的愉悦代表了对某种行为的道德认可,具有一定的客观性。在善的愉悦产生过程中,有很明显的理性的痕迹。但是,审美判断则与此不同。审美判断是一种自由的愉悦,不应当通过理性的限制和绑架来实现对某件事的认同。

大体上来说,美的愉悦和善的愉悦之间的区别可以通过下表来阐释。

表 1　美的愉悦和善的愉悦之间的区别

	性　质	来　源	对客体欲求	自　身
美	超越功利	主观,目标是获得美的感受	无欲求	自由,无约束
善	功利性	客观,依赖于他者对自身行为的认同	强调在实践中的作用,与客观事物存在利害关系	受到道德约束,不能被主观所支配

三、第一契机与第三契机之间的关系

对于美的四个契机来说,前两个契机的关系是显而易见的——"鉴赏力的第一、二个契机所谈的是美感直觉的性质,第三、四个契机所谈的则是美的对象的关系;前者是自明的直观的分析,后者则需要追溯到先验原则来论证"。但是,如果注意到"前两个契机提出鉴赏愉快的两个特点,……后两个契机追溯到这两个特点的先天根据"这个层面的话,我们似乎能够发现第一契机和第三契机之间某种内在的延续性。

首先,第一契机中的审美无利害观点为第三契机的无目的的合目的性提供了十分必要的前提。如果在审美判断中出现了利害关系,那么不仅仅审美的纯粹性会遭到破坏,而且审美的无目的性也会失去成立的根基。第一契机认为审美不应带有任何的利害关系,要切断其与兴趣之间所有的联系,但是这样的合目的性变得有点令人费解,所以康

德为这种合目的性加了一个修饰，称之为无目的的合目的性。无目的的合目的性在理论上将审美无利害的观点进一步合理化。审美无利害只是从最基本的层面解释了什么样的审美判断是纯粹的审美判断，而无目的的合目的性则准确地描述了纯粹的审美判断应有的瞬态。审美判断是无目的且合目的性的，但是不涉及利害关系不能成为证明鉴赏判断无目的性的唯一依据。利害关系这个范畴中的很多概念可以否定无目的性，并不可避免地涉及欲求，而欲求则需要外在的条件去满足。例如，饥饿的时候需要食物，这时认为食物是美的则会先受到食物满足了欲求的影响。而满足判断主体的欲求本身就能构成目的，但是利害关系如果掺入其中，无目的性也就不复存在，所以无目的性必不可少地需要无利害这个前提。

其次，第三契机解释了第一契机的合理性。审美判断肯定不会是无意识的行为，我们主观上对一个客观对象做一个审美判断，也应该为我们为什么做出这种审美判断做出一个合理的解释。而第一契机中首先规定了审美不能涉及任何利害关系，这使我们似乎找不到什么合理的原因来解释为什么我们会对一个客观对象做出审美判断。而进入了第三契机，无目的的合目的性则弥补了审美判断无利害性但却可以合理存在的原因。审美判断应该与判断对象保持无利害关系的状态，但是审美判断毕竟还是要去判断对象产生联系，所以用合目的性去解释这种联系是很有必要的。审美判断通过想象力或感性与客体之间产生联系，而又不能因为有任何关系才使二者联系在一起，这显然是不合理的。所以，为了审美判断的合理性而又进一步补充了无目的的合目的性就显得十分必要。否则，我们无从解释审美判断的来源。

最后，第一契机和第三契机中将美区别于快适和善以及其他的诸如刺激等角度也是十分类似的，大致上都可以归为主观与客观上的差异。第一契机中将审美判断与感官上的快适和善以及利害关系相脱离，它们与审美判断的一个主要差别就是主观与客观上的差别快适需要客观条件满足感觉器官的需求，善的愉悦非常强调它的实践性。利害关系更不可能与客观对象相脱离，建立它们与判断主体的基础都是客观的，而审美判断则要排除这些客观因素，在主观上建立做出这种判断的最理想的条件。合目的性的问题也是这样，感官上的快适以获得快适这种感受为目的，善的实践目的是别人的认同。利害关系的目的可以是多种多样的，但构成这些目的的先决条件也都同样是来自客观的，都有具体的为了达到某种实效的目的，这与无目的的合目的性完全是背道而驰的。

结　语

康德在论述过程中坚持由浅入深的论证结构。如果说美在于对象或客体与主体情感的联系，那么就可以说审美判断活动实际上是由对象或客体生成的一种愉快的情感的过程。我们表面上看起来是在欣赏一个对象，但是实际上对象本身并没有美丑之分，有的只是我们的主观愉悦的情感是否与对象相互联系。可以说，关于美的分析论的第一契机和第二契机说明了美是一种主观的情感，同时具有无利害关系和无概念的普遍性这两个性质；第三契机和第四契机则从更深层次上揭示了这两种性质的先天根据。最后，康德将四个契机都归结为想象力和知性的和谐运作汇总，形成了一个层层递进的分析构架。

从《判断力批判》"第一契机"开始，康德就以"鉴赏判断是审美的"为题对何为鉴赏判断进行了说明。这个说明在文字上虽属于"第一契机"，但实际上是说明整个"美的分析论"的主旨和方法。这能够说明"无利害关系"作为第一个契机，具有重要的根基地位。这种地位不仅仅体现在与第二契机一同对鉴赏判断进行直观的和浅层次的说明，还体现在与第三契机的内在层次性中。四大契机共同支撑起了康德美学理论的大厦。

参考文献

[1] 康德. 判断力批判 [M]. 邓晓芒, 译. 北京：人民出版社, 2002.

[2] 邓晓芒. 冥河的摆渡者 [M]. 昆明：云南人民出版社, 1997.

[3] 张政文. 从古典到现代——康德美学研究 [M]. 北京：社会科学文献出版社, 2002.

[4] 申扶民. 自由的审美之路：康德美学研究 [M]. 北京：中国社会科学出版社, 2009.

[5] 邵斯宇. 浅析康德美学的四个契机的内在联系 [D]. 长春：吉林大学, 2014.

[6] 石若凡. 对康德的鉴赏判断四契机的分析 [J]. 湖北大学学报：哲学社会科学版, 2013, 40 (2).

从判决性实验的坚固性看其历史性

杨亚光

引 言

判决性实验的概念雏形来自培根,他在《新工具》当中提出了著名的"路标示例",也叫"指路牌示例"。培根认为,"有两个或者两个以上的其他性质同时出现",使得"理解力难于辨别轻重,不能确定应把其中哪一个性质指为所研究的性质的原因"时,"路标示例就能表明这些性质当中之一与所研究的性质的联系是稳固的和不可分的"。[1]P197 培根认为,路标示例对于那些并列着的性质是具有判决性和裁决性的,能揭示哪一种性质应该被作为所研究性质的原因。路标示例被看作是判决性实验的来源。

在培根提出指路牌示例之后的几个世纪中,判决性实验在逻辑形式上变得更加完善。逻辑学家给出了判决性实验的逻辑形式:"根据两个互不相容的假说 h1 和 h2,分别推出两个互不相容的观察陈述 e1 和 e2,如果实际的观察陈述是 e1,根据这一判决性结果,就能直接肯定 h1 而否定 h2。可用逻辑推论式表达如下:⌊（h1→e1）∧（h2→e2）∧e1⌋→h1∧h2。"[2] 这让判决性实验这一概念变得清晰,是对培根路标示例的发展。

到了 20 世纪,迪昂以及随后的蒯因却否定判决性实验的存在。他们认为判决性实验攻击的只能是信念系统,对于单个的假说进行证伪是不可能的。因此,判决性实验没有能力在两个并列的假说（h1, h2）之间进行裁决。迪昂指出,物理学家在设计实验和诠释实验时,"并未使自己局限于使用所讨论的命题",而且"也利用了他作为无可争辩的东西而接受的整个理论群",所以"物理学中的实验从来也不能宣判一个孤立的假设不适用,而只能宣判整个理论群不适用"[3]P207。迪昂认为,在物理学当中判决性实验是不存在的。蒯因则指出:"我们所谓的知识或信念的整体……只是沿着边缘同经验紧密接触。"[4]P47 当这个信念或知识的整体同作为法官的经验相冲突时,在这个整体当中

"没有任何陈述是免受修改的"[4]P48。我们无法确定假说 h1 或者 h2 恰恰就是需要修改的那部分。知识和信念的整体性意味着在逻辑推论式 [（h1→e1）∧（h2→e2）∧e1]→h1∧h2 中，h1 和 h2 背后都隐含着很多其他信念，推论出 e1 和 e2 是一个信念的集合。所以，最终的实验结果 e1 所证伪的也是包含 h2 在内的集合。实验结果无法直接在 h1 和 h2 之间做出裁决，因为 h2 所在的理论集合可以做出某些改变，比如增加某个辅助假说来取消 h2 和实验结果之间的矛盾。直接在 h1 和 h2 之间做出判决是不合理的，因此，建立在这种裁决基础上的判决性实验也是不合理的。迪昂和蒯因的论证否认了判决性实验存在的合理性，给了判决性实验有力的打击。

此后，格伦鲍姆对迪昂—蒯因论题提出了质疑和反驳。格伦鲍姆认为，我们并不能保证对于每一个假说 h1 以及它所在的理论集合来说，当它面对实验结果 e1 时，总是可以找到一个辅助假说来消除假说预测和实验结果之间的矛盾。通过对 h2 所在的理论体系进行一些调整来保留 h2，这一点能否做到要看具体情况而定。格伦鲍姆证明了在某些特殊情况下判决性实验存在的可能性，但并没有挽回判决性在开始被提出时所具有的那种对一切并列假说进行判决的能力。

不少科学哲学家依然在反思判决性实验存在的合理性。拉卡托斯对于判决性实验给出了重要的论断，认为不存在即时的判决性实验，只有在长期的理论变化中，判决性实验才能被识别出来。

拉卡托斯在其经典著作《科学研究纲领方法论》中，以"重新看待判决性实验：即时合理性的终结"为标题，给出了他对于判决性实验的观点。拉卡托斯把科学史看作研究纲领的互相竞争，认为：如果一种研究纲领"经过持续的努力，这种东山再起仍不实现，那么战争便输掉了，而原先的实验则被事后之明鉴认为是'判决性的'"[5]P88。拉卡托斯说，这种观点可以解释"为什么判决性实验在几十年之后才被看成是判决性实验"[5]P88。在拉卡托斯的看法当中，我们在短期内无法从根本上理解实验。"即使实验是否定性的，当时也不清楚究竟否定了什么。"[5]P93 只有等待着研究纲领转变之后，在重新评估一个实验时才能追认该判决性实验对于理论重要的意义。

笔者按照拉卡托斯的思路继续思考，发现在拉卡托斯的想法中，虽然判决性实验伴随着研究纲领的转变而得以确立其地位，但是并没有一种严格的证据向我们证明当前取得胜利的研究纲领在将来没有被推翻的可能。拉卡托斯说："永远也不应让一个研究纲领成为一种世界观，或一种科学的清规戒律，使自己成为说明和非说明之间的仲裁者，就像数学上的精确性使自己成为证明与非证明之间的仲裁者一样。"[5]P83-84 笔者从中看到研究纲领不断转换的必要性，并且进而想到，如果当前的研究纲领也在面临着被推翻的可能，那么由这个研究纲领所赋予一个实验的判决意义也是有可能被推翻的。当由一个实验所证明的理论被认为是错误的，作为证明该理论的实验也会被人们发现其错误。就像此刻处于统治地位的研究纲领重新梳理实验的判决性意义，并且将某些判决性实验驱逐出判决性的舞台一样，此刻被认为正确无误的判决性实验在将来也有被驱逐的可能。所以笔者认为，判决性实验只在一定的历史阶段内发挥其作用。即使存在长期以来未被推翻的判决性实验，也并不代表它可以永远占据着判决性实验的舞台。而一个实验是否被认为具有判决性的意义，它能否对理论起到裁决作用，取决于我们对这个实验本身坚固性的确认。在下面，笔者将对实验的坚固性做出解释和说明。

一、实验的坚固性

在上面的阐述中提到，可以这样来描述判决性实验的逻辑形式：［（h1→e1）∧（h2→e2）∧e1］→h1∧h2。在对判决性实验的这一描述中，假说 h2 所进行的预测和实验结果 e1 不一致，假说进行的预测和实验呈现的结果之间存在矛盾，在这样的状况中，必定有一方要被否定，这样矛盾才能被消除。我们可以否定 h2，认为假说 h2 被证伪了，因此选择完全抛弃 h2 或者修改 h2，这时矛盾就被消除了。除此之外，否定 e1 同样可以消除矛盾。比如经过科学家的检查，发现实验得到的数据是错误的，或者科学家在反思过往某个实验的设计过程时，发现此实验并不严格地在理论所预设的条件下进行，在这种情况下，实验结果会被否定，矛盾同样被消除了。这里的场景和战场上的场景十分相似：理论假说 h2 和实验结果 e1 之间产生了矛盾，就像打仗的双方在战场上进行了交锋。战争的双方必定有一方要退下阵去，在理论假说和实验结果的矛盾中，也必定有一方要被否定。我们最后要么承认实验结果是需要修改的，要么承认理论假说是需要修改的。在实验和理论的"战场"上，要么实验需要后退，要么假说需要后退。

我们通常的做法是否定 h2，而不是否定 e1。承认判决性实验呈现出的结果 e1 证伪了假说 h2，就是判定 h2 在这场战争中失败了，对于 h2 的否定能够使原本的矛盾消失。笔者把实验所具有的这种迫使理论被否定的能力称为实验的"坚固性"。如果说一个实验是足够坚固的，就意味着实验本身已经坚固到迫使理论被修改。如果说一个实验不够坚固，就意味着实验并不具有迫使理论被修改的能力。根据这种对于坚固性的定义，当我们说一个判决性实验能够成立时包含了这样一个前提：它是足够坚固的。否则这个判决性实验就不具有迫使假说被否定，对理论进行裁决的能力。

二、坚固性的决定因素

笔者认为，一个实验是否足够坚固，这完全取决于此实验是否在理论的预设条件下进行。我们想用实验来对理论进行检验，为了达到这一目标，实验和理论两者都需要满足一定的条件。实验要在理论的预设条件下进行，这就是用实验来检验理论时实验所需要满足的条件。

让我们先讨论理论所需要满足的条件。为了能够实现实验对于理论的检验，对于理论的要求是：理论需要给出证明（或者证伪）的方式，要说明自己在经验层面的表现和要求。在这一方面我们进行了很多的工作，比如逻辑经验主义强调可由经验证实的命题才是有意义的；波普尔的证伪主义强调能够被事实证伪的理论才是真正的科学理论。两者都强调延伸到经验层面的科学理论才是合格的。

实验也需要满足一定的条件。为了成为理论的检验者，实验需要在理论所预设的条件下进行，否则实验就成了与理论不直接相关的东西。实验不仅要在设计者的假想中，而且要在事实上符合理论为其规定的条件。如果理论对实验的要求因为实验执行者的失误操作或者实验设计者的错误计算而没有满足理论所预设的实验条件，那么这实质上是一种失败的实验，它是不够"坚固"的，很有可能随着实验手段的进步而在科学家对于实验本身的反思中轰然倒塌。

所以，在用实验检验理论的过程中，就如同对理论有要求一样，实验也必须符合一定的要求，才能成为合格的检验者。实验本身的坚固是它对于理论发挥作用的首要条件，如果无法保证实验的坚固性，就无法保证判决性实验中对于某个理论的否定是决定性的。

根据上面的分析，笔者认为，最终导致实验后退的原因只有一个，即实验没有在理论的预设条件下进行。只要实验没有在理论的预设条件下进行，实验的结果就无法对理论产生作用。一旦我们发现某个实验并没有在理论的预设条件下进行，就会判定这个理论是不够坚固的，并否认它对理论的裁决作用。

三、坚固性的不稳定

科学家在设计和操作实验时，总是相信实验是在理论的预设条件下进行的。否则的话，科学家就无法认为实验结果对于理论来说有任何意义。实验是在理论的预设条件下进行的，这是一个前提。只有在假设判决性实验符合此前提的基础上，我们才能肯定判决性实验所能对理论产生的判决作用。

然而，相信判决性实验对于我们所要判决的理论来说具有足够的坚固性，这是一种冒险行为。在科学史上，存在某些判决性实验错误地证伪了正确的理论。当被证伪的理论死灰复燃时，我们才发现当初的实验本身存在问题，它因为各种各样的原因而没能在理论所预设的条件下进行。拉卡托斯著作中举出了一些开始被认定为判决性实验，但之后实验却被推翻，不再被视为判决性实验的例子。他说："在18世纪中，有许多实验被广泛接受，作为反对伽利略的自由落体定律和牛顿万有引力理论的'判决性'证据，这是一个历史的社会学事实。"[5]P108 伽利略的自由落体定律以及牛顿的万有引力定律后来被科学史充分地肯定了其正确性，而且直到现在我们的物理学教科书中依然在讲授这些内容。那些反对伽利略的自由落体定律和牛顿的万有引力定律的判决性证据被证明是错误的。此外，"在19世纪中，有好几个以测量光速为基础的'判决性'证据'证伪'了微粒论，然而后来根据相对论，证明这些实验是错误的"[5]P108。对于这两个例子，拉卡托斯指出："这些'判决性实验'后来被作为可耻的目光短浅的表现，甚至是嫉妒的表现，从而从辩护主义的教科书中删掉了。"[5]P108 科学家充分地认识到这些实验本身就是有问题的，它们因为各种原因而没有在理论的预设条件下进行。科学家在反思中重新考虑了这些实验的坚固性。当科学家把这些实验"从教科书中删除"，就取消了这些实验的坚固性。

科学史在证明着，科学家对坚固性的认证本身是不够坚固的。有时我们认为一个实验是在理论的预设条件下进行的，但是在之后的某个时刻却发现并非如此，总有很多没有被考虑到的因素被重新发现。当科学家发现一个实验并没有在理论的预设条件下进行时，这个实验的坚固性同时也会受到质疑，它也不再是一个合格的判决性实验了。如果我们把坚固性比喻成一个实验的证书，就会发现这一证书并非终身制的，它有可能被召回，坚固性是不稳定的。

四、坚固性的意义

为了看到坚固性的意义，让我们想象一种总是足够坚固的实验，想象我们不是用实验迫使大自然检验我们的知识，而是当科学家得到某个理论时，直接把该理论推导出的结果传递到上帝那里接受检验。我们认为上帝的回答具有绝对的正确性，所以从来不怀疑他。在这样的想象中，所有从上帝那里得到的回答都具有判决的功能。如果上帝对我们的理论推论给出否定，那么毫无疑问，理论被否决了，理论必须要被修改。而在用实验来检验一个理论时，我们难以保证实验本身的确定性。用实验来检验理论的方式并不是直接从上帝那里知晓答案，而是需要设计一个实验作为"使者"，这个使者呈现给我们上帝的回答。当使者否认理论时，我们不但会怀疑理论，而且会怀疑使者本身——使者可能错误地理解了上帝的回复。实际上，我们利用感官和辅助的观察工具能够从世界上接收的一切事实就是"上帝的指令"——事实不可能是错误的。实验就是使者，它是在特殊的理论背景下去呈现一种事实。当我们把某个事实说成实验时，事实就以理论为背景，试图成为对理论的验证。

所以，事情的关键在于确认一个事实是否能成为合格的实验，从而确认它是否有能力来对一个理论进行验证。实验绝对不仅仅是简单的事实，因为每一种实验都有能力呈现一种事实。实验意味着在事实和理论之间建立联系，正是这种联系使一个事实成为实验。实验必须要确认某个事实是否恰好是理论所需要的那一个，这就需要保证我们所做的实验是在理论的预设条件下进行的。

如果实验错误地支持了某个理论或者错误地证伪了某个理论，只能有一个原因：我们错误地理解了事实，我们把不能作为理论检验者的事实当作了可以对理论进行检验的事实，把没有在理论的预设条件下进行的实验错当成在理论的条件下进行的实验。在这种情况下，世界给出的答复被科学家们错误地理解了，就像上帝给出的答复被那些传信者错误理解一样。

判决性实验如果要严格成立，我们就需要保证实验本身像上帝的答复那样坚固。坚固性是实验发挥其判决功能的条件，实验本身越坚固越好。但在科学活动中，因为各种各样的具体原因，实验的坚固性往往是科学家难以保证的，所以才有了科学家对于坚固性的"认定"：科学家在设计和操作实验时，总是相信实验是在理论的预设条件下进行的，总是认定此实验是足够坚固的，是能对理论起到裁决作用的。

相信判决性实验对于我们所要裁决的理论来说具有足够的坚固性，这是一种冒险行为。但只有在此条件下，我们才能肯定判决性实验所能对理论起到的裁决作用。科学家的冒险行为总有被否认的可能，颁发给判决性实验的坚固性证书也总有被收回的可能。在我们还没有发现一个实验不在理论的预设条件下进行这一点之前，在我们还将某个实验认定为足够坚固时，保证实验迫使理论修改的能力，保证实验对理论的裁决作用，这正是实验之坚固性的意义。

结　论

在上面的阐述中，笔者试图说明以下几点。

（1）实验足够坚固，这是判决性实验成立的条件。科学家们在认为一个实验足够坚固时，才能同意某个实验能够对理论产生裁决作用。

（2）实验是否坚固，这取决于此实验是否在理论的预设条件下进行。如果是，那么实验足够坚固；如果不是，那么实验的坚固性就被否定。

（3）科学史在证明着，实验是否是在理论的预设条件下进行的这一点并不是确定的，科学家会在不同的时期对这一点进行不同的认定。所以，坚固性本身是不稳定的，一个实验的坚固性常常面临着遭到否认的可能。

（4）坚固性的意义就在于它是一个可以保证判决性实验发挥作用的证书，在我们没有发现某个实验并不在理论的预设条件下进行这个事实之前，它为判决性实验对于理论的裁决提供保证。

所以，根据上面的内容，我们可以说，如果一个实验的坚固性得到了保证，那它对于理论所产生的作用（支持它，或者证伪它）也就得到了保证。我们并非仅仅在长远的时间内才能读出这个实验的意义，因为坚固的实验对于理论所起到的作用是直接的。拉卡托斯并没有证明实验对理论所产生的这种直接的作用是"错误"的，而是证明了这种直接的作用是"危险"的，即它有被推翻的可能。在研究纲领的变更中，科学家对于实验坚固性的理解会发生变化。科学家对于一个实验的认定总是受到研究纲领的引导，同时也受到实验条件的限制。伴随着时间的前进，在这两方面因素发生一定的变化之后，因为另外一种理论的引导，以及另外一种实验条件，我们会重新思考并确认实验的坚固性，也将重新思考并确认过去被认为具有裁决性的实验对于理论所起到的作用是否正确。

笔者猜想，一种具有永恒的坚固性的实验并不存在。我们的科学知识在不断进步，任何知识都有被推翻的可能。判决性实验不仅仅证伪一个理论，而且对于另一个没有被证伪的理论起到了支持的作用。但是，被此判决性实验支持的理论在将来也是很有可能被推翻的，那时科学家们所持有的观点往往既不是被证伪的理论，也不是被支持的理论，而是一个新理论。此处，判决性实验仅仅在某个时间段内起到其作用这一特点就体现出来了。

实验的坚固性只在某个时间段内得到承认，所以实验对于理论的作用也只能在一个时间段内发生，判决性实验也只有在这个时间段内才能成立。所以，笔者认为，判决性实验完完全全只是一个时间段内才有意义的概念。即使是被追认为具有判决性意义的实验，也难以保证其坚固性是永恒的。坚固性是一个假定，是科学家的一种冒险，也是科学家在条件受限的情况下所采取的更为"经济"的措施。只要一个实验的坚固性证书还没有被收回，只要依据目前的实验和理论状况，一个实验还被认为是在理论的预设条件下进行的，判决性实验就能够发挥它的作用。

与拉卡托斯的观点刚好相反，笔者认为，判决性实验完全是"即时的"，拉卡托斯所谓的在长期内得到追认的判决性实验也仅仅是一种短暂的确认。从长久来看，具有永恒坚固性的判决性实验是不存在的。判决性实验的存在是可能的，不过它只存在于一个特定的历史时期。只有在这个特别的历史时期内，判决性实验才能成立，对于判决性实验的讨论也才有意义，这就是所谓判决性实验的"历史性"之含义。

参考文献

［1］培根．新工具［M］．许宝骙，译．北京：商务印书馆，1984．

［2］舒国萱．判决性实验的历史追源［J］．学术论坛，2011，（6）．

［3］迪昂．物理学理论的目的和结构［M］．李醒民，译．北京：华夏出版社，1998．

［4］蒯因．蒯因著作集［M］．第4卷．北京：中国人民大学出版社，2007．

［5］拉卡托斯．科学研究纲领方法论［M］．兰征，译．上海：上海译文出版社，2006．

［6］谢中起，等．拉卡托斯对"判决性实验"理论的"判决"［J］．科学进步与对策，2009（16）．

［7］兰征．"判决性实验"可能吗？［J］．自然辩证法通讯，1986（3）．

［8］A Grünbaum. The Duhemian Argument［J］. Philosophy of Science，Vol. 27，1960．